U0730924

普通高等学校学前教育专业系列教材

学前儿童社会教育

（第三版）

主　编　张岩莉

副主编　杨雪萍　魏艳红　王金慧

复旦大学出版社

内容提要

本书以加强综合素质教育为原则，以培养幼儿教师必备的专业知识和能力为目标，汲取学前儿童社会教育最新研究成果，融入幼儿教师岗位任务、职业技能大赛、教师资格证考试等有关内容，体现了时代性、前沿性和实践性的特点。

具体内容包括学前儿童社会教育概述，学前儿童社会性发展的特点及影响因素，学前儿童社会教育的目标、内容、方法和途径，学前儿童社会教育活动设计，学前儿童社会教育评价，学前儿童问题行为及矫正。每章均包括学习目标、知识框架、思考与练习、岗课赛证，另附阅读资料，开阔学习者视野。

本书配套资源丰富，包括PPT教学课件、课程标准、教案、示范课视频、习题答案等，可扫描书中二维码或登录复旦社云平台(www.fudanyun.cn)查看、获取。本书既可作为学前教育、早期教育及婴幼儿托育专业学生的教材，也可作为幼儿园教师的培训教材。此外，还可供广大幼教工作者阅读和参考。

复旦社云平台
数字化教学支持说明

为提高教学服务水平，促进课程立体化建设，复旦大学出版社学前教育分社建设了"复旦社云平台"，为师生提供丰富的课程配套资源，可通过"电脑端"和"手机端"查看、获取。

【电脑端】

电脑端资源包括 PPT 课件、电子教案、习题答案、课程大纲、音频、视频等内容。可登录"复旦社云平台"（www.fudanyun.cn）浏览、下载。

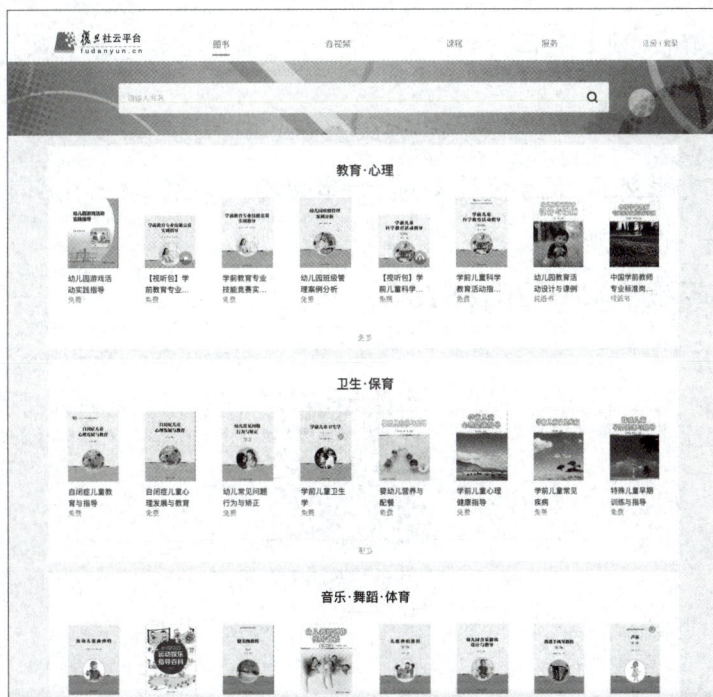

Step 1 登录网站"复旦社云平台"（www.fudanyun.cn），点击右上角"登录/注册"，使用手机号注册。

Step 2 在"搜索"栏输入相关书名，找到该书，点击进入。

Step 3 点击【配套资源】中的"下载"（首次使用需输入教师信息），即可下载。音频、视频内容可通过搜索该书【视听包】在线浏览。

【手机端】

PPT 课件、音视频、阅读材料：用微信扫描书中二维码即可浏览。

扫码浏览

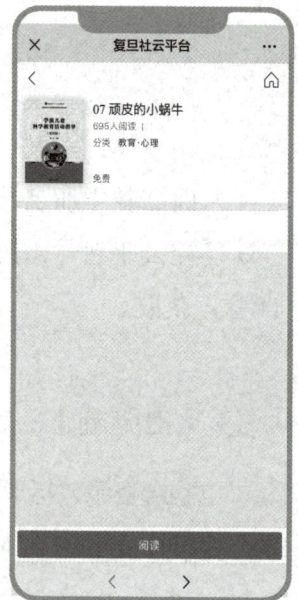

【更多相关资源】

　　更多资源，如专家文章、活动设计案例、绘本阅读、环境创设、图书信息等，可关注"幼师宝"微信公众号，搜索、查阅。

　　平台技术支持热线：029-68518879。

"幼师宝"微信公众号

三版前言

《学前儿童社会教育》自2012年6月出版，经过2016年8月再版，至今已十多年。随着新版《幼儿园工作规程》《教师教育课程标准（试行）》《幼儿园保育教育质量评估指南》《中华人民共和国家庭教育促进法》等政策文件的发布，《学前儿童社会教育》教材的更新与完善也势在必行。本次修订在基本保持原版内容体系不变的前提下，在教育政策、学前儿童社会教育活动设计案例、教学资料、数字资源等方面进行了更新和丰富。本次修订的主要内容有：

一、对第二版内容中的疏漏进行修正，提高内容的科学性、正确性、适宜性以及文字表述的规范性、准确性。

二、将各章的学习目标统一调整为素养目标、知识目标和能力目标三个方面。

三、将幼儿教师岗位任务、职业技能大赛、教师资格证考试等有关内容及要求有机融入教材编写中，增加了"岗课赛证"的内容。

四、教材配置了教学课件、习题和答案，并依据教材内容配套微课、视频等立体化的教学资源，更好地方便教师授课、学生学习。

五、对个别章节的"阅读资料"内容进行调整和增加，如增加了《幼儿园保育教育质量评估指南》《中华人民共和国教育法》《中华人民共和国家庭教育促进法》的相关内容，以利于读者更好地了解我国学前教育政策。

全书共分为七章。主要包括：学前儿童社会教育概述、学前儿童社会性发展的特点及影响因素、学前儿童社会教育的目标与内容、学前儿童社会教育的方法和途径、学前儿童社会教育活动设计、学前儿童社会教育评价、学前儿童问题行为及矫正。通过对这些内容的学习，学习者应达到以下学习目标：掌握学前儿童社会性发展的基本知识及该领域的教育特点；掌握该领域教育活动设计和实施的基本方法及策略；能够运用基本的观察方法评价学前儿童社会性发展水平，并能为促进学前儿童发展提供相应的指导策略；能较为准确地判断、分析学前儿童常见问题行为，并掌握一定的矫正策略。

本书由郑州幼儿师范高等专科学校张岩莉担任主编，并负责全书的统稿、定稿工作，郑州幼儿师范高等专科学校杨雪萍、魏艳红及郑州市二七区第二实验幼儿园王金慧担任副主编。具体编写分工如下：第一、三章由杨雪萍编写，第二章由杨雪萍、张岩莉共同编写，第四、六章由魏艳红编写，第五章由魏艳红、王金慧共同编写，第七章由张岩莉编写。本书的编写得到了复旦大学出版社赵连光老师的帮助和指导，另外，书中参考了国内部分专家、学者、一线教师的研究成果、相关教材和案例资料，在此我们一并表示衷心的感谢！

　　本教材虽经几次修改，但由于编者能力所限，书中难免存在疏漏之处，敬请专家、读者批评指正。

编　者

二版 前 言

　　"社会"从一定意义上看是一个关系系统，所以如何与人交往、认同和适应社会是学前儿童学习的重要内容。学前儿童社会教育是学前儿童教育中的重要组成部分，幼儿教师应当懂得学前儿童社会教育的目的，掌握实施这门课程的基本方法与策略。

　　《学前儿童社会教育》第一版自2012年6月出版以来，承蒙广大院校学前教育专业教师与学生们的厚爱，至今已经走过了4个年头。近年来，随着新的《幼儿园工作规程》《幼儿园教师专业标准（试行）》等文件的颁布，社会各界对学前教育越来越关注，对学前儿童社会教育的研究和探讨也越来越多，因此《学前儿童社会教育》课程教材的适时更新与不断完善也势在必行。本次修订始终本着"实用、管用、够用"的原则，在尽量保持"原版特色、组织结构和内容体系"不变的前提下，努力在学前儿童社会教育案例、教学资料等内容的时效性方面有所更新和充实。本次修订的主要内容有：

　　第一，对第一版中有关排版、编辑、内容等方面存在的纰漏和差错进行订正。通过修订，力求做到概念准确、表述正确、数字精确。

　　第二，对第五章节的案例选择进行调整和更新。通过更新，力求达到与时下社会教育内容的理念相一致，更有针对性和新颖性，力求强调实践、强劲实用、强化实操。

　　第三，对有关章节的思考与练习进行删减，做到精准、适用。

　　第四，对个别章节的"阅读资料"部分进行调整和增加，如增加《3—6岁儿童学习与发展指南》社会部分。通过调整增加，力求使读者能阅读前沿文献，紧跟国家政策、紧跟时代。

　　第五，对教材配套的多媒体教学课件进行补充。通过补充，力求做到教学便易、自学容易、分享简易。

　　全书共分为七章。主要包括：学前儿童社会教育概述、学前儿童社会性发展特点及其影响因素、学前儿童社会教育的目标与内容、学前儿童社会教育的方法和途径、学前儿童社会教育活动设计、学前儿童社会教育评价、学前儿童问题行为及指导。通过这些内容的学习，学习者能达到以下学习目标：掌握幼儿社会性发展的基本知识及该领域的教育特点；掌握该领域教育活动设计和实施的基本方法及策略；能够运用基本的观察方法评价幼儿社会性发展水平，并能为促进幼儿发展提供相应的指导策略；能较为准确地判断、分析学前儿童常见问题行为，并掌握一定的指导策略。

　　全书由张岩莉统稿、定稿。具体编写分工如下：杨雪萍编写第一章、第二章第一节、第三章，魏艳红编写第四章、第五章、第六章，张岩莉编写第二章第二节、第七章。在本书修订编写过程中，我们参阅了国内专家、学者的社会教育著作，也参考了同行的相关教材和网络案例资料，在此对他们表示崇高的敬意和衷心的感谢！

　　由于时间仓促和编写人员的水平所限，对书中存在的疏漏、错误和不足之处，敬请广大读者批评指正。

编　者

2016年5月

目录

学前儿童社会教育概述

素养目标：初步形成科学的历史观，能辩证地看待我国学前儿童社会教育发展及其特点，初步树立立德树人的基本理念。

知识目标：了解社会化、社会性、个性等核心概念，以及我国近代学前儿童社会教育的发展历程。

能力目标：理解并能大致说出学前儿童社会教育概念的内涵、意义及与其他领域的关系。

学前儿童社会
教育概述

▶▶ 知识框架

```
                    学前儿童社会教育概述
        ┌──────────────────┼──────────────────┐
   学前儿童社会          学前儿童            我国近代学前
   教育的学科           社会教育的           儿童社会
   性质与内涵            意义               教育的发展
   ┌────┴────┐       ┌────┴────┐         ┌────┴────┐
学前儿童社会  学前儿童社会  学前儿童    学前儿童社会教   学前儿童社会  学前儿童社会教
教育的学科性质 教育的内涵   社会教育的意义 育与相关课程     教育的初创阶段 育的变革与发展
                                    领域的关系
```

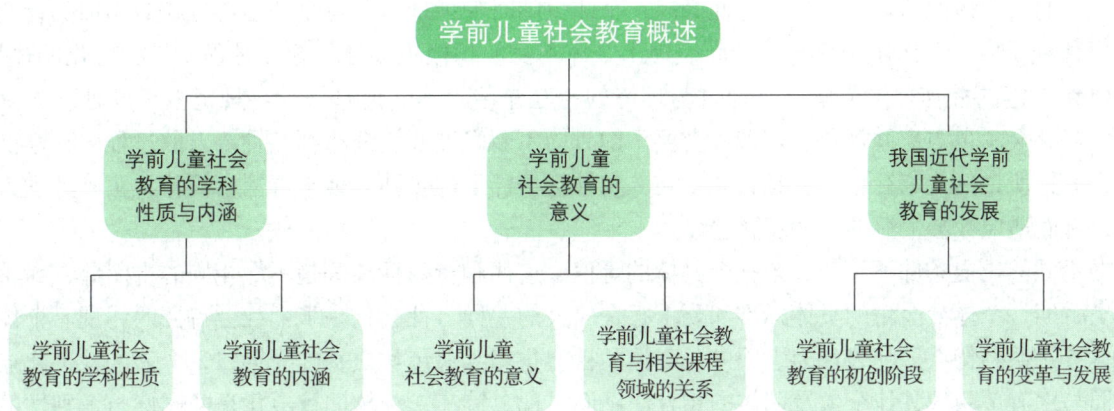

　　任何人在任何社会条件下，其行为都必然直接或间接地受到周围环境的影响和限制，没有绝对的个人自由。人要在一定社会条件下生存，必须学会适应社会、参与社会生活，才能融入社会、被社会接纳。

　　学前儿童进入幼儿园后，需要学会在一个新的群体中生活，学会改变原有的与新环境不适宜的习惯，建立并遵守新的社会规则，这是他们适应社会生活的开始。帮助学前儿童学会积极地适应社会生活是幼儿园教师的主要职责。因此，如何根据学前儿童社会性发展的特点及影响因素，选择适当的教育内容，并通过有效的活动模式及方法、途径来组织和实施，以促进学前儿童良好社会性品质的形成，培养其良好个性特征，使他们健康、完整地发展是学前儿童社会教育的主要任务。

第一节　学前儿童社会教育的学科性质与内涵

学前儿童社会教育的学科性质是指学前儿童社会教育作为一门学科的属性与本质。

一、学前儿童社会教育的学科性质

学前儿童社会教育作为一门学科，它有着不同于其他学科的独特性质与任务。对其性质、任务和研究对象的把握有助于我们明确学科学习与研究的方向。

从学前儿童社会教育的历史发展来看，它还是一门较为年轻的学科。学前儿童社会教育是一门介于儿童发展心理学与学前教育学之间具有边缘性质的学科，主要研究学前儿童社会性发展的现象、规律及其教育原理、方法与途径。它是一门兼有理论性、应用性与实践性的复杂学科。要想真正了解学前儿童社会教育的研究对象，必须掌握社会化、社会性和个性这三个概念及其相互关系。需要说明的是，在学前儿童教育中，由于不同的学者从不同的角度对社会性和社会化概念及其之间的关系有着不同的理解和解释，至今未有统一标准的定义，也由此导致一系列问题没有统一的定论，比如，社会性所包含的内容等。

（一）社会化

个体出生后就被置于一个复杂的社会环境中，社会会使用各种方法对个体施加影响，使其成为一个符合该社会要求的成员。社会使个体懂得什么是正确的，是被社会所提倡和鼓励的；什么是错误的，是被社会所禁止和反对的。个体是通过活动与周围的社会生活环境发生关系的，而社会对个体的要求也是通过个体的活动提出的。与此同时，个体也随时随地地以其自身的独特方式对当前的社会环境做出种种反应，反作用于环境，从而表现出个体本身的积极主动性。这个过程就是社会化的过程，即个体在一定的社会环境影响下，通过与环境的相互作用，不断地掌握社会规范，正确处理人际关系，学习社会角色与道德规范，朝着社会要求的方向不断发展并逐渐达到这种要求的过程。在学前教育中，通常所说的儿童社会化，是指儿童在一定社会条件下逐步独立地掌握社会规范，正确处理人际关系，从而适应社会生活的心理发展过程。

在不同的历史条件下，某一个社会具体的价值、道德和行为标准等是不尽相同的。因此，在不同的历史时期，个体社会化的具体标准和要求存在较大的差异，社会化是某个社会特征的体现。个体社会化具有一系列特点，其表现为：第一，个体的社会化有其遗传素质基础；第二，个体的社会化通过个体同与之有关系的其他个人及团体的相互作用而实现；第三，个体的社会化是共同性与个别性的统一；第四，个体的社会化贯穿其一生。

（二）社会性

社会性是指社会中的个体在社会化过程中为适应社会所表现出来的心理和行为特征。广义上可以理解为人在社会生活过程中所形成的全部社会特征的总和，是与个体的生物性相对而言的。狭义的社会性可以理解为个体在其生物性基础上形成和发展起来的适应社会环境、与人交往、竞争和合作，以及影响他人和团体的心理特征和行为方式，例如，儿童遵守规则、与人交往及其利他行为、合群性等。本教材是从狭义方面来理解社会性的。

学前儿童社会性的形成和发展是个体在其社会生活中，通过接受教育和社会影响而逐步习得的，其社会性的形成和发展是一个终身的历程，在不同的年龄阶段中有着不同的任务和内容。社会性的品质和发展的关键期也不同，但总的来说，儿童期是社会性发展的上升时期，学前期更是社会性发展的关键时期。

（三）个性

个性主要是指个体在生物基础上受社会条件制约而形成的独特而稳定的、具有调控能力的、具有倾向性的各种心理特征的总和。个性结构是多层次、多侧面的，是由复杂的心理特征结合构成的整体。学前儿童个性发展的心理结构主要包括自我调控、个性倾向性和个性心理特征三个系统，是在个体社会化过程中形成和发展起来的。

在学前儿童社会化过程中，学前儿童的个性和社会性逐步发展起来。虽然，社会化不等于社会性的发展，但学前儿童的社会性发展只能在其社会化过程中实现，社会性发展水平与其社会化成熟水平是相互联系的。

学前儿童的个性和社会性既有本质的区别，又有显著的联系。由于社会性的发展主要与人所处的社会文化相适应，社会文化对学前儿童社会性发展的要求也有不同的内容和程度，故学前儿童社会性发展与个性发展有着不同的发展路径和制约因素。个性朝着与他人区别的独特性发展，而社会性则朝着与社会群体相适应的共性方向发展。学前儿童在社会化中会表现出自己的个性，但其表现如果违背社会的规范价值观，就会被看成社会性发展缺陷或发展不足。两者只有协同发展，才能有益于儿童健康成长，使其更好更快地适应社会。

二、学前儿童社会教育的内涵

学前儿童社会教育究竟指什么？这是研究与实施学前儿童社会教育首先要明确的问题。不过，对这一问题学前教育界一直还没形成一个统一的说法，因为从不同的视角与立场对这一问题可以做出不同的回答。

有的学者将之表述为：学前儿童社会教育主要是指对学前儿童进行社会认知、社会情感、社会行为等方面的教育，具体来说是指帮助学前儿童正确地认识自己、他人和社会（社会环境、社会活动、社会规范、社会文化），形成积极的社会情感，掌握与同伴、成人相互交往以及与周围环境相互作用的方式，以使学前儿童能有效地在社会中生存与发展的教育[①]。也有学者将其表述为：学前儿童社会教育是教育者按照社会的价值取向，通过多种途径不断向学前儿童施加多方面教育影响，使其逐渐适应社会环境的过程[②]。还有学者将其表述为：以儿童的社会生活事务及其相关的人文社会知识为基本内容，以社会及人类文明的积极价值为引导，在尊重儿童生活，遵循儿童社会性发展规律与特点的基础上，由教育者通过创设有教育意义的环境和活动等多种途径，陶冶儿童性灵，最终实现培育具有良好社会理解力、社会情感、品德与行动能力的完整、健康儿童之目的的教育过程[③]。《3—6岁儿童学习与发展指南》（以下简称《指南》）中指出，幼儿社会领域的学习与发展过程是幼儿社会性不断完善并奠定健全人格基础的过程，主要包括人际交往与社会适应。

结合教育部最新颁布的《幼儿园工作规程》及2001年颁布的《幼儿园教育指导纲要（试行）》（以下简称《纲要》）中的有关要求，从相对于幼儿园其他课程领域的角度，我们尝试将学前儿童社会教育定义为：学前儿童社会教育主要是指以发展学前儿童社会性、促进其良好社会性品质的形成为主要目标，以增进学前儿童的社会认知、激发社会情感、培养社会行为技能为主要内容的教育。总之，学前儿童社会教育就是要引导学前儿童在社会认知、社会情感及社会行为方面协调发展，成为适应社会的、健康的、幸福的人。

① 李生兰.学前教育学［M］.上海：华东师范大学出版社，2006：110.
② 徐明.幼儿社会教育［M］.北京：中国劳动社会保障出版社，1999：24.
③ 甘剑梅.学前儿童社会教育［M］.北京：中央广播电视大学出版社，2007：18.

第二节　学前儿童社会教育的意义

人是生活在一定的社会环境中的，人的行为必须符合其所处社会环境的要求，并从一个"自然人"发展成为一个"社会人"。

一、学前儿童社会教育的意义

学前儿童作为一个发展中的人，虽然还没有能力承担起社会责任，但必须按照一个合格的社会成员的样式受到培养，否则就会面临无法适应社会的风险，更谈不上去改变与创造社会了。学前儿童社会教育可以引导学前儿童接纳、认同自己，了解自己的社会，了解自己与社会的关系，了解社会中人们之间的关系，完善人格，形成良好个性，成为一个社会化的人。同时，社会也需要能够适应社会并变革社会的下一代公民。这就是进行学前儿童社会教育重要意义之所在，但社会化的人以及合格的社会公民都需要以儿童的健康与完整发展为基础。

（一）学前儿童社会教育可以实现社会文化的延续与发展，促进学前儿童积极地社会化，为社会培养合格的公民

一个国家公民的素质直接关系到社会能否健康发展、社会群体是否和谐、国家是否稳定等重大问题，而公民素质的高低很大程度上取决于教育，尤其是开始于幼儿阶段的社会教育至关重要。为社会培养合格公民是学前儿童社会教育的又一重要任务。一个公民是承载了一定文化传统，并积极参与现实生活的人，这决定了学前儿童社会教育对公民的培养，既要注重优秀传统文化的继承，也要引导儿童有参与现代全球化生活的眼光。社会教育的目的和内容要受社会要求、社会发展状况的制约。同时，社会教育也必然会将社会要求、社会状况反映在课程内容中，通过这些内容的学习，使儿童了解自己的社会，了解自己与社会的关系，了解社会中人们之间的关系。例如，在人际关系和社会规则中，让儿童懂得自己与他人的关系、自己与集体的关系，了解并初步掌握基本的公共规则、集体规则及交往规则等。因此，通过社会教育，应使儿童成为初步适应社会生活的人，为儿童成为未来社会合格公民打下良好基础。学前儿童社会教育除了要加大儿童行为习惯的培养外，还要在儿童公民意识培养方面有所作为。

学前儿童社会教育可以造就具有特定文化特质的人，可以促进儿童从"社会人"过渡到"合格的社会公民"。社会教育的目标和内容本身就是在特定文化的影响下形成的。社会教育通过引导儿童了解、体验、感知"社区人文景观""民间艺术""文化精品"等，使儿童感受自己民族文化的魅力，热爱自己民族的文化，更好地认同和适应自己的民族文化。

有人曾说过：未来企业的竞争，包括国家的竞争，不再是一个（伟）人与另一个（伟）人之间的竞争，而是一个团队与另一个团队，一个民族与另一个民族，一种文化与另一种文化的竞争。可以说，社会教育就是最基础的国防，从小抓好社会教育，就等于抓住了强国之本。

（二）学前儿童社会教育可以促进学前儿童的完整发展，为儿童一生幸福奠定基础

所谓完整发展是指儿童在发展的内容上包括德、智、体、美的全面发展，在心理结构上包括认知、情感、意志的统整发展，在时间上是终身的完整发展。

1. 促进学前儿童的德、智、体、美的全面发展

《幼儿园工作规程》中明确指出，幼儿园的任务是"贯彻国家的教育方针，按照保育与教育相结合的原则，遵循幼儿身心发展特点和规律，实施德、智、体、美等方面全面发展的教育，促进其身心和谐发展"，即儿童各方面的完整发展。

学前儿童的社会性发展对其身体健康等方面也会产生重要影响。社会性方面发展得好可避免因

精神因素引发的身体疾病。生活在社会中的人，时刻在接收着来自周围的人、事或自身内部的各种信息，这些信息经过大脑的整理和分析，会对我们产生影响。幼儿如果和同伴玩得高兴，说明其行为被别人接纳，和同伴相处得很和谐。在和同伴和谐相处时，开心、愉快的情绪能使幼儿的内分泌系统处于平衡状态，全身的各种腺体正常工作，这样有利于其生长发育。而且据医学专家研究表明：心平气和的孩子比易生气、烦躁的孩子免疫力更强，更不易患传染病。相反，如果幼儿极不适应其所生活的环境，与周围人总发生冲突、对抗，那么，他必然经常发火、生闷气，会使其内分泌系统产生某种程度的紊乱，这种紊乱将对其生长发育产生消极的影响。由精神因素引起的各种疾病，在幼儿和成人中并不少见，如幼儿由于心情紧张导致的呕吐、腹泻、发烧等。长期精神紧张还可导致幼儿生长发育迟缓等。

不可否认，学前儿童处在一个极具可塑性的阶段，存在智力发展的关键期和加速期，此时若重视学前儿童智力的恰当开发，对儿童的终身发展自是有益之举，但如果没有情感支撑与道德引导的"聪明"，有可能成为造恶之"聪明"。更为重要的是，唯智力至上会使儿童的身心处于一种发展不平衡的状态，对儿童的身心健康带来危害，使他们本来完整的天性走向畸形与片面。因此，在发展儿童智力的同时，必须同时关注情意与德行的教育。另外，幼儿社会性发展同样存在关键期。国内外研究表明，儿童心理发展的速度、开始发生形成的时间以及成熟的时期是不同的，个体从出生到成熟的心理发展有关键的转变年龄，即关键期。所谓关键期，是指某种心理现象发生质的飞跃的时期，在这期间儿童对某种外界刺激特别敏感，某种心理现象形成发展特别迅速。幼儿阶段是儿童社会性发展的关键期。例如，研究表明，2～4岁是幼儿秩序性发展的关键期，3～5岁是幼儿自我控制发展的关键期，4岁是幼儿同伴交往发展的关键期，5岁是幼儿由生理性需要向社会性需要发展的关键期。我们要抓住关键期，促进幼儿社会性的发展。

2. 促进学前儿童认知、情感、意志的统整发展

学前儿童的社会性发展有利于其心理的统整发展。社会性发展得较好的儿童，适应能力和自制力都比较强，在初入园的时候，他们能比其他幼儿更快地熟悉老师和同伴。在平时，他们更容易与老师、同伴融洽相处，有更多的机会与老师、同伴交往，从他们那里得到信息，扩大自己的眼界；在与同伴的合作游戏中，提高自己的能力。社会性发展得较好的儿童，往往心态积极、情绪稳定、自信心强，比其他儿童表现得更有毅力，能最大限度地发挥出自己的能力。如在做手工或进行科学探索活动时，他们能保持较长时间专注地"工作"，遇到小小的困难时，他们也能寻找原因，尽量克服困难，而不轻易放弃。

社会性发展对人的一生发展影响很大。早期经验对个体一生的发展具有重要的作用。儿童一出生，就需要与母亲或看护人相互交往，这种亲子之情是儿童最初的社会化情感。婴儿经常从父母那里得到抚爱，就会比较温和、友爱，形成信赖感；如果婴儿失去母亲的积极关注与照料，即母爱剥夺，会对儿童心理有直接不良影响。心理学家斯皮兹对孤儿院研究发现，这里的儿童虽然能得到充分的生理需求，却得不到必要的亲子之情，他们表现出痴呆、冷漠、孤僻、智力水平低下。因此，今天的教育能否帮助幼儿获得积极的情感、态度，培养良好的社会品质及学会与他人共同生活，将决定幼儿明天的幸福和社会的发展。

二、学前儿童社会教育与相关课程领域的关系[①]

幼儿园的教育内容是全面的、启蒙性的，《纲要》中将其相对划分为健康、语言、社会、科学、艺术五个领域。各领域内容相互渗透，从不同角度促进幼儿情感、态度、能力、知识、技能等方面的发展。将学前儿童社会教育作为一个独立的课程领域提出，不仅具有理论研究上的意义，同时具有实践上的意义。从理论上看，有助于研究者厘清社会领域教育的特点与规律，帮助教育者形成更科学和

---

① 本部分内容主要参考和引用了：甘剑梅.学前儿童社会教育的内涵、性质与课程地位［J］.学前教育研究，2011（1）：53-59。根据行文需要编者进行了改编。

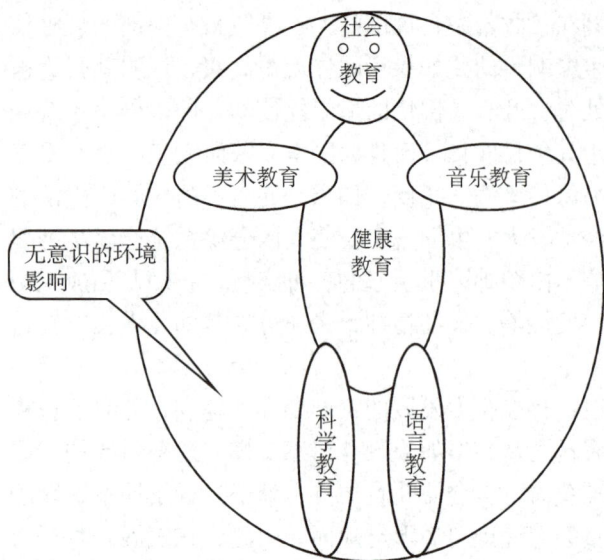

图1-1　五大领域的整合关系

恰当的教育意识；从实践上看，课程领域的相对区分有助于教育者根据不同发展领域的特点对幼儿进行针对性教育，帮助教育者更好地关照幼儿社会性发展的细节。但这种领域区分不是孤立的，而是与其他领域有整体联系的区分，因而在课程实施中，教育者需要建立一种整体教育的观念。相对于陈鹤琴先生提出的五指课程的比喻，我们可以用身处无意识环境影响的完整的人来表达这五大领域的关系（美术教育和音乐教育合为艺术教育领域）（见图1-1）。

在图1-1中，人体与圆圈中的空白标示着影响儿童发展的无意识环境，它渗透在儿童所处的所有环境中。整个人体部分代表有意识的五大教育领域，其中头部代表的是社会教育，它为学前教育提供价值的指引。没有价值指引的学前教育是盲目的，无助于人类进步的教育价值指引则是无益的，因而，学前教育的第一步是根据儿童的身心发展规律和社会健康发展的需要，思考我们要培养什么样的儿童。身体躯干是健康教育，它是学前教育的主体，学前阶段所有的教育都需要考量它是否有益于幼儿的整体健康，违背幼儿整体健康发展的价值、知识与能力都是不具有教育性的，也是不值得提倡的。右手是美术教育，左手是音乐教育，它们是帮助幼儿体验世界之美的两种途径。右脚是科学教育，左脚是语言教育，它们是帮助幼儿认识与表达对世界的理解与体验的两种有力途径。从它们各自的功能来看，这五大教育领域对于幼儿的完整发展来说都是不可或缺的。虽然这五大领域的教育共同作用于儿童的整体发展，但其中学前儿童社会教育起着导向性作用，为其他领域提供方向与价值的指引。如在幼儿科学教育中，我们不仅要让儿童学会科学地认识与探究客观世界，还要认识到人类与客观世界的关系，以及人类对客观世界所承载的责任；幼儿语言教育也不仅仅只是教会孩子正确与流利的表达，还要教孩子学会表达真诚与善意；幼儿艺术教育也不仅仅是让孩子学会欣赏与创造美，还要让孩子体验与领会人性之美。这些都是社会教育的内容，可见社会教育规定着所有课程领域的价值方向，即培养有益于促进人类社会健康发展的人。在2016年教育部新修订的《幼儿园工作规程》（以下简称《规程》）中，进一步强调了幼儿园要坚持国家的教育方针，坚持立德树人，遵循幼儿身心发展特点和规律，实施德、智、体、美诸方面全面发展的教育，促进其身心和谐发展。

第三节　我国近代学前儿童社会教育的发展

纵观我国学前儿童教育发展历史，可以发现学前儿童社会教育从最初只有片段的、缺乏系统的思想，发展到逐步形成完整的、较为系统的观念，并出现在幼儿园课程之中，经历了漫长而又曲折的过程。我国学前儿童社会教育的发展主要有两个阶段。

一、学前儿童社会教育的初创阶段

（一）学前儿童社会教育课程初步建构

1904年1月，清朝政府出台了我国第一个幼儿教育法规——《奏定蒙养院章程及家庭教育法章程》（以下简称《章程》）。其中第一章第一节"保育教导要旨"中有四条要求，第一、第三条提出了培养幼儿身心健康、个性良好、行为端正的目标和要求，第二、第四条则提出了量力适宜、正面教育、运用榜样和环境的原则和方法。这一保育教导要旨凸显了蒙养院应实施"做人"教育的目标和任务。第一章第二节则规定应设置幼儿易懂的、有趣的、与小学迥然有别的条目，如游戏、歌谣、谈话、手技等，这些活动均应围绕学前儿童爱众乐群、涵养德性的宗旨进行，尤应以游戏和谈话为主。由此足见《章程》对学前儿童社会教育的重视程度。之后创办的蒙养院和幼稚园基本上遵循《章程》的要求，在幼儿园设置的有关科目中，直接呈现或间接地蕴含《章程》的目标、内容与方法等。[①]

1919年后，在五四思想解放运动的影响下，我国涌现出一批学前教育革新家，其主要代表人物是陈鹤琴、张雪门、张宗麟等人。他们开辟了学前教育中国化、科学化的道路，并开始创建我国学前儿童社会教育。陈鹤琴先生非常关注学前儿童的社会教育，在他的"活教育"理论体系中，把"做人"作为三大纲领之一，即"做人，做中国人，做现代中国人"。他把"社会"和"生活"作为组织幼儿园课程的两大中心。另外，陈鹤琴先生注重幼儿行为习惯的培养，把行为习惯视为社会领域教育的主要内容。1925年成立的南京鼓楼幼稚园，从儿童出发，以自然社会为课程内容中心，在课程中设有常识课，其中的社会常识是专门的社会教育内容。张宗麟先生在20世纪30年代初出版了《幼稚园的社会》一书，这是我国幼教史上最早全面、深入地论述学前儿童社会教育课程及其实施的著作。在这部著作中，他论述了儿童的"社会"的特征、儿童的社会适应等理论问题，还讨论了社会领域课程的目标、内容、方法和原则，并介绍了他的实验过程。其中，他对幼儿园社会领域内容的选择及实施策略的选择、教育环境的匹配等论述具有较高的科学价值。

（二）重视社会常识的学前儿童社会教育

1936年民国政府颁布的《幼稚园课程标准》是我国第一个正式由国家颁布的幼稚园课程标准。其课程范围包括丰富的社会教育内容，直接与社会教育相关的"社会和常识"这一科目是由此前的"自然和社会"科修改而来。在中华人民共和国成立以后的很长时间内，幼儿园课程结构中以"常识"或"思想品德"课程来代替社会领域课程。教育部于1952年3月颁发了《幼儿园暂行规程（草案）》，提出"培养幼儿爱国思想、国民公德和诚实、勇敢、团结、友爱、守纪律、有礼貌等优良品质和习惯"是幼儿园主要培养目标之一，并把"认识环境"作为一个课程领域，主要涉及日常生活环境、社会环境、自然环境。因此，与社会有关的教育主要是通过"认识环境"的活动来实现的，尤其增加了对简单时事的了解，并认为通过爱国主义和国民公德等教育培养幼儿的道德品质是幼儿园的一项重要任务。1981年教育部颁布的《幼儿园教育纲要（试行草案）》也列有"常识"一科，内容主要包括生活常识、环境常识、自然常识、文化常识与政治常识等。单纯的常识教育的着力点是丰富和扩展儿童对环境的认识，所以有时该科目在幼儿园课程中又被称为环境教育。实际上，"常识"包括"社会常识"和"自然常识"两个部分，其中"社会常识"更多地体现了社会内容中的知识层面，局限在社会环境中的社会机构、社会成员等方面的认知，不可能做到全面促进学前儿童的社会认知及其社会性发展。因此，以"常识"课程代替"社会"教育课程是不科学的。

总之，这一阶段，社会教育、社会课程作为幼儿园教育、幼儿园课程的有机组成部分逐渐得到确立，幼儿社会教育的价值、目标、内容、原则与方法都有了较为系统的探索，社会课程的结构、体系以及实践都得到较大的发展。

二、学前儿童社会教育的变革与发展

（一）品德教育课程阶段（1981—2001年）

1981年颁布的《幼儿园教育纲要（试行草案）》（以下简称旧《纲要》）一直沿用到2001年，20年间对我国幼儿园教育产生了非常大的影响。这份开启新的教育视野的文件将思想品德作为一个独立的教育内容提了出来，指出品德教育要向幼儿进行初步的"五爱"教育，培养幼儿具有优良的品德、文

明的行为、活泼开朗的性格。旧《纲要》与1951年颁布的《幼儿园暂行教学纲要（草案）》和1956开始执行的《幼儿园教育工作指南》相比，这一时期的品德教育对幼儿的年龄特点、身心发展和生活等方面已有所考虑，而且在品德教育的目标、内容与方法等方面具有初步的系统性，从生活卫生习惯、体育活动、思想品德、语言、常识、计算、音乐、美术8个方面，按小班（3～4岁）、中班（4～5岁）、大班（5～6岁）分别制定了不同的目标要求。有学者认为，"这是新中国成立以来首次对幼儿德育目标做如此系统、具体的规定"①。1996年的《规程》对幼儿品德教育的目标和方式进行了补充，确定了德育的总体目标：萌发幼儿爱家乡、爱祖国、爱集体、爱劳动、爱科学的情感，培养诚实、自信、好问、友爱、勇敢、爱护公物、克服困难、讲礼貌、守纪律等良好的品德行为和习惯，以及活泼、开朗的性格。《规程》第26条指出：幼儿园的品德教育应以情感教育和培养良好行为习惯为主，注重潜移默化的影响，并贯穿于幼儿生活以及各项活动之中。但是《规程》并没有对旧《纲要》存在的问题进行修正，"在课程目标的设置上，仍然忽视了幼儿社会技能的培养，没有意识到知识、经验和能力发展的统一性。课程内容缺乏对多元文化、自我认知、自我管理、社会交往、社会适应等方面的渗透。在课程的具体实施上，仅仅局限于显性课程，缺乏对幼儿一日生活各个环节的渗透，忽视幼儿对经验的学习"②。事实上，学前儿童社会教育并不等同于品德教育。品德作为个体依据一定的社会道德行为规则行动时所表现出来的某些稳定的特征，只是社会教育发展目标中的一部分，是社会道德在个体身上的具体化。因此，作为个人社会品质的灵魂，品德不可能泛指或涉及所有个人生活的社会属性，它只能包含在社会性之中。社会性作为人的心理特性，比品德有更宽泛的内涵，应包括社会认知、社会情感、社会行为等方面。这样，品德教育也只能包含在社会教育之中了。由此可见，品德不是社会性发展的全部，而是社会性中与社会道德有关的部分，社会性涉及的是生存与生活的问题，思想品德是社会性发展到一定程度的产物，涉及的是是非善恶的价值问题，社会性比品德的内涵更为宽泛。在学前儿童社会教育中，有很多不涉及品德但与学前儿童社会性发展密切相关的内容。如果我们将二者割裂开来，在实践中就会使两者都得不到应有的发展。

从20世纪90年代开始，随着基础教育改革的深入，国外幼儿教育研究的新成果，尤其是儿童发展心理学关于儿童社会化、社会性发展等研究成果的引入，我国幼儿教育领域开始关注儿童个性和社会性的研究，幼儿教育中的品德教育思路开始突破原有的框架，注重向幼儿的社会性发展层面延伸。品德教育的内涵得到了极大的丰富。经过10年的学习和研究，幼教界认同了个性、社会性等概念在幼儿德育领域的地位，以及个性发展、社会性发展、品德发展的基本渊源和关系③。其标志性的事件是，1994年人民教育出版社出版了《幼儿园教育活动》，推出了一个新的教育领域——社会领域。南京师范大学出版社出版了《幼儿园课程指导丛书——社会》等教材。这两个版本的教材不仅开始使用社会领域代替了品德课程，而且开始了分层次的目标体系架构，既提出了社会领域教育的总目标，又分解出幼儿小、中、大班各年龄阶段目标、单元（学期或月等）目标，同时还提出了相应的内容。这无疑增强了幼儿园社会教育的可操作性，为社会领域课程在新世纪幼儿园课程标准中的诞生做了充分的理论和实践上的准备④。

（二）社会领域课程阶段（2001年至今）

2001年7月，教育部颁布了新的《纲要》，将幼儿园课程相对划分为健康、语言、社会、科学、艺术五大领域。从儿童学习与发展的角度，将原来的思想品德与社会常识及与儿童情感发展相关的内容整合为社会领域课程，学前儿童社会教育之名称亦由此而来。学前儿童社会教育的提法显然大大扩展了常识及品德教育的内容，它不仅涉及对儿童社会认知的培养，还涉及儿童社会情感、社会行为技能及道德品质的培养，强调情意与认知的平衡，以实现对儿童更为全面的培养。与20世纪80年代的旧《纲要》和90年代的《规程》相比较，新《纲要》一方面继承了上述两个文件中注重品德教育的精

①③ 李莉.新中国幼儿园社会领域课程的发展历程［J］.学前教育研究，2006（2）：11-13.
② 廖莉.20世纪80年代以来我国幼儿园社会领域课程沿革［J］.早期教育，2006（6）：10-11.
④ 刘雅琴.我国幼儿社会教育的进展、问题及改进策略［J］.教育研究，2008（2）：100-105.

神，另一方面从目标、内容和要求、指导要点三个层面凸显了儿童的情感、社会性和社会关系等方面的内容在幼儿园社会领域课程中的重要性，这不仅纠正了旧《纲要》中存在的"目标和内容未区分"的弊端，而且为教师更加全面地理解和开展幼儿园社会教育课程提供了广阔的空间。

新《纲要》提出的社会领域目标是："能主动地参与各项活动，有自信心；乐意与人交往，学习互助、合作和分享，有同情心；理解并遵守日常生活中基本的社会行为规则；能努力做好力所能及的事，不怕困难，有初步的责任感；爱父母长辈、老师和同伴，爱集体、爱家乡、爱祖国。"这个目标涵盖了幼儿社会认知、社会情感、社会行为等维度，显示了社会教育应该促进儿童在社会认知、情感、行为等多方面的和谐发展。而且，用社会发展纬度涵盖品德教育，既弥补了以往品德教育在儿童个性和社会性发展方面的缺失，也为作为社会性核心成分的品德发展奠定了坚实的基础。新《纲要》中的社会领域部分将社会教育的目标、内容和要求、方法和途径等进一步具体化，使学前儿童社会教育课程的设计和实施有了明确的原则和方向。从此，学前教育学界开展了大量的理论和实践研究，许多学前教育工作者创造性地设计和实施了一系列社会教育活动，有效地促进了我国学前儿童社会教育活动教学和科研的开展。

新《纲要》指出：幼儿园应为幼儿提供健康、丰富的生活和活动环境，满足他们多方面发展的需要，使他们在快乐的童年生活中获得有益于身心发展的经验。可以看出，关注幼儿的生活，以生活的逻辑来考虑幼儿园的教育是新《纲要》的基本指导思想。新《纲要》对社会领域的内容和要求，也明确指出："要在共同的生活和活动中，以多种方式引导幼儿认识、体验并理解基本的社会行为规则，学习自律和尊重他人""引导幼儿参加各种集体活动，体验与教师、同伴等共同生活的乐趣，帮助他们正确认识自己和他人，养成对他人、社会亲近、合作的态度，学习初步的人际交往技能"。可见，学前儿童社会教育是源于儿童生活的教育，也是为了儿童生活的教育。当然，学前儿童社会教育与单纯的生活教育还是有所不同，因为社会教育强调社会发展需求对幼儿生活的引领，而不是简单地顺应幼儿生活。

学前儿童社会教育的核心与本质就是"成人"的教育，即让儿童成为真正善良与智慧的人的教育，它应当通过人文知识的传授、人文精神的陶冶来实现对人性的拓展，让儿童成为真善美皆备的、完整的、健康的人。人文教育侧重精神层面的陶冶，但相对人文教育，社会教育有更多的内涵与内容，还需要注重行为习惯的培养与社会技能的训练。

从我国学前儿童社会教育发展历程来看，我国学前儿童社会教育历经了从单纯重视社会常识到将品德教育和情感教育放首位，再到目前的关注幼儿生活，强调对社会认知、社会情感及社会行为技能的全面和谐教育。这种变化与我国社会生活的变迁和政治文化的重心转移是联系在一起的。这说明学前儿童社会教育本身也是具有社会性的。因此，可以说学前儿童社会教育是一门兼有常识性、道德性、生活性和人文性的综合课程，这对于幼儿园教师自身素质来说也是一种要求和挑战。

阅读资料1

情 绪 实 验

古代阿拉伯学者阿维森纳，曾把一胎所生的两只羊羔置于不同的外界环境中生活：一只小羊羔随羊群在水草地快乐地生活；而在另一只羊羔旁拴了一只狼，它总是看到自己面前那只野兽的威胁，在极度惊恐的状态下，根本吃不下东西，不久就因恐慌而死去。医学心理学家还用狗做嫉妒情绪实验：把一只饥饿的狗关在一个铁笼子里，让笼子外面另一只狗当着它的面吃肉骨头，笼内的狗在急躁、气愤和嫉妒的负性情绪状态下，产生了神经症性的病态反应。实验告诉我们：恐惧、焦虑、抑郁、嫉妒、敌意、冲动等负性情绪，是一种破坏性的情感，长期被这些心理问题困扰就会导致身心疾病的发生。一个人在生活中对自己的认识与评价和本人的实际情况越符合，其社会适应能力就越强，越能把压力变成动力。

阅读资料2

情 商

近年来，美国心理学家提出"情商"（EQ）的新概念，具体包括情绪的自控性、人际关系的处理能力、挫折的承受力、自我了解程度及对他人的理解与宽容。

最新研究显示：一个人的成功，只有20%归诸智商的高低，80%取决于情商。情商高的人生活比较快乐，能保持积极的人生观，不管做什么，成功的机会都比较大。心理学家认为，情商与智商不同，它不是天生注定的，而是由下列五种学习的能力组成的。

（1）了解自己的情绪。一个人总有某些个性上的盲点，常常自我反省，能立刻察觉自己的情绪，了解产生情绪的原因。

（2）控制自己的情绪、化解自己的不良情绪是情商的一个重点。

（3）激励自己整顿情绪，让自己朝着一定的目标努力。

（4）了解别人的情绪、理解别人的感受、察觉别人的真正需要，具有同情心理。

（5）维系融洽的人际关系，能够理解并适应别人的情绪。

未来的时代，仅凭知识和聪明并不一定能成大事，还要具有良好的心理素质。培养情商应从以下三方面着手。

（1）学习批评的艺术。情商高的批评者，会留心对方的情绪反应，先明确提出明显需要改进的问题，并进一步针对问题提供解决方案，使受批评者不会产生受挫折感。

（2）学习说出心底的感觉，由于人们各自的生活环境不同，彼此之间对问题的看法难免存在偏见，最好的方法是让别人说出心底的感觉与想法。

（3）从小学习正确的情绪反应，就能够提早在脑海中形成正确的情绪习惯。

阅读资料3

获得诺贝尔奖的老科学家的故事

1978年，75位诺贝尔奖获得者在巴黎聚会。人们对于诺贝尔奖获得者非常崇敬，有个记者问其中一位："在您的一生里，您认为最重要的东西是在哪所大学、哪所实验室里学到的呢？"

这位白发苍苍的诺贝尔奖获得者平静地回答："是在幼儿园。"

记者感到非常惊奇，又问道："为什么是在幼儿园呢？您认为您在幼儿园里学到了什么呢？"

诺贝尔奖获得者微笑着回答："在幼儿园里，我学会了很多很多。比如，把自己的东西分一半给小伙伴们；不是自己的东西不要拿；东西要放整齐；饭前要洗手；午饭后要休息；做了错事要表示歉意；学习要多思考，要仔细观察大自然。我认为，我学到的全部东西就是这些。"

所有在场的人对这位诺贝尔奖获得者的回答报以热烈的掌声。事实上，大多数科学家认为，他们终生所学到的最主要的东西，就是幼儿园老师教给他们的良好习惯。著名的教育家叶圣陶说过："什么是教育？简单一句话，就是养成良好的习惯。"

阅读资料4

指向新时代的幼儿园立德树人教育实践①（内容节选）

习近平总书记在主持中共中央政治局第五次集体学习时强调，加快建设教育强国，为中华民族

---

① 王华.指向新时代的幼儿园立德树人教育实践［J］.山东教育，2023（10）：9—11.

伟大复兴提供有力支撑。习近平总书记指出："培养什么人、怎样培养人、为谁培养人是教育的根本问题，也是建设教育强国的核心课题。"教育的根本任务是立德树人，当今我们正处于复杂的国际环境和多元文化背景下，学龄前是世界观、人生观、价值观形成的启蒙时期，在幼儿园始终贯彻以德为先，对幼儿进行德育显得尤为重要、必要和迫切。

在世界百年未有之大变局的时代，科技迅猛发展，万物互联，给人们的生活、学习带来极大的便利。但同时，一部分人在网络世界追求利己主义，将国家利益、集体利益置于脑后，大肆宣扬不正当言论，这对成长中的儿童容易造成负面影响。幼儿园要紧密围绕党的教育方针，采取针对性措施，通过幼儿喜闻乐见的形式，给予积极、正确的教育影响。在幼儿园落实立德树人根本任务，必须明确新时代幼儿园立德树人的丰富内涵。

1. 具有"人类命运共同体"的人文素养

在信息时代，借助互联网，你中有我、我中有你，人类的命运紧密连接在一起。应通过各种形式的教育，让幼儿树立人类"共情"的观念，立足当下，放眼未来，学会站在国家利益的角度，去思考世界性问题。如碳排放引发的全球气候变暖问题、核污染问题、水资源和粮食资源紧缺问题等，都是幼儿生活中常常能够听到、感知到的，都是需要理性思考的问题。站在这个角度，从幼儿时期，培养幼儿的全球视野，显得尤为重要。

2. 具备创新的意识和思维

我们置身于中华民族伟大复兴的新时代，幼儿是快速成长的个体，对陌生世界和新鲜事物充满了好奇，幼儿园教育需要结合幼儿年龄特点，给予幼儿充分的引导，培养其善于学习、勤于思考的好习惯，成长为具有顽强意志和创新能力的一代新人。

3. 具有鲜明的价值导向

"立德"和"树人"的思想古已有之。《左传·襄公二十四年》曰："太上有立德……此之谓不朽。"《管子·权修》提出："……终身之计，莫如树人。"古人从不同的角度说明了立德树人的重要性。新时代的立德树人，是对中华优秀传统文化的传承，是社会主义核心价值观在新时代的具体体现。要把社会主义核心价值观教育与教职工的岗位职责相结合，落实在行动中。要把社会主义核心价值观融入幼儿的一日生活中，教育引导幼儿弘扬爱国主义精神、民族精神、时代精神，实现全环境立德树人。

思考与练习

一、填空题

1. 学前儿童社会教育是一门兼有理论性、_____与_____的复杂学科。
2. 学前儿童社会教育是以_____、_____为主要目标，以增进学前儿童社会认知、激发_____、培养社会行为技能为主要内容的教育。

二、简答题

1. 简述个性、社会性和社会化的含义及其之间关系。
2. 简述学前儿童社会教育与其他领域课程的关系。
3. 简述我国学前儿童社会教育发展历程及其每一阶段的主要特点。

三、论述题

结合实际论述学前儿童社会教育的意义。

四、拓展题

查阅并整理有关社会化、社会性的定义和它们之间的关系，以及社会性内容的有关研究。

>> 岗课赛证

1. （单选）幼儿社会性是在（   ）的基础上，在与社会生活环境相互作用的过程中，逐渐形成的。
   A. 生物特征　　　　　B. 气质特征　　　　　C. 人与人交往　　　　　D. 心理特征

2. （单选）幼儿社会性是指社会中的幼儿在社会化过程中为适应社会所表现出来的（   ），主要包括社会认知、社会情感、社会行为技能、道德品质和社会适应等。
   A. 生物特征　　　　　B. 气质特征　　　　　C. 心理特征　　　　　D. 心理和行为特征

3. （单选）在幼儿园五大领域课程中，（   ）起着核心与灵魂的作用。
   A. 健康领域　　　　　B. 语言领域　　　　　C. 社会领域　　　　　D. 科学领域
   E. 艺术领域

第二章

学前儿童社会性发展的特点及影响因素

>> 学习目标

素养目标：能够从学前儿童社会性发展规律和教育生态学的视角看待学前儿童社会性问题。

知识目标：了解学前儿童社会性发展特点及主要理论。

能力目标：能运用学前儿童社会性发展特点及影响因素的知识分析相关教育案例。

PPT 线上课堂

学前儿童社会性
发展的特点及
影响因素

>> 知识框架

```
          学前儿童社会性发展的特点及影响因素
                          |
         ┌────────────────┴────────────────┐
   学前儿童社会              学前儿童社会性
   性发展的特点              发展的主要理论
                            及影响因素
         |                          |
  ┌──────┼──────┐            ┌──────┴──────┐
学前儿童社会  学前儿童社会  学前儿童亲社会  学前儿童社会性  学前儿童社会性
认知发展的特点 情感发展的特点 行为发展的特点  发展的主要理论  发展的影响因素
```

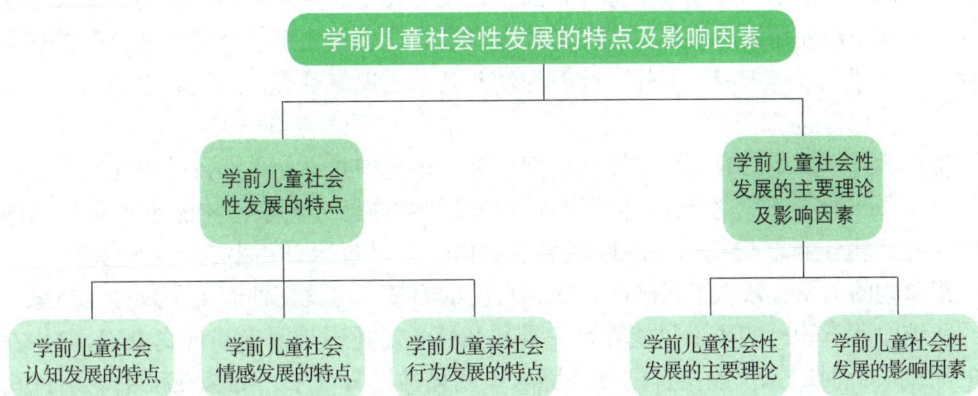

　　社会性发展是幼儿心理发展的重要方面，它对一个人的人格、心理健康、智力发展等有重要影响。现代社会所需要的人才，不仅应当具有健康的身体、聪明的大脑、丰富的社会经验，而且更应具有良好的人格、个性品质和社会适应能力。只有充分理解并掌握学前儿童社会性发展特点及规律，才能利用这些特点及规律有针对性地对学前儿童进行社会性教育。

第一节　学前儿童社会性发展的特点

　　学前儿童社会性发展体现在很多方面，不同的研究者有着不同的分类。本教材从操作层面，把学前儿童社会性发展的内容分为社会认知、社会情感、亲社会行为和道德发展等方面，主要体现在自我意识、对他人认知、对社会环境及规则的认知、情绪社会化、依恋、道德感、亲社会行为等方面。当然，儿童的社会性发展是一个整体的发展，这样的划分只是便于研究和学习。

13

一、学前儿童社会认知发展的特点

社会认知是学前儿童在参与社会活动中发展的，认知所获得的经验影响其社会行为，学前儿童社会教育要帮助学前儿童得到积极的社会知识经验。学前儿童社会认知发展的内容包括对自己的认识（即自我意识）、对他人的认知及对社会环境和规范的认知三个方面。

学前儿童社会认知发展总的来说有以下特点：① 学前儿童社会认知发展是一个逐步区分、认识社会性客体的过程，区分人与物的不同，区分照顾者的不同情绪，区分不同的意图与行为等；② 学前儿童社会认知各方面的发展是非同步、非等速的；③ 学前儿童社会认知的发展遵循认知发展的普遍规律，但不完全受认知发展的影响；④ 学前儿童社会认知的发展水平与社会交往密切相关。

（一）学前儿童自我意识发展特点

1. 学前儿童自我意识发生与形成的标准

自我意识也称自我，指个体对自己作为客体存在的身心活动的觉察，即自己认识自己的一切，包括认识自己的生理状况（如身高、体重、形体等）、心理特征（如兴趣爱好、能力、性格、气质等）以及自己与他人的关系（如自己与周围人们相处的关系、自己在集体中的位置与作用等）。从形式上看，自我是由知、情、意三方面统一构成的高级反映形式，包括自我认识（自我观察、自我分析、自我评价）、自我体验（自尊、自信）、自我监控（自我检查、自我监督、自我控制）等。

我国学者指出，学前儿童自我的发生与形成具有以下四个过程和标志：一是儿童在动作对象中能够区分自己的动作，并逐渐意识到自己的动作、动作的目的和动机，这就产生了初级的自我意识。二是儿童能把自己和动作分开，知道自己是活动主体。三是儿童能使用自己的名字，即儿童能用自己的名字或他人对自己的称呼如"宝宝"来称呼自己。这说明儿童产生了概括自己愿望和关于动作表象的自我感觉。四是儿童能使用第一人称"我"来代表自己。这表明儿童已经完成从自己的表象向抽象的发展，儿童的自我意识逐步形成。另外，此时的幼儿开始出现自尊心，当他们遭遇不公正待遇时，会出现哭闹、反抗等行为。

婴儿期是自我意识发生的时期。在婴儿前期，婴儿还是物我不分，啃自己脚还以为是在啃其他的玩具；从婴儿末期开始，婴儿才能把自己的身体与其他物体区分开来，才能意识到自己的存在。例如，儿童开始知道由于自己扔皮球，皮球就滚了；由于自己拉床单，小猫就给吓跑了。儿童从这里认识了自己跟事物的关系，认识了自己的存在和自己的力量，这就使他产生了某种"自豪"之感。但是，这时的所谓自我意识，实质上只能算是一种自我感觉，还不是明确的自我意识。2岁左右是自我意识形成的时期。此时的儿童能把自己和"别人"明显地区分开来，能够在镜中识别自我；能够准确地使用代名词"我"，但最初儿童提到自己时，还往往像谈论别人那样，如说"宝宝要抱""贝贝吃糖"等。当儿童开始掌握"我"这个词的时候，在儿童自我意识的形成上，可以说是一个质的变化，即儿童开始从把自己当作客体转变为把自己当作一个主体的人来认识。从此，儿童的独立性开始大大增长起来，这在儿童常常说的"我自己来"这句话中获得明显的表现。

哈特总结了大量的学者们的研究，将婴幼儿自我认识的发展分为五个阶段，前三个阶段是主体自我的发展，后两个阶段是客体自我的发展。这一结论受到学术界的公认。

第一阶段（5～8个月）：无我状态。婴儿对镜像感兴趣，但对自己的镜像或他人的镜像并不分化，说明这一阶段的婴儿不能区别自己与他人。

第二阶段（9～12个月）：初步的主体自我。婴儿以自己的动作引起镜像的动作，主动以自身动作与镜像匹配，表明婴儿对自己作为活动主体有了初步的认识。

第三阶段（12～15个月）：主体自我发展。婴幼儿能区分由自己做出的活动与他人所做活动，对自己镜像与自己活动之间的联系有了明确分化，主体自我得到明显发展。

第四阶段（15～18个月）：客体自我初步发展。幼儿开始把自己作为客体来认识，认识到客体特征来自主体特征（如自己的鼻子上的红点与镜像中鼻子上的红点的关系），对主体特征有了稳定的认识，客体自我得到初步发展。

第五阶段（18～24个月）：客体自我形成。幼儿开始用言语标示出自我，如使用代词"我""你"来区别自己与他人，是客体自我形成的重要标志。这时的儿童已经能意识到自己的独特特征，能从照片中认识自己，用言语表达自己。

主体自我和客体自我的形成，是婴幼儿与物理世界和社会环境相互作用的结果。自我的发展有助于儿童妥善处理自己与环境、与他人的关系，如认识他人的态度、体验他人的情感、建立平等关系、共享社会经验、实现共同目标等。这对于一个生活在高度社会化条件下的个体是十分重要的。自我意识的发展，是儿童社会化的转折点，也是个性最终形成的必要条件。

2. 幼儿自我意识的发展

（1）性别角色的发展特点

所谓性别角色，是指属于特定性别的个体在一定的社会和群体中占有的适当位置，以及被该社会和群体规定了的行为模式。换言之，性别角色是指特定社会对男性和女性社会成员所期待的适当行为的总和。

幼儿期的自我意识有了进一步的发展，表现在对自己性别的认识，可自我观察到身体特征、动作、能力、爱好、所有物。3岁以后幼儿开始逐渐认识自己，并逐渐形成性别角色和社会角色意识。性别稳定性一般在3～4岁的时候就出现了，这一年龄的幼儿能够认识到性别在一生中是稳定不变的。5岁左右形成比较明确的性别角色意识。儿童一般要到六七岁才能获得性别一致性的认识。

科尔伯格把儿童性别守恒的发展划分为三个阶段。

第一阶段：性别标志。这时的儿童能正确识别自己以及他人的性别标志，但对性别的认识是根据外部的、表面的特征，如头发长度、服饰等。例如，将一个玩偶的服饰或发型改变后，儿童认为它的性别改变了。

第二阶段：性别固定。这时的儿童对性别的"守恒性"有了一定的理解，如知道男孩将来要长成男人，女孩将来会长成女人，但他们仍相信改变服饰、发型等就能导致性别转换。

第三阶段：性别一致性。幼儿园大班儿童和小学低年级儿童开始确信了性别的一致性，他们知道即使一个人"穿错了衣服"，也不会改变性别。

儿童获得性别守恒与一致性不仅与认知水平的发展有关，也与他们对性别的知识有关。一个对3～5岁儿童的研究发现，学前儿童有无关于生殖器的知识，对区分性别具有显著作用。

（2）自我控制的发展特点

初生婴儿没有自我控制能力。研究表明，2岁儿童延迟性自我控制行为已经初步上升到主导地位。虽然2岁儿童已经具备一定的自我控制能力，但水平较低，且具有明显冲动性，主要依靠外界压力而实现。随着年龄的增长，大脑皮质的抑制机能逐渐完善，儿童对自己行为的控制力以及根据外界要求调节自己行为的能力都有显著提高，3～4岁发展较快，4～5岁是儿童的自我控制迅速发展时期。3岁左右的幼儿活动的独立性逐渐加强，儿童已有了独立愿望，喜欢自己做事、自己行动，能在短时间内延缓自己要求的行为；4岁以后能够尝试用语言调控自己行为并逐渐延长时间；五六岁时，能有意识调控自己的行为，自我控制语言也逐渐从外部语言过渡到内部语言，能维持较长时间。

儿童的自我控制行为受各种因素影响，言语指导和行为的训练在儿童自控行为中起着重要作用，儿童从接受外部言语指导及外部诱因逐渐发展到根据自身要求和内部诱因来控制行为，从不自觉行为发展到自觉行为。研究表明，3～5岁幼儿的自我控制能力存在明显的性别差异，表现为女孩高于男孩。

（3）自我评价的发展特点

幼儿的自我评价进一步发展，幼儿的自我评价主要依赖于成人的评价，常常带有主观情绪性与外在性，同时，幼儿又在不断地脱离自我中心，自我评价的客观度逐步提高。幼儿一般都过高地评价自己。幼儿自我评价与其认知水平和情绪、情感的发展水平密切相关，其自我评价表现为以下发展趋势。

① 从依赖成人的评价到自己独立的评价。幼儿前期的幼儿多数不能对自己做出独立的评价，对自己的评价往往只是简单重复成人的评价。例如，幼儿评价自己是好孩子，因为"老师说我是好孩子""妈妈说我是好孩子"等。幼儿后期，开始出现独立的评价。幼儿对成人的评价逐渐持批判的态度。如果成人对他的评价不符合他自己的评价，儿童会提出疑问或申辩，甚至表示反感。

② 从对外部行为的评价到对内心品质的评价。根据调查材料，幼儿的自我评价基本上表现为对自己外部行为的评价，还不能深入到对内心品质进行评价。只有大班极少数孩子在自我评价中，涉及内心品质，但仍属于过渡的中间状态，还不是真正地对自己内心品质进行自我评价。例如，幼儿在回答他是好孩子的原因时说："我不撒谎，上课坐得好，我不欺负小朋友。"

③ 从带有主观情绪性的自我评价到比较客观的自我评价。幼儿在评价别人时常常带有主观情绪性，而在自我评价中主观情绪性更大。他们往往不是从具体事物出发进行评价，而是以情感体验作为评价的依据。如一幼儿认为自己和另一幼儿是最好的值日生，是因为"他值日就发给我带金边的碗，我值日也发给他带金边的碗"。

④ 从笼统不分化的评价到比较具体细致的评价。有些幼儿的自我评价是比较简单、笼统和不分化的，较少幼儿具有分化的评价能力。有的幼儿还分不清一般行为规则和评价某项活动的具体标准的区别。如有的幼儿认为某一幼儿是"好值日生"，因为他一到幼儿园就拿抹布擦桌子，至于擦得干净不干净，往往并不在意。

（二）学前儿童对他人认知的发展特点

学前儿童对他人和群体的认知往往是从辨别他人的外形特征和外部行为表现开始的，发现他人的装束、发式、性别、高矮或能力与自己的不同，知道他人的称呼和仿效其行为，最后才把他人看作是各种各样的、有独立人格的人，把其他群体区分开来，如幼儿会说"少先队员是戴红领巾的小哥哥、小姐姐""大班是楼上的班"等。

（1）对他人外形的认知。幼儿对他人的认知，首先关注的是他人的外形特征。2岁以后，幼儿能逐步发现与他人在外形上的差异。准确地使用"你""他"这两个人称代词时，标志幼儿已把他人当作独立个体。但是，由于社会性客体比物质客体在时间和空间上有更大的变化，常常导致学前儿童概念的不准确。如幼儿会把电视或图书上所有穿白大褂的人都称为医生，分不清医生、护士等。

（2）对他人心理状态的认知。能通过行为特征与结果来理解他人内在情绪及推断他人在集体中的地位。如，幼儿看到同伴推开另一个幼儿，就会知道这个同伴不想与另一个幼儿玩。幼儿还会根据同伴幼儿的某些表现说"我们班×××最坏了，总是欺负小朋友""我们班×××最漂亮了"等。但对于他人的情感、动机与社会需要，幼儿的认识还很肤浅、粗略，有时甚至是视而不见的。

（3）自我中心的态度。皮亚杰用"三山"实验证明学前儿童正处于自我中心主义阶段，对于社会性客体的反应常产生偏差，如受自己经验的误导，会以为别人都是和自己一样想法，如幼儿在捉迷藏时害怕对方发现自己，总是捂紧自己的双眼；或以个人好恶或以外表定本质，缺乏客观、公正的态度。

（三）学前儿童对社会环境和规范认知的发展特点

学前儿童对社会环境、社会现象的认知，总的趋势是由近及远，由简单到复杂，逐步扩展和深化。对规则的认识是学前儿童道德认知初步发展的体现。服从是幼儿道德认知的第一个特点，学前儿童认为规则是权威制定的，是必须遵守的，幼儿的自我中心思维使他们还不能完全理解规则的真正目的，在游戏和行动中常常按照自己的规则进行，他们往往首先在别人的行为中发现违规。只有到了幼儿后期才逐渐形成独立的、主动的动机，开始能掌握一定的道德行为规则。到幼儿后期，道德判断开始能从社会意义上来判断道德行为，但仍然是具体的。他们还不能把行为动机和行为效果统一起来看，常常只能看到行为的效果，而看不到行为的动机。

二、学前儿童社会情感发展的特点

情绪和情感是人的需要得到满足或得不到满足时产生的主观反应。社会情感是人们在社会生活、社会交往中产生的情感体验。情绪、情感的社会化包括情绪表达与控制、同情心、责任感等。社会情感的教育就是要引导学前儿童在社会认知过程中，形成积极的情感体验，学会认识、调控自己的情绪、情感。学前儿童社会情感发展的主要内容包括学前儿童情绪的社会化、依恋的发展、道德情感发展等。

（一）学前儿童情绪的社会化

情绪社会化就是指在原始情绪产生的基础上，在人际交往和社会行为反馈中，那些蕴涵社会教育意义的情绪产生的过程。情绪社会化是儿童与他人交流感情的基础。

新生儿已有明显的情绪反应，"落地哭"就是由于身体不舒适引起的消极情绪；3个月左右，婴儿开始出现社会性的微笑。婴儿通常用表情与他人进行交流，人们通常把表情称为"情绪的语言"；2～3岁的儿童在讲述一个故事或一件事时，总是一边说，一边做表情和动作；3岁左右的儿童能比较准确地表达出自己的感情，也能正确领会别人表露的情感，并做出相应的反应。情绪的社会化是学前儿童情绪发展的主要趋势。

（1）情绪中社会性交往的成分不断增加。从儿童的微笑看，1.5岁儿童对自己微笑所占比例较大，对小朋友微笑比例很小；3岁儿童对自己微笑所占比例很小，对老师、小朋友微笑比例很大。

（2）引起情绪反应的社会性动因不断增加。引起儿童情绪反应的动因从主要为生理需要的满足逐渐过渡到主要为社会性需要的满足。如幼儿在园吃穿都没有问题，但同伴排斥他，幼儿会产生痛苦的情绪，若老师对幼儿进行表扬，幼儿会产生愉快的情绪。

（3）情绪表达社会化。儿童从2岁开始就已经能够用表情手段去影响别人，并学会在不同场合下用不同方式表达同一种情绪。

随着学前儿童年龄的增长和社会交往范围的不断扩大，其情绪社会化逐渐呈现出丰富性和深刻化及自我调节化的特点。

（1）情绪的丰富性和深刻化。情绪的丰富性包括两种含义。其一，情绪过程越来越分化，如类似于尊敬、怜惜等高级情感的出现。其二，情绪指向的事物不断增加，有些先前不会引起儿童情绪体验的事物，随着年龄增长，引起了情绪体验。情绪的深刻化，例如，"亲爱"这种情感对象由父母或者经常照顾幼儿的成人扩大到家中其他成员。进入托儿所或幼儿园以后，先是对老师，然后对小朋友有了亲爱的情感。

（2）情绪的自我调节化。① 情绪冲动性逐渐减少；② 情绪的稳定性逐渐提高（情绪控制与掩饰增加）。日常观察发现，3岁前儿童一般毫无保留地表露自己的情绪，3岁后则会根据社会的要求调节情绪表现方式。如幼儿在父母面前摔倒了就会露出痛苦的表情，大哭起来；如在老师面前摔倒了，就会忍住不哭，露出坚强的表情。

（二）学前儿童亲子依恋的形成与发展

在发展心理学中，"依恋"这个术语常常被用来描述婴儿与母亲或其他照顾者之间的那种强烈而深厚的情感联系。由于婴儿的照顾者多为其父母，故又称为亲子依恋。研究者普遍认为，依恋的实质是一种社会性的情感需要，是通过双方交往与相互强化形成的复杂行为系统。依恋包括三个相互关联而又有所区别的概念体系：① 依恋情感（相互爱恋的内心体验）；② 依恋行为（亲近、依随和互动的外显行动）；③ 依恋关系（极力保持、维护这种密切的交往关系）。安斯沃斯等人把儿童依恋分为安全型、不安全-回避型和不安全-拒绝型。新近的研究进一步表明，儿童早期依恋的质量和类型与儿童以后的同伴及与成人关系的品质之间存在相关。安全型儿童具有较强的社交能力、人缘好、友善合作。而不安全型儿童在同伴关系中倾向于退缩、被动、交往犹豫、参与活动不积极也缺少热情，而且很多儿童对教师等成人表现出过分的依赖。研究认为，儿童依恋行为的发展过程可以分为以下四个阶段。

1. 对人无差别的反应阶段（0～3个月）

这个时期的婴儿对人反应的最大特点是不加区分，没有差别，对所有人的反应几乎都一样，都以抓握、微笑等十分相同的方式对大多数人做出相似的反应。婴儿喜欢所有的人，喜欢听到人的声音、注视人的脸，只要看到人的面孔或听到人的声音就会微笑、手舞足蹈。此时，婴儿的笑并非表示个人的偏爱，他甚至对一个面具也会发出微笑。可以说，婴儿表现的微笑等外显行为还不能说是真正意义上的依恋行为。真正的依恋行为产生的标志是婴儿表现出的认生现象以及他们对依恋对象所表现出的努力接近或接触的行为。

2. 对人有选择的反应阶段（3～6个月）

这个时期的婴儿对人的反应有了差别，对母亲和他所熟悉的人及陌生人的反应是不同的。婴儿对母亲更为偏爱，在母亲面前表现出更多的微笑、依偎、接近、咿呀学语，而在其他熟悉的人如家庭成员面前这些反应相对就要少一些，对陌生人这些反应则更少，但依然有这些反应。当婴儿看到陌生人时只是注视着，如果陌生人对他微笑或抱起他时，他才做出一些反应。

3. 特殊的情感联结阶段（6个月～2岁）

从6～7个月起，婴儿对母亲的存在表现出特别的关注。到七八个月，这种关注行为更为强烈。当陌生人靠近时，他会哇哇大叫，甚至哭闹不安，并转而寻求母亲的所在。这一阶段的婴儿特别希望与母亲在一起，与她在一起特别高兴，当她离开时则哭喊着不让离开；当母亲回来时婴儿会马上显得十分高兴。只要母亲在身边婴儿就能安心地玩、探索周围环境，好像母亲是其安全基地。这说明此时的婴儿已能敏锐地辨别熟人和陌生人了，这样，婴儿真正的依恋行为就产生了。

七八个月时，婴儿也会对父亲形成依恋。1981年兰姆报告说许多婴儿会在7～9个月时对父亲形成依恋，特别是父亲花许多时间与之在一起的情况下。但父母亲的作用是不太一样的。母亲更多的是抱他们、安抚他们，与他们一起玩传统的游戏，满足他们的需要；而父亲则给予婴儿好玩的身体刺激，发起婴儿喜欢的出人意料的游戏。虽然如此，婴儿对父亲的依恋还是比对母亲的依恋要淡薄一些。再以后婴儿对母亲的依恋进一步加强，依恋范围也进一步扩大，除父母外，儿童还对家庭其他成员如祖父母等产生依恋的情感。

4. 目标调整的伙伴关系阶段（2岁后）

2岁以后，儿童开始能认识并理解母亲的情感、需要和愿望，把母亲作为一个交往的伙伴，认识到交往时双方都应考虑对方的需要，并据此适当调整自己的目标。这样与母亲在空间上的接近就逐渐变得不那么重要，比如当母亲需要出去干别的事情，或离开一段时间，儿童也能理解，而不会大声哭闹，他可以自己较快乐地玩，相信母亲一会儿肯定会回来。

3岁以后，随着儿童进入幼儿园，儿童把依恋对象逐渐从父母身上转移到老师和同伴身上。此时，儿童依恋行为的发展进入高级发展阶段——寻求老师和同龄人的注意与赞许的反应阶段（3～6岁）。

幼儿对老师的依恋首先表现在更多地寻求老师的注意与赞许，并且年龄越大的儿童在这方面表现得越明显。比如老师上课提问题，不论会还是不会，儿童都会把手举得高高的以引起老师的注意。如果受到老师的表扬，则会得意扬扬、喜形于色；如果得不到老师的注意与表扬，就会认为老师不喜欢自己，久而久之就会出现郁郁寡欢、不合群等现象。其次，幼儿对老师的依恋还表现在对老师的态度上。这一阶段的儿童会直接说出他对老师的喜欢与不喜欢，幼儿对老师的好恶态度是判断幼儿是否形成依恋的标准。当幼儿对某位老师产生依恋时，会表现出积极愉快的情绪体验，乐于接受老师的教导。

幼儿对同伴的依恋主要是以在游戏或学习过程中能否共享玩具、互相合作以及座位的远近、家庭住址的距离为决定因素。在幼儿园小班，那些手拉手、结伴游戏的儿童一般都是近邻。中班幼儿开始关心同伴的衣着、言行，甚至模仿同伴的兴趣爱好，对同伴形成了同情、谅解、友谊等情感。此时的同伴关系是极不稳定的，但它对儿童学会初步的人际交往、认识与掌握人际关系是不可或缺的。大班幼儿交往范围扩大，不仅在同班交朋友，而且与班外、园外的小朋友进行交往。这种交往有助于增强孩子人际交往能力与水平，养成同情心、友谊感以及相互信任与帮助的良好的情感。

就儿童来说，依恋是社会性的最早表现，也是儿童早期生活中最重要的生活关系。3～6岁儿童依恋行为的发展是其社会性发展的重要环节，它关系到儿童将来心理的健康发展，因此，对幼儿在与老师、同伴的相互交往中形成的依恋之情要特别珍视并加以正确引导，使之能健康地成长。但是，也不能过度夸大早期依恋对儿童心理发展的影响，其影响有一定的限度。

（三）幼儿道德情感的发展

道德情感是人的道德需要是否得到满足所引起的一种内心体验，它反映、伴随并影响着人的道德认知和道德行为。与道德有关的情感主要包括共情、羞愧感和内疚感等。

幼儿期道德情感发展总的特点为：

幼儿前期在掌握道德观念的基础上，已经产生了初步的道德情感，如同情心、责任感、互助感等。这个时期的儿童已能关心别人的情绪和处境，因他人高兴而高兴，因他人难受而难受，并想到要安慰和帮助别人。在成人的教育下，随着自我意识的进一步发展，幼儿对他人和自己的行为是否符合道德标准产生了最初的体验。如当自己和别人的言行符合道德规范受到表扬时，幼儿便产生高兴、满足、自豪的情感体验；当自己和别人的言行不符合道德规范受到批评时，幼儿便产生羞愧、难受、内疚的情绪体验。同时，也出现了最初的爱与憎。例如，当看到图画书上的大灰狼、灰狐狸时，就用手、拳头去打它；而当看到小白兔战胜了大灰狼、灰狐狸时，便高兴地拍手大叫。当然，这时婴幼儿的道德情绪体验还是比较浅的、短暂的，一般都是成人要求、评价和强化的结果。在幼儿前期，道德判断带有很大的情绪性、具体性和受暗示性。只要成人认为是好的，自己觉得有兴趣的，就认为是好的，否则就是坏的。

进入幼儿期以后道德情感逐渐得到发展。在道德情感方面，像同情心、义务感等已有明显的表现，为更深刻的道德情感提供了发展的基础。而且现实生活中关于人们行为的道德评价，文艺作品中关于人物行为的道德评价，都能在一定程度上激起幼儿道德体验上的共鸣，并激励他们的道德行为的发展。幼儿的道德行为动机往往受当前刺激的制约，基本上仍受具体的道德范例所支配，一般都是照成人所指示的去做，并不理解真正的意义，所以坚持性很差。

1. 共情

研究者认为共情实质是一种能力，即共情能力，它是指个体能够设身处地地对他人的情感状态进行识别、理解和应对，从而产生与他人相一致的情感体验。研究者一致认为共情是亲社会行为的动机基础，而且对攻击性行为的产生有一定的抑制作用。霍夫曼等人把人的共情能力大致分为以下四个阶段[①]。

（1）普遍性共情。在婴儿出生后的第一年，他的共情是被动的、不随意的。来自母亲或其他人的痛苦或快乐线索，会使他感到不适、惊恐或高兴、微笑。这个现象称为"情绪传染"。这些早期的"同情哭喊"类似于先天反应，因为很明显婴儿还不能够理解他人的感觉，然而他们的反应就好像自己也有同样的感觉一样。

（2）自我中心共情。在出生后的第二年，儿童渐渐意识到自己是独立个体，他们对他人痛苦的反应发生改变。儿童面对痛苦的人时，他们能够明白是别人而不是自己感到痛苦。这种认识使儿童能够将注意力由对自身的关心转到对别人的安慰上。因为儿童在以他人的观点思考问题方面存在困难，所以他们试图安慰或帮助别人的行为可能不恰当，例如，他们会把糖果递给看起来难过的父亲。

（3）对他人感情的共情。在2～3岁，·儿童逐渐意识到他人是独立于自己而存在，并且是具有与自己不同的情感、需要、思维等内部状态的实体，开始运用关于他人和周围世界的信息推测、判断具体的、直接的情境，从他人在此情境下产生的相应情绪表现来理解和体验他人的情绪情感，根据情境的要求，表现出对他人更为有效的共情行为。

（4）对他人的生活情境产生共情。一般发生在6～9岁。这时儿童不仅充分意识到他人拥有与自己一样的感觉，而且领会到这些感觉发生在范围更广的经历中。处于童年期或者青春初期的儿童，角

① 王振宇.学前儿童发展心理学［M］.北京：人民教育出版社，2004：119-120.

色获取的能力日益提高，能准确地评估他人的情绪状态及其起因，共情不再拘泥于具体的、直接的情境，而是扩展到更抽象、概括的情境。

总体而言，婴幼儿时期共情并不是很普遍，但儿童的共情能力也不是随着年龄增长而自然发展的，需要教育者采用具有针对性的方式进行引导。

2. 羞愧感

羞愧感是个人知觉到自己在一定情境中的行为与这种情境要求的合理的、道德的或者公认的行为标准相背离时产生的情感体验。它是道德良知发展的基础。

羞愧感以人的自我意识的产生为基本条件。在人没有自我意识之时，他是不会有羞愧感的。鲍德温认为儿童的害羞可以分为两个阶段：在早期阶段，由陌生人在场所引起，这在大多数1岁的儿童身上就有所表现，相当于恐惧；到了后期阶段，儿童能够把注意力集中到自己身上，称得上真正的害羞情感。真正的害羞行为与恐惧无关，直到3岁才普遍地表现出来。达尔文说："我的一个小孩，在其两岁零三个月时，我就看到他出现那种所谓感到'羞耻'的痕迹。"我国心理学工作者对学前儿童的情感研究也发现，3岁组儿童有羞愧自我体验的占33.3%。

羞愧感的最初萌芽与儿童的道德认识联系在一起。儿童以后发展的全过程，都是与这种初步道德概念和道德观念的丰富、道德经验的增长及认识到周围人对自己的要求分不开的。新近研究表明，小班儿童害怕别人责备自己的行为，当受到责备又觉得自己确实做得不对时，他会觉得羞愧和难为情。但是，小班儿童这种萌芽状态的羞愧感体验，还不是自然而然地、由于真正认识到自己的过失产生的，而是由于成人影响，由于成人带有责备和生气的口吻的话语而产生的，比如，"这多让人害羞啊！""你真不害臊！"等等。小班和中班儿童还不能全面评价自己的行为，他们只是在具体情境中，为一个具体行为而羞愧，而大班儿童则不但在做出某一行为时感到羞愧，而且在做出这个举动之前也会产生羞愧感。因为他们已经知道，这样的行为会使人羞愧。儿童最初是因为撒谎骗人而感到羞愧的，他们还知道，拿别人东西、打人、说脏话，这些都是可羞的。随着儿童道德经验的丰富和对人际关系准则的理解与掌握，羞愧感的范围也逐渐扩大，并不断地社会化，社会规则在羞愧感中占有越来越大的地位，羞愧感的表现越来越依赖于和人们的交往。小班和中班儿童都只是在成人面前才感到羞愧，而大班儿童即使在同伴面前，特别是在本班小朋友面前，也会感到羞愧。别人对他们行为评价的集体舆论，在他们的心目中越来越重要了。这是他们道德认识发展中的一个重要阶段。如果一个儿童在同伴和集体面前曾经为自己的行为感到羞愧，那么在以后的行为中，就会尽力避免再产生那种令人不快的羞愧体验。儿童还会逐渐记住这种情绪的条件，以后再遇到类似的情境，便会努力克制可能使他再做错事的行为和动机，将成人对他们的要求逐渐变为自己的要求。羞愧感逐渐成为一种制止儿童认为不好的行为、言语、愿望和动机得以表现的制动力。

3. 内疚感

内疚感是个体对自己的过错或过失的感知。当儿童理解他人的观点，并将自己的行为看作他人困境产生的原因时就产生了内疚感。

研究者通过研究发现，内疚感在个体身上的发展经历了一个从模糊到深刻的过程。基本的内疚感可能很早就出现，因为婴儿不能分清自己和他人，当看到他人出现困境时，不能肯定其原因，可能模糊地归因于自己，从而产生类似于内疚感的反应。随后的发展中，儿童能较好地区分自我与他人，并能更好地作出归因。当他理解他人观点并将自己的行为看作他人困境的原因时，就会产生内疚。随着儿童抽象思维的发展和群体共情范围的扩大，儿童可能超越现实情境将自己的某个行为看作他人痛苦的原因，内疚感的来源也更为复杂。

事实上，学前儿童道德感的发展并不是某方面的线性发展，而是在多种维度之间交织发展的。它与道德认知、道德行为相互影响，协调发展。

三、学前儿童亲社会行为发展的特点

社会性行为是人们在交往活动中对他人或某一事件表现出来的态度、言语和行为反应。社会性行为根据其动机和目的，可以分为亲社会行为和反社会行为。亲社会行为是指人们在社会交往中对他人有益或对社会有积极影响的行为，如帮助、分享、合作、谦让等。而反社会行为（问题行为）则是指违法行为或为社会所不接受的行为，在学前儿童中体现为打人、骂人、破坏物品等（本章节只讲学前儿童亲社会行为发展特点，有关问题行为的内容放在第七章专门介绍）。学前儿童社会性行为发展的引导主要是促进其亲社会行为、矫正问题行为的一种努力。

儿童很早就表现出利他行为，但这种行为是随着儿童社会化的认知的发展而变化的。儿童的利他规范是一个逐步确立的过程。学前儿童亲社会行为的发展总的来说可分为以下五个阶段：初始阶段——对他人需要的注意阶段；亲社会行为意图确定阶段；意图和行为建立联系阶段；发展阶段——享乐主义的、自我关注的推理阶段；需要取向的推理阶段。

学前儿童亲社会行为主要表现在助人与分享、合作、安慰与保护、谦让等方面。王美芳、庞维国对学前儿童在幼儿园的亲社会行为进行了观察研究。结果表明：① 儿童亲社会行为主要指向同伴，极少数指向教师；② 儿童的亲社会行为指向同性伙伴和异性伙伴的次数存在年龄差异，小班儿童指向同性、异性伙伴的次数接近，而中班和大班儿童的亲社会行为指向同性伙伴的次数不断增多，指向异性伙伴的次数不断减少；③ 在儿童的亲社会行为中，合作行为最为常见，其次为分享行为和助人行为，而安慰行为和公德行为较少发生。

（一）学前儿童助人与分享行为发展的特点

1. 助人行为

助人就是对有困难者或急需帮助者提供各种形式的帮助。有的学者认为幼儿由于受自我中心倾向的影响基本上没有利他观念和利他行为，从而也就否定了学前儿童助人行为的存在。但有的学者通过实验证明学前儿童存在助人行为，只是有一个发展的过程。例如，瑞格得的研究就发现，儿童会帮助成人做一些事情。斯陶布认为，儿童助人行为是随着年龄的增长而变化的，并且有其他儿童在场时，儿童会由于恐惧减少而增加助人行为。其研究结果表明，5～8岁儿童的助人行为是随着年龄的增长而增加的。该研究还发现，是否有他人在场对儿童的助人行为的发生有重要影响。单独在场时，只有31.8%的儿童表现出助人行为，而两人在场时，则上升为61.8%。这是因为另一名儿童在场，可以增加相互沟通，从而减少由特定情境引起的紧张与恐惧，解除抑制，表现出较多的助人行为。斯陶布的研究还表明，同成人良好的情感联系以及成人的榜样行为会增加儿童的助人行为，而且，成人的榜样行为可以增加儿童对于规范和正确行为的认知理解。

2. 分享行为

分享是亲社会行为的一种表现，是指儿童在有他人存在的场合能将物品公正地共同享用。分享的对象可以是物质，如食品、玩具、图书等等，也可以是情感，情感的分享总是和人联系在一起，如老师、父母等等。分享不只存在于幼儿之间，幼儿与成人之间也可产生分享。

有关研究表明，3～6岁的幼儿存在着不同程度的分享行为，但行为的自觉性、主动性程度有时也会有不同。如有的是完全自愿的，有的是在启发下发生的。如在食物分享中，有的幼儿能主动分享，有的犹豫不决。幼儿分享食品和分享玩具的行为不同，多数幼儿在分享玩具的行为中，独占的较少；在分享食品的行为中，不易与其他幼儿分享。

瑞士苏黎世大学恩斯特·费尔曾主持过儿童分享行为的实验，他指导229名3～8岁儿童参与三轮不同的糖果实验。研究者在这三轮实验中分别给这些儿童一份、两份、三份糖果，让孩子们与照片中的另一名儿童分享。结果发现，80%的7、8岁孩子在拥有一份糖果的第一轮实验中，愿意与另一名儿童平分；40%的儿童在拥有两份糖果的第二轮实验中，选择分一份给另一名儿童。不过，仅9%的3、4岁儿童愿与另一名儿童平分。实验表明：3、4岁的儿童最"自私"，等到他们长至七八岁时，才慢慢变得慷慨起来。这也是很难从一个3、4岁的孩子手上拿走玩具或食物的原因。

出人意料的是，实验还显示，独生子女愿意与人分享的比例更高，比有兄弟姐妹的儿童更慷慨。专家认为，孩子从什么时候学会分享，可能是基因和社会文化共同作用的结果。

（二）幼儿合作行为发展的特点

合作是两个或者两个以上的人共同活动、协同实现活动目标的行为。合作也是一种基本的社会技能。合作作为人与人之间的一种基本的互动形式，一直是个体社会化研究的重要领域。

关于幼儿合作的研究指出，在幼儿出生后的第二年，合作行为开始发生并迅速发展。而研究也表明幼儿合作行为是随着年龄增长而不断增加的。海（Hay，1979）研究了幼儿与父母的合作游戏，发现12个月的幼儿很少表现出合作性游戏，而绝大多数18～24个月的幼儿产生了合作性游戏，而且在这个年龄阶段，幼儿合作性游戏发生的频率也迅速增加。还有研究发现，18～24个月的幼儿比年幼的儿童进行了更多的与同伴和成人交往的游戏。24个月的幼儿在与同龄伙伴交往过程中，他们与同龄伙伴之间能够相互协调行为以达到共同的目标，而18个月的幼儿还比较困难；24个月以后幼儿能更有效地进行社会性交往，更经常地进行合作游戏。我国学者的研究也发现，在儿童的亲社会行为中，合作行为最为常见，同伴对幼儿的合作行为多作出积极反应。

布鲁尼尔和卡里基（Brownell & Carriger，1990）研究了64名12～15、18～21、21～27、30～33个月幼儿的合作与自我-他人区分的关系，其结果同样发现，幼儿的合作性有显著的年龄差异。12个月的幼儿基本上不能解决合作性问题，半数左右的18个月幼儿能偶然地解决问题，大多数24、30个月的幼儿能重复性地解决问题。在合作性行为上，24、30个月的幼儿更能相互协调，能围绕任务采取相应的相互配合的行为。研究结果还表明，具有高水平区分自我-他人的幼儿更善于和同伴合作。

所以，幼儿早期的合作行为的发展同他们的社会交往能力、社会认知能力和自我概念有着密切关联，并且是相互影响的。

（三）幼儿安慰与保护行为发展的特点

幼儿早期就会对他人悲伤情感作出不同反应，并逐步发展出复杂的亲社会性干预意图与行为。幼儿不仅有能力区分他人的需要和利益而对他人进行分享和帮助，而且还可以对周围其他人的情感性悲伤以亲社会的方式进行反应，瑞德克-耶如、赞-渥克斯勒及其同事（Zahn-Waxler, Radke-Yarrow, & King, 1979）对10～29个月婴幼儿的这些反应进行了研究。他们训练母亲观察婴幼儿的行为，记录婴幼儿对自然发生的刺激产生的悲伤反应。结果发现，婴幼儿早期的反应包括最初的看着悲伤者、哭泣、呜咽、大笑和微笑。这些反应随年龄的增长而增加，并逐渐被其他一些反应所代替，如寻找看护人、模仿和明显地具有利他性或亲社会性干预的企图。这些亲社会性干预也随着年龄的增长变得越来越复杂。如，一个69周的幼儿把她的瓶子递给疲劳的母亲，然后躺在母亲的身边，轻拍她，并从瓶子里喝水。尽管这个时期的幼儿，其亲社会互动并不总是适当的，如幼儿把瓶子递给一个疲劳的母亲，或安慰一个因剥洋葱而流泪的母亲等，但他们的行为中明显包含有真正关心他人的成分。

第二节　学前儿童社会性发展的主要理论及影响因素

一、学前儿童社会性发展的主要理论

儿童社会性发展的研究始于20世纪30年代，至20世纪70年代末期，心理学家提出的关于儿童社会性发展的理论学说主要有三种：精神分析理论、行为主义理论和认知发展理论。

（一）精神分析理论

西格蒙德·弗洛伊德（Sigmund Freud）是精神分析学派的创始人。在与精神病人的长期接触中，他发现许多人的发病与其童年早期经验有关，因此提出重视早期经验对个人社会化和人格形成的作用。

1. 人格的结构

弗洛伊德认为，人格由本我、自我和超我三部分组成，个人行为是三种成分相互制约、相互作用的结果。

本我，指原始的自己，它是人出生时人格的唯一成分，也是建立人格的基础。它包含生存所需的基本欲望、冲动和生命力。本我是一切心理能量之源，本我按"快乐原则"行事，它不理会社会道德、外在的行为规范，它唯一的要求是获得快乐、避免痛苦，本我的目标是求得个体的舒适、生存及繁殖，它是无意识的、不被个体所觉察。在儿童发展过程中，年龄越小，本我作用越重要，婴儿几乎全部处于本我状态，他们只追求基本需要的满足。

自我，是由本我中分化出来的，是被现实了的本我。自我是本我和外界关系的调节者，它奉行现实原则，一方面要满足本我的需要，另一方面又要制止违反社会规范、道德准则和法律的行为。所以自我不再遵循"快乐原则"去追求无条件的、即刻的满足，而是按照逻辑，接受现实，并在"现实原则"的指导下，力争既不与现实的要求相冲突，又能使自己获得满足。自我是人格结构中的理性部分，它的任务是：对外感受现实、认识现实、适应现实，对内负责管理本能冲动和欲望的疏泄。

超我，是从自我中发展起来的部分，是人格中的最高层次和理想部分，是道德化了的自我。从形成的顺序来看，它是人格结构中最后形成的部分。它是人在儿童时代对父母道德行为的认同，对社会典范的效仿，是接受文化传统、价值观念、社会理想的影响而逐渐形成的。超我遵循"理想原则"，它由自我理想和良心构成，它通过自我理想确定道德行为的标准，通过良心惩罚违反道德标准的行为，使人产生内疚感。

弗洛伊德认为，本我的目的在于追求快乐，自我的目的在于追求现实，超我的目的则在于追求完美。由于超我永无止境地追求完美，所以它同本我一样是非现实的，它经常批评本我、谴责自我。自我服从超我的强制规则，它不仅必须寻找满足本我需要的事物，而且还必须考虑到所寻找的事物不能违反超我的价值观。弗洛伊德认为，在通常情况下，本我、自我和超我是处于协调和平衡状态的，从而保证了人格的正常发展，如果三者失调乃至破坏，就会产生不良的社会行为，以致发生精神方面的疾病，危及人格的发展。

2. 人格发展的阶段

弗洛伊德认为，每个儿童都要经历几个先后有序的发展阶段，儿童在这些阶段中获得的经验决定了他的人格特征。

每一阶段的划分是以动欲区的转移为依据的。弗洛伊德认为，人格的发展，主要是本能的发展，本能的根源在于身体的紧张状态，多集中在身体的某些部位，称为动欲区。动欲区在发展的早期是不断变化的，首先是口腔，其次是肛门，然后是生殖器，据此他将人格发展分为五个时期，即口唇期、肛门期、性器期、潜伏期和生殖期。每个时期都有与性有关的特殊的矛盾冲突，人格的差异与个人早期发展中性冲突解决的方式有关。如果某一时期的矛盾没有顺利解决，性的需求没有满足或过度满足，儿童就会在以后保持这个时期的某些行为，即"停滞现象"。"停滞"与"退行"是紧密联系的。所谓"退行"是指当个人受到挫折或焦虑时，他就会返回到早期发展阶段，出现幼稚行为，如哭泣、抽烟、酗酒等。一个人一旦发生退行现象，他总是倒退到他曾停滞的那个发展阶段。

口唇期（0～1岁）：这个时期的动欲区是嘴。在口唇阶段的初期（0～8个月），快感主要来自唇与舌的吮吸活动，吮吸本身可产生快感，婴儿不饿时也有吮吸手指的现象就是例证。根据弗洛伊德的观点，一个被"停滞"在口唇阶段初期的人可能会从事大量的口唇活动，诸如沉溺于吃、喝、抽烟与接吻等，这种人的人格被称为口欲综合型人格。在口唇期的晚期（8个月～1岁），体验的感受部位主要是牙齿、牙床和腭部，快感来自撕咬活动，一个被"停滞"在口唇阶段晚期的人会从事那些与撕咬行为相等同的活动，如挖苦、讽刺与仇视。这种人的人格被称为口欲施虐型人格。

肛门期（1～3岁）：这一时期动欲区在肛门区域。在这一时期，儿童必须学会控制生理排泄，使之符合社会的要求，也就是说儿童必须养成卫生习惯。在肛门期，快感主要来自对粪便的排出与克制，如果这一时期出现停滞现象，可使人格朝着慷慨、放纵、生活秩序混乱、不拘小节或吝啬、循规蹈矩、整洁、谨小慎微两个方向发展，形成"肛门排泄型"或"肛门滞留型"人格。

性器期（3～6岁）：这个时期动欲区在生殖器区域，它是弗洛伊德发展阶段理论中最复杂和争议最大的阶段。在这个阶段里，最显著的两个行为现象是"恋亲情结"和"认同作用"。恋亲情结因儿童性别的不同有"恋母情结"和"恋父情结"之分。根据弗洛伊德的说法，男孩子到了这个年龄，开始对自己的母亲产生一种爱恋的心理和欲求，同时又有消除父亲以便独占母亲的心理倾向。在另一方面，男孩子因为上面所说的一些想法而产生"阉割恐惧"，害怕自己的性器会被父亲割掉。为了应对由此产生的冲突和焦虑，男孩子终于抑制了自己对母亲的占有欲，同时与自己的父亲产生认同作用，学习男性的行为方式，这对个人的成长和社会化极为重要。弗洛伊德认为，与此类似的心理过程和行为反应也在女孩子身上发生，这就是所谓的"恋父情结"。女孩子最后也与母亲发生认同作用，而开始习得女性的行为方式。

潜伏期（6～12岁）：这里所谓"潜伏"，指的是儿童对性器兴趣的消失。这种情形的发生可能与儿童因年龄增大而其生活圈也随之扩大有关。儿童到了这个年龄，他们的兴趣不再局限于自己的身体，对于外界环境，也逐渐有了探索的倾向。由于这个时期的行为少有与身体某一部位快感的满足有直接关系，于是有"潜伏"的说法。

生殖期（12～20岁）：到了青春期，随着生理发育的成熟，于是进入人格发展的最后时期——生殖期。在这个时期，个人的兴趣逐渐地从自己的身体刺激的满足转变为异性关系的建立与满足，所以又称两性期。儿童这时已从一个自私的、追求快感的孩子转变成对异性有浓厚兴趣的、社会化的成人。弗洛伊德认为这一时期如果不能顺利发展，儿童就可能产生性犯罪、性倒错，甚至患精神病。

弗洛伊德对本我、自我、超我的描述，以及个体心理发展阶段学说，无疑是心理学史上对人的社会性发展过程的最早的描述。他提出的人由本我分化为自我，再由自我分化为超我的思想，以及强调早期经验对人一生发展的作用，对后来社会性发展研究有重要的启示作用。

对精神分析理论的进一步发展贡献最大的莫过于美国心理学家爱利克·埃里克森（Erik H. Erikson）。针对弗洛伊德理论的不足之处，埃里克森提出了自己的发展观。第一，他认为发展是内在本能与外部文化和社会要求相互作用的结果，而非性本能的产物，因此称自己的理论为心理社会阶段论。第二，他认为儿童是主动的探索者，能够适应环境并希望控制环境，并不是被动地受环境的影响。只有了解现实世界，才能成功地适应，进而发展出健康的人格。第三，人格的发展并非止于青春期，而是贯穿其一生的。他将人的一生分为八个阶段，每个阶段都有其独特的发展任务，亦面临相应的发展危机，只有将危机化解，才能顺利地进入下一个阶段，发展健康的人格，否则将产生适应困难。

埃里克森在其所著《儿童期与社会》一书中，按照人在一生中所处的特定时期经历的生理成熟和社会要求，将人的一生分为八个阶段。

第一阶段：信任对不信任（出生至1岁）

这一阶段婴儿的主要任务是发展对外界的信任感，信任的含义是感到他人是可靠的、可以依赖的。照顾婴儿的人如果不能满足婴儿的需要或对婴儿经常采取不一致的态度，婴儿就会认为世界是危险的，他人不值得依赖。

信任感是发展健全人格最初且最重要的因素，人生第一年的发展任务是与照顾者（通常是父母）建立起信任感，学习爱和被爱。良好的照料是发展婴儿信任感的基本条件。婴儿来到一个陌生的环境，必须依靠他人来满足自己的需要，如果父母使婴儿的各种需要得到满足，婴儿的感受是愉快的和良好的，其对父母的信任感就得以建立，这一信任感是婴儿对外界和他人产生信任感的来源。信任感发展的结果是乐观，对环境和将来有信心。与此相反，如果婴儿经常感受到的是痛苦、危险和无人爱抚，便会产生不信任感，婴儿会把对外界的恐惧和怀疑情绪带入以后的发展阶段。

第二阶段：自主对羞怯和疑虑（1～3岁）

这阶段儿童学会走、跑、跳等多种动作，学说话、做事，要求独立，渴望探索新世界，从而产生自主感；另一方面，由于缺乏社会规范，他们的任性行为达到高峰，喜欢以"不"来满足自己独立自主的需要。此时，如果父母替孩子做每一件事，而不允许他们去做想做的事，或对其独立行为缺乏耐心，进行否定和斥责，将会使其产生羞愧和疑虑，他们将怀疑自己的能力，并停止各种尝试和努力。

第三阶段：主动对内疚（3～7岁）

随着身体活动能力和语言的发展，儿童探究范围扩大，他们开始主动探索周围的世界，敢于有目的地去影响和改变环境。如果成人对他们的好奇和探究给予积极鼓励和正确引导，则有助于他们主动性的发展，这意味着他们愿意发明或尝试一些新活动或新语言，他们自己订计划、定目标，并极力争取达到目标，而不是单纯地模仿其他孩子或父母的行为。反之，如果成人总是指责孩子的行动是不好的，禁止他们离奇的想法或游戏活动，或要求他们完成其力所不能及的任务，都会使他们产生内疚感、缺乏自信、态度消极、怕出错、过于限制自己的活动。

第四阶段：勤奋对自卑（7～12岁）

这一时期正值小学教育阶段，是自我发展的最关键时期。儿童在求学的过程中，必须学会适应学校的生活，遵守学校的规章制度，在学习和各项活动中达到一定的标准。儿童只有勤奋学习，努力进取，才能学会他应当掌握的知识和社会技能，体验到成功感。如果儿童在学习和交往中屡遭失败，就会产生自卑感。儿童在学校当中所经历的成功和失败的体验，对其人格成长具有重要影响：如果儿童体验到的成功多于失败，就会养成勤奋进取的性格，会勇敢地面对学习和生活中的挑战；如果儿童体验到的是失败多于成功，甚至都是失败没有成功，就会形成自卑的性格，对新的学习任务产生畏惧感，可能会回避现实，对今后人格的发展产生不利影响。

第五阶段：自我同一性对角色混乱（12～18岁）

这一阶段的讲述是埃里克森学说的精髓。他认为这个阶段体现了童年期与青年期发展中的过渡阶段，是寻找自我同一性的时期。自我同一性是指个体尝试着把与自己有关的各个方面结合起来，形成一个自己觉得协调一致、不同于他人的独具有同一风格的"我"。如果青少年在前四个阶段建立起信任感、自主感、勤奋感，个体就比较容易建立起同一性，顺利地进入成年；如果没有形成良好的同一性，那么就会出现角色混乱。这一时期是个体从自我追寻到自我定向的关键时期，个体在求学和与人相处中学会认识自己、了解别人，如果能够配合自己的能力性格确定自己未来的方向，他的人格发展将达到自我统合，否则将陷入自我角色的混乱。

第六阶段：亲密对孤立（18～30岁）

在这一阶段，青年开始走向社会，他们需要朋友、同事、夫妻之间建立友爱关系。如果能够建立良好的友情和爱情关系，甚至成家立业，在自我发展上就会感到安全和满足，否则将会感到孤独无依。

第七阶段：繁殖对停滞（30～65岁）

这个阶段的主要任务是热心承担社会责任，关心家庭，养育后代。不愿或无力承担这种责任的人会变得停滞或自我中心。

第八阶段：自我完整对失望（65岁以后）

按照埃里克森的理论，只有回顾一生感到所度过的是充实的、有意义的和幸福的人生的人才会有一种圆满感和满足感，而那种回顾挫败人生的人则体验到失望。

埃里克森的人格发展理论指明了每个发展阶段的任务，并给出了解决危机、完成任务的具体教育方法，有助于教师理解不同发展阶段的儿童所面临的冲突类型，从而采取相应的措施，因势利导，对症下药。

（二）行为主义理论

美国心理学家约翰·华生（John B. Watson）是行为主义理论的创始人，他认为心理的本质是行为，而一切行为都是"刺激—反应"的学习过程，通过刺激可以预测反应，通过反应可以推测刺激。例如，当铃声与肉同时呈现时，狗就能学会对单独的铃声表现出类似于对食物的反应——分泌唾液并兴奋地摇动尾巴。从"刺激—反应"的公式出发，华生认为儿童通过遗传获得的是数量很少的简单反射而已，它们对日后的心理发展没有多少作用，而环境与教育是行为发展的唯一条件。华生曾用一个11个月大的婴儿做实验。婴儿原本不怕兔子，当婴儿伸手想摸兔子时，实验人员在婴儿身后发出巨大的敲击声，令婴儿感到害怕。之后每次兔子出现都伴随巨大的敲击声，以至于后来婴儿看到兔子就害怕。他曾说："给我一打健康的儿童，一个由我支配的特殊环境，让我在这个环境里养育他们，我可以担保，任意选择一个，不论他的才能、倾向、爱好如何，他父母的职业及种族如何，我都可以按照我的意愿把他训练成某一类专家——医生、律师、艺术家、大商人，甚至乞丐或强盗。"从中我们可以看出，华生否认遗传的作用，认为遗传只决定人的身体结构而不决定人的行为，人的行为无论多么复杂，都不过是对环境中特定刺激的反应。刺激是可以控制的，因此人的行为也是可以控制的，给儿童什么样的刺激就可以把他们训练成什么样的人。华生片面夸大环境和教育的作用，忽略了人的主体性。

美国心理学家伯尔赫斯·弗雷德里克·斯金纳（Burrhus Frederic Skinner）传承了华生的行为主义基本信条，与华生不同的是，斯金纳用操作性条件作用来解释行为的获得，他认为行为分为两类，一类是应答性行为，另一类是操作性行为。应答性行为就是由外在刺激而引发的行为；操作性行为是个体主动发出的、受到强化的行为。应答性行为常常是个体无意识、不自觉的行为，而操作性行为大多是有意识、有目的的行为。斯金纳认为，人或动物为了达到某种目的，会采取一定的行为作用于环境，当这种行为的结果对他有利时，这种行为就会在以后重复出现，不利时这种行为就减弱或消失。斯金纳自己做了一个箱子，称为斯金纳箱。当把鸽子放进斯金纳箱后，鸽子会在箱子里东啄西啄，当鸽子啄到一处开关时，就有一粒食物落在鸽子面前。以后只要鸽子一进箱子就会径直去啄开关，显然食物强化了鸽子啄开关的操作行为，鸽子学会了获得食物的方法。斯金纳认为人的行为是由活动的结果决定的，活动结果对行为本身具有重要影响，他将这种影响称为强化，提出了行为学习的另一个模式——"反应—强化—反应"。

强化指通过某一事物增强某种行为的过程。斯金纳将强化分为正强化和负强化两类，并认为这两种强化作用的效果都是增加行为出现的概率。正强化：给予一个积极刺激，从而增加其行为出现的概率。负强化：撤销一个消极刺激，从而增加其行为出现的概率。

斯金纳的操作主义理论对培养儿童的良好习惯、纠正儿童的不良行为是有效的，但斯金纳将儿童心理的发展归因于外部的强化，忽视了内在心理机制的探讨，同时也抹杀了儿童的主观能动性，简单地用操作性条件反射原理来解释人类的行为，带有极大的片面性。

以华生和斯金纳为代表的新老行为主义学派，主要通过对动物的实验来建构理论，并用这些理论来解释人类的行为。这些理论受到抨击的一个重要原因是忽视了行为的社会因素，美国心理学家班杜拉的社会学习理论在某种程度上弥补了这种不足。

社会学习理论是20世纪60年代兴起的一种理论，它的创始人是美国心理学家阿伯特·班杜拉（Albert Bandura）。班杜拉认为，人的行为，特别是人的复杂行为主要是后天习得的。他认为行为习得有两种不同的方式：一种是"通过反应的结果所进行的学习"，即直接学习；另一种是"通过示范所进行的学习"，即观察学习。观察学习，也称社会学习或替代学习，指通过观察环境中他人的行为及其后果而发生的学习。

班杜拉认为观察学习的全过程由四个阶段构成。

（1）注意过程。学习者首先要注意到榜样的行为、获取有关的信息。如果没有对榜样的行为的注意，就不可能去模仿他们的行为。班杜拉认为，注意过程决定着在大量的榜样影响中选择什么作为观察的对象，并决定着从正在进行的榜样活动中抽取哪些信息。

（2）保持过程。人们往往是在观察榜样的行为后，才模仿它们。要想在榜样不再示范时能够重复他们的行为，就必须将榜样的行为记住。因此需要用言语和形象两种形式把所获得的信息转换成适当的表象保存起来。

（3）动作再现过程。指观察者把记忆中的表象转换成行为，并根据其反馈调节行为做出正确的反应。观察者只有将榜样的行为从头脑中的符号形式转换成动作以后，才表示已模仿行为。要准确地模仿榜样的行为，还需要必要的动作技能，个体如不具备必要的技能，有些复杂的行为是难以模仿的。

（4）动机过程。社会学习理论把习得和操作加以区分。因为人们并不把习得的所有反应模式都表现在行动中。从观察中学习到的行为是否操作受三类强化——直接强化、替代强化和自我强化的影响。人们如果直接体验到、观察到或自我评价某种行为的结果是有价值的，他们将积极地把习得的行为展现出来；反之，就不展现。

直接强化是个体直接体验到自己行为后果而受到的强化。替代强化，指学习者通过观察他人行为所带来的奖惩性后果而受到强化。自我强化，即学习者以自我评价的个人标准来强化自己的行为，凡符合个人标准的行为就会得到自我肯定，凡是不符合个人标准的行为就会受到自我批评。班杜拉把三种强化作用看成是学习者再现榜样行为的动机力量。

在一个经典研究中，班杜拉让4岁儿童单独观看一部电影。在电影中一个成年男子对波波玩偶（与儿童形体接近的一种充气玩具）表现出踢、打等攻击行为，影片有三种结尾。将孩子分为三组，分别看到的是结尾不同的影片。奖励攻击组的儿童看到的是在影片结尾时，进来一个成人对主人公进行表扬和奖励；惩罚攻击组的儿童看到另一成人对主人公进行责骂；控制组的儿童看到进来的成人对主人公既没奖励，也没惩罚。看完电影后，将儿童立即带到一间有与电影中同样的波波玩偶的游戏室里，实验者透过单向镜对儿童进行观察。结果发现，看到榜样受到惩罚的孩子表现出的攻击行为明显少于另外两组，而另外两组则没有差别。这说明，榜样攻击性行为所导致的后果是儿童是否自发模仿这些行为的决定因素。在实验的第二阶段，让孩子回到房间，告诉他们如果能将榜样的行为模仿出来，就可得到橘子水和一张精美的图片。结果，三组孩子（包括惩罚攻击组的孩子）模仿的内容是一样的。说明替代性惩罚抑制的仅仅是对新反应的表现，而不是获得，即儿童已学习了攻击的行为，只不过看到榜样受罚，而没有表现出来而已。

观察学习中，需要特定的示范作用。班杜拉认为，主要有以下八种示范：

（1）行为示范，即通过榜样的行为来传递行为的方式；

（2）言语示范，即通过榜样的言语活动传递行为、技能的方式；

（3）象征示范，即通过电视、电影、小说、广播中的象征性中介物呈示榜样的行为方式；

（4）抽象示范，即通过榜样的行为事例，传递隐含在背后的原理或规则的方式；

（5）参照示范，即为传授抽象概念而附加具体的参考物或活动方式；

（6）参与示范，即把观察和模仿相结合的示范；

（7）创造示范，即观察多种行为示范而形成一种新的行为方式；

（8）延迟性示范，即观察者观察榜样后不立即模仿，一段时间后才模仿。

班杜拉的另一项实验研究，比较了行为示范和言语示范对儿童利他行为的影响。实验是这样进行的。先让小学三、四、五年级的儿童做一种滚木球游戏，作为奖励，他们在游戏中都得到了一些现金兑换券。然后，把这些儿童分成四组，每组有一个实验者的助手装扮的榜样参与。第一组儿童和一个自私自利的榜样一起玩，这个榜样向儿童宣传要把好的东西留给自己，不必去救济他人，同时也带头不把得到的现金兑换券捐献出来。第二组儿童和一个好心肠的榜样一起玩，这个榜样向儿童宣传自己得了好东西还要想到别人，并且带头把得到的兑换券捐献出来。第三组儿童和一个言行不一的榜样一起玩，这个榜样口里说人人都应该为自己考虑，实际上却把兑换券放入了捐献箱。第四组儿童的榜样则是口里说要把得到的兑换券捐献出来，实际上却只说不做。实验结果是第二、三组捐献兑换券的儿童均明显比第一组和第四组多。这清楚地表明劝说只能影响儿童的口头行为，对实际行为则无影响；行为示范对儿童的外部行为有非常显著的影响。

班杜拉对观察学习做了大量的实验，揭示了观察学习的规律，对我们教育工作者有重要的启示作用。一方面，班杜拉在他的理论中提出榜样具有替代性强化的作用，使人们对榜样在儿童社会性发展中的重要性有了更进一步的认识。在儿童社会教育中，应多提供正面、积极的榜样，少提供反面、消极的榜样。另一方面，作为教育工作者更应要求自己的行为举止合乎道德规范，不但注意言传，更应注意身教，使儿童的身心健康成长。

（三）认知发展理论

瑞士著名的儿童心理学家让·皮亚杰（Jean Piaget），创立了发生认识论，提出了儿童认知发展阶段说。皮亚杰认为支配儿童心理发展的因素有成熟、物理环境、社会环境和平衡化四个方面。成熟是发展的生物前提，它为发展提供了可能性；物理环境和社会环境是发展的重要条件；平衡化是发展的支柱，它协调其他三个因素使之成为一个连续的、协调的整体。

皮亚杰认为儿童心理或行为是儿童的心理或行为图式在环境影响下不断通过同化、顺应而达到平衡的过程，从而使儿童心理不断由低级向高级发展。同化是指个体将外界信息纳入已有的认知结构的过程，但是有些信息与现存的认知结构不十分吻合，这时个体就要改变认知结构，这个过程就是顺应。平衡是一种心理状态，当个体已有的认知结构能够轻松地同化环境中的新经验时，就会感到平衡，否则就会感到失衡。心理状态的失衡驱使个体采取行动调整或改变现有的认知结构，以达到新的平衡。平衡是一个动态的过程，个体在"平衡—失衡—新的平衡"中，实现了认知的发展。

皮亚杰认为个体从出生至儿童期结束，其认知发展要经过四个时期：

（1）感知运动阶段（0～2岁），儿童靠感觉与动作认识世界；

（2）前运算阶段（2～7岁），儿童开始运用简单的语言符号从事思考，具有表象思维能力，但缺乏可逆性；

（3）具体运算阶段（7～11岁），出现了逻辑思维和零散的可逆运算，但一般只能对具体事物或形象进行运算；

（4）形式运算阶段（11～15岁），能在头脑中把形式和内容分开，使思维超出所感知的具体事物或形象，进行抽象的逻辑思维和命题运算。

皮亚杰根据儿童对规则的理解和使用，对过失和说谎的认识及对公正的认识的考察和研究，把儿童道德认知发展划分为四个有序的阶段。

第一阶段：前道德阶段（出生～2岁）。皮亚杰认为这一年龄阶段的儿童正处于感觉运动时期，行为多与生理本能的满足有关，无任何规则意识，因而谈不上任何道德观念发展。

第二阶段：他律道德阶段（2～8岁）。儿童主要表现为以服从成人为主要特征的他律道德，故又称为服从的阶段。具有以下四个特点。

（1）单方面地尊重权威，有一种遵守成人标准和服从成人规则的义务感。其基本特征：一是绝对遵从父母、权威者或年龄较大的人。儿童认为服从权威就是"好"，不听话就是"坏"。二是对规则本身的尊重和顺从，即把人们规定的规则，看作是固定的，不可变更的。

（2）从行为的物质后果来判断一种行为的好坏，而不是根据主观动机来判断。例如，认为打碎杯子数量多的行为比打碎杯子数量少的行为更坏，而不考虑有意还是无意打碎杯子。

（3）看待行为有绝对化的倾向。儿童在评定行为是非时，总是抱极端的态度，或者完全正确，或者完全错误，还以为别人也这样看，不能把自己置于别人的地位看问题。

（4）赞成严厉的惩罚，而且认为惩罚越厉害就越公平。还把道德法则与自然规律相混淆，认为不端的行为会受到自然力量的惩罚。例如，对一个7岁的孩子说，有个小男孩到商店偷了糖逃走了，过马路时被汽车撞倒，问孩子"汽车为什么会撞倒男孩子"，回答是："因为他偷了糖"。

第三阶段：自律或合作道德阶段（8～11、12岁）。儿童思维已达到具有可逆性的具体运算，有了自律的萌芽，公正感不再是以"服从"为特征，而是以"平等"的观念为主要特征。这个阶段的道德具有以下四个特点。

（1）儿童已认识到规则是由人们根据相互之间的协作而创造的，因而它是可以依照人们的愿望加以改变的。规则不再被当作存在于自身之外的强加的东西。

（2）判断行为时，不只是考虑行为的后果，还考虑行为的动机。

（3）能把自己置于别人的地位，判断不再绝对化，看到可能存在的几种观点。

（4）提出的惩罚较温和，更为直接地针对所犯的错误，带有补偿性，而且把错误看作是对过失者的一种教训。

第四阶段：公正道德阶段（11、12岁以后）。这时儿童的思维广度、深度及灵活性都有了质的飞跃，儿童的道德观念开始倾向于公正。公正观念不是一种判断是或非的单纯的规则关系，而是一种出于关心与同情的真正的道德关系。也就是说，儿童不再刻板地按固定的规则去判断，在依据规则判断时隐含考虑到同伴的一些具体情况，从关心和同情出发去判断。皮亚杰认为公正观念是一种高级的平等关系，这种道德观念已经能够从内部对儿童的道德判断起着决定性的作用。

皮亚杰认为儿童道德认识的发展阶段是与儿童智慧的发展相平行的，儿童道德认识的发展是由他律向自律过渡的过程。皮亚杰揭示的道德发展规律肯定了认知的发展和教育在儿童道德发展中的作用，他提出的儿童道德发展的阶段论不仅为继续研究儿童的道德发展提供了一种方法和思路，而且对幼儿园和学校的德育工作也具有深刻的启发意义。

美国心理学家劳伦斯·科尔伯格（Lawrance Kohlberg）对皮亚杰的研究方法进行了改进，采用道德两难故事法研究道德的发展问题。故事包含一个在道德价值上具有矛盾冲突的情境，让被试听完故事后对故事中的人物行为进行评论，从而了解被试进行道德判断所依据的原则及道德发展水平。代表性的道德两难故事是"海因茨偷药的故事"：

> 欧洲有一位妇女患了癌症，生命危在旦夕。医生告诉她的丈夫海因茨，只有本城一个药剂师最近发明的一种药可以救他的妻子。但该药价钱十分昂贵，要卖到成本价的十倍。海因茨四处求人，尽全力也只借到了购药所需钱数的一半。万般无奈之下，海因茨只得请求药剂师便宜一点儿卖给他，或允许他赊账。但药剂师坚决不答应他的请求，并说他发明这种药就是为了赚钱。海因茨在走投无路的情况下，为了挽救妻子的生命，在夜间闯入药店偷了药，治好了妻子的病。但海因茨因此被警察抓了起来。

科尔伯格围绕这个故事提出了一系列问题，让被试参加讨论，如：海因茨该不该偷药？为什么？他偷药是对还是错？为什么？（具体分析见表2-1）通过大量的研究，科尔伯格提出了三水平六阶段理论。

（1）前习俗水平（0～9岁）

处在这一水平的儿童，他们为了免受惩罚或获得奖励而顺从权威人物规定的行为准则。他们根据行为的直接后果和自身的利害关系来判断好坏是非。这一水平包括两个阶段。阶段1，惩罚与服从的定向阶段。这个阶段的儿童认为凡是权威人物赞扬的就是好的，遭到他们批评的就是坏的。他们道德判断的理由是是否受到惩罚或服从权威。他们凭自己的水平作出避免惩罚和无条件服从权威的决定，而不考虑惩罚或权威背后的道德准则。阶段2，工具性的相对主义的定向阶段。这一阶段儿童评定行为的好坏主要看是否符合自己的利益。对自己有利的就好，不利的就不好。

（2）习俗水平（9～15岁）

处在这一水平的儿童，能够着眼于社会的希望与要求，并以社会成员的角度思考道德问题，已经开始意识到个体的行为必须符合社会的准则，能够了解社会规范，并遵守和执行社会规范。规则已被内化，按规则行动被认为是正确的。这一水平的两个阶段是：阶段3，人际关系的定向阶段或"好孩子"定向阶段，这个阶段的儿童认为一个人的行为正确与否，主要看他是否为别人所喜爱，是否对别人有帮助或受别人称赞；阶段4，维护权威或秩序的道德定向阶段，这一阶段的儿童意识到了普遍的社会秩序，强调服从法律以使社会秩序得以维持。儿童遵守不变的法则和尊重权威，并要求别人也同样做。

（3）后习俗水平（15岁以后）

达到这一道德水平的人，其道德判断已超出世俗的法律与权威的标准，而是有了更普遍的认识，想到的是人类的正义和个人的尊严，并已将此内化为自己内部的道德命令。这个水平有两个阶段。阶段5，社会契约的定向阶段。处于这一水平阶段的人认为法律和规范是大家商定的，是一种社会契约。他们看重法律的效力，认为法律可以帮助人维持公正。但同时认为契约和法律的规定并不是绝对的，可以应大多数人的要求而改变。在强调按契约和法律的规定享受权利的同时，认识到个人应尽义务和责任的重要性。阶段6，普遍的道德原则的定向阶段。这是进行道德判断的最高阶段，表现为能以公正、平等、尊严这些最一般的原则为标准进行思考。在这个阶段上，他们认为人类普遍的道义高于一切。

科尔伯格发现，儿童道德判断能力发展的总趋势是如上所述的水平和阶段，但其发展速度则存在着个别差异，有快慢之别，而且不是所有的儿童都能达到最高的阶段。他强调，学校和社会应积极创设良好的环境，采用各种方式、方法的道德教育，来促进儿童道德判断能力的发展。

科尔伯格对道德发展问题的一系列研究，扩展了皮亚杰关于儿童道德判断研究的理论，对于我们了解道德认识发展的规律，科学地安排品德教育的内容，有效地进行品德教育是极为有益的。

表2-1 "海因茨偷药"的三水平六阶段理论应用

不该偷的理由	该偷的理由	水 平	阶 段	道德推理的特点
偷东西会被警察抓起来，受到惩罚	他事先请求过，又不是偷大东西，他不会受重罚	前习俗水平	1	以惩罚与服从为定向
如果妻子一直对他不好，海因茨就没有必要自寻烦恼，冒险偷药	如果妻子一向对他好，海因茨就应关心妻子，为救她的命去偷药		2	以工具性的相对主义为定向
做贼会给自己的家庭（包括妻子）带来麻烦和耻辱	不管妻子过去对他好不好，他都得对妻子负责	习俗水平	3	以人际和谐或"好孩子"为定向
采取非常措施救妻子的命合情合理，但偷别人的东西犯法	偷东西是不对，可不这样做的话，海因茨就没有尽到丈夫的义务		4	以权威或秩序为定向
丈夫没有偷药救妻子的义务，这不是正常的夫妻关系契约的组成部分。海因茨已经为救妻子命尽了全力，无论如何都不该采取偷的办法解决问题，但他还是去偷药了，这是一种超出职责之外的好行为	法律禁止人偷药，却没有考虑到为救人性命而偷东西这种情况。海因茨不得不偷药救命，如果有什么不对的话，需要改正的是现行的法律，稀有药品应该按照公平原则加以调控	后习俗水平	5	以法定的社会契约为定向
海因茨设法救妻子的性命无可非议，但他没有考虑所有人的生命的价值，别人也可能急需这种药。他这么做，对别人是不公正的	为救人性命去偷是值得的。对于任何一个有道德理性的人来说，人的生命最可贵，生命的价值提供了唯一可能的无条件的道德义务的源泉		6	以普遍的道德原则为定向

（四）生态学理论

近年来兴起的生态学是一种探讨人的行为与社会环境交互作用的研究取向。美国心理学家布朗芬·布伦纳（Bronfen Brenner）在1979年出版的《人类发展生态学》一书中，提出了著名的人类发展生态学理论。他认为，个体在发展过程中并不是孤立的存在，而是能动地与周围的环境相互依赖、相互依存、相互作用。根据布朗芬·布伦纳的发展生态理论，个体的发展与周围的环境之间相互联系构成了若干个系统，即微观系统、中间系统、外层系统、宏观系统和长期系统，如图2-1所示。

图2-1 布朗芬·布伦纳的社会生态系统理论

1. 微观系统

微观系统是环境系统的最里层，指儿童生活的场所及其周边环境，如家庭、幼儿园、学校、邻居和社区。在微观系统中的每一个因素都会对个体的发展造成积极或消极的影响。如家庭这个微观系统主要由子女与家长、其他家庭成员所组成。在不同的家庭，由于父母的教养行为和方式的不同，相应地，个体的发展机会和状况也就不同。良好的家庭环境、亲密的亲子关系必然为个体的思想品德及身心的健康发展创造良好的条件。

2. 中间系统

中间系统是指各微观系统之间的联系或相互关系。如幼儿园与家庭、幼儿园与社区、家庭与社区之间的关系或联系，对儿童的发展有很大的影响。如幼儿园与家庭对儿童教育要求不一致，会导致儿童无所适从。

3. 外层系统

外层系统是指那些儿童并未直接参与但却对他们的发展产生影响的系统。例如，父母工作场所、家庭生活条件、各种视听媒体等，这些都会渗透到成人和儿童的相互作用中去。如父母的工作单位能够给员工提供良好的福利和充足的休息时间，会在一定程度上加深父母与子女之间的亲子关系，进而有利于儿童的身心健康发展。

4. 宏观系统

宏观系统是儿童所处的社会文化背景，包括来自某种文化或亚文化的价值观念、信仰和信念、历史及其变化、政治和经济、社会结构等。例如，西方文化更强调个人主义，而东方文化则更强调集体主义。

5. 长期系统

长期系统是指在个体发展过程中所有的社会生态系统随着时间的变化而发生的变化。

布朗芬·布伦纳进一步指出，这些系统中的每一个系统都对儿童的发展有着复杂的生态学意义；各个系统是相互联系、相互制约的，其中任何一个系统的变化都会波及另外一个系统；儿童的发展过程是其不断地扩展对生态环境的认识的过程，从家庭到幼儿园再到社会；儿童的生态过渡（即生态环境的变化）对其发展具有举足轻重的作用。

布朗芬·布伦纳的生态系统理论是现代发展心理学的前沿理论之一，强调发展来自人与环境的相互作用，相互作用的过程设定了人的发展路线。生态发展观进一步扩大了"环境"的概念，将环境看作一个不断变化发展的动态过程，突破了以往研究中对环境的限定的局限性。

二、学前儿童社会性发展的影响因素

儿童通过与环境的相互作用，不断地由一个自然人发展成为一个社会人。在这一过程中，哪些因素在影响着儿童的发展，它们在儿童的发展中起什么作用，一直是人们关注的问题。一般认为，影响儿童社会性发展的因素主要有以下两大方面。

（一）遗传素质

遗传素质是指个体从祖先那里获得的一些天赋的特征，如机体的构造、形态、感觉器官和神经系统的特征。遗传素质是人成长发育的物质基础，也是人社会化的潜在基础和自然前提。正是由于有一种由上代为下代提供的有利于人类从事社会活动的特殊遗传素质，才为人的社会性发展奠定了生物学基础。没有这种特殊遗传素质，人的社会性是不可能发展的，如天生的无脑儿是不会有社会性的。

遗传素质通过儿童气质和生理特征影响儿童社会性的发展。遗传素质中神经系统类型特征决定着儿童的气质。而儿童的气质直接影响亲子关系和父母的教养方式，进而影响其社会性的发展。例如：容易型的婴儿生活有规律，情绪愉悦，易于接受、适应新环境、新食物、新要求，易于教养，那么父母就会对其提供更多的关怀、关注和抚爱，亲子交往态度积极、愉快，关系和谐。长此以往，儿童就容易形成活泼、乐观、自信等良好的社会性特征。反之，困难型的婴儿经常大哭大叫，发脾气，难以抚养，导致父母手忙脚乱，束手无策。于是，父母就会不自觉地拒绝或不喜欢他们，常以警告、禁止等强硬的方式对待他们，亲子关系不和谐，教养方式专制。发展下去，儿童容易形成自卑、攻击等不良的社会性特征。

研究表明，虽然生理特征如发育异常、相貌、肤色、体型、年龄、性别等显而易见地根源于生理发育，但社会对这些特征的反应不同，从而影响儿童社会性的发展。从以上分析可以看出，遗传素质是儿童社会化的潜在基础和自然前提。但是，只靠遗传素质，人的社会性是不能发展起来的。据科学记载，到20世纪50年代末，已知有30个小孩由熊、豹、狼等野兽哺育长大，其行为与野兽相近，用四肢爬行，不会说话，食生肉，用舌头舔饮生水，他们中有的重返社会生活后已难适应。由此可见，单靠遗传素质，没有适当的社会条件，个体社会性发展将无法实现。

（二）社会环境

任何人都是在一定的环境中生长的，儿童社会性的发展离不开其所生活的环境。影响儿童社会性发展的环境主要是社会环境，主要包括家庭环境、幼儿园环境和大众传媒。

1. 家庭环境

家庭是儿童最初的生活场所，儿童的社会性发展首先是在家庭中开始的。通过家庭成员特别是父母的抚养与教育，儿童逐渐获得了知识和技能，掌握了各种行为准则和社会规范，从一个基本依靠本能生活的婴儿发展成一个合乎其社会角色系统的要求、被其所在的社会环境认可和接纳的人。在家庭的诸要素中，家庭结构、父母的教养方式、家庭气氛等都对儿童社会性的发展起着很大的作用。

（1）家庭结构

我国学者吴凤岗的研究结果表明，两代人家庭的幼儿在独立性、自制力、敢为性、合群性、聪慧性、情绪特征、自尊心、文明礼貌及行为习惯等九个方面均好于三代人家庭的幼儿。

陈会昌等人的研究表明：与完整家庭子女相比，离异家庭子女与同伴关系、父母关系较差，自我评价过高，自我控制能力较低，在情绪、品德、性格、学习等方面表现出问题的人数比例较高。离异家庭子女的表现有：爱哭、情绪低落、易烦躁、易发怒、不爱交际、孤僻、冷漠、自卑、焦虑、胆小、学习困难、惧怕父母、有怪毛病和不良行为等。

（2）教养方式

心理学家把父母教养方式归纳为两个维度：接受-拒绝维度和支配-服从维度。根据这两个维度的不同组合，可以形成四种教养方式：权威型、专制型、溺爱型和忽视型。

权威型父母对儿童的态度积极肯定，热情地对儿童的要求、愿望和行为进行反应，尊重儿童的意见和观点，鼓励他们表达自己的想法并参与讨论；他们对儿童提出明确的要求，并坚定地实施规则，对儿童的不良行为表示不满，而对其良好行为表现表示支持和肯定，鼓励儿童获得成就、独立和探索的行为。这种高控制、情感上偏于接纳和温暖的教养方式，对儿童的心理发展带来许多积极的影响；这种教养方式下的儿童多数独立性较强，善于自我控制和解决问题，自尊感和自信心较强，喜欢与人交往，对人友好，有很强的认知能力和社交能力。

专制型属高控制教养方式，但在情感态度方面，父母倾向于拒绝和漠视儿童。这种类型的父母对儿童时常表现出缺乏热情的、否定的情感反应，很少考虑儿童自身的愿望和要求；父母往往要求儿童无条件地遵循有关的规则，但又缺少对规则的解释，他们常常对儿童违反规则的行为表示愤怒，甚至采用严厉的惩罚措施。这种教养方式下的儿童大多缺乏主动性，容易胆小、怯懦、畏缩、抑郁，有自卑感，自信心较低，容易情绪化，不善与人交往。

溺爱型父母对儿童充满积极肯定的情感，但是缺乏控制。他们甚至不对儿童提出任何要求，而让其自己随意控制、协调自己的一切行为，对儿童违反要求的做法采取忽视或接受的态度，很少发怒或训斥、纠正儿童。这种教养方式下的儿童往往具有较高的冲动性和攻击性，缺乏责任感，不太顺从，行为缺乏自制，自信心较低。

忽视型父母对儿童既缺乏爱的情感和积极反应，又缺乏行为的要求和控制。亲子间交往很少，父母对儿童缺乏基本的关注，对儿童的任何行为反应都缺乏反馈，且容易表现出厌烦、不愿理睬的态度。在这种教养方式下的儿童也容易具有较强的冲动性和攻击性，不顺从，且很少替别人考虑，对人缺乏热情与关心，这类儿童在青少年时期更有可能出现行为问题。

（3）家庭气氛

在一个家庭里，成员间相互尊重爱护，以诚相待，为人处世通情达理，会为儿童提供良好的模仿榜样，有益于儿童社会性的发展。父母长期的分歧、敌对、争吵不休、紧张冲突，会使子女的内心产生严重的焦虑与矛盾、悲观、多疑、孤僻、心神不定或神经质，甚至导致心理变态与反社会行为。因此，家庭在学前儿童社会性发展过程中起着重要的作用。家长要创设良好的家庭环境，以培养孩子良好的社会性。

2. 幼儿园环境

在学前期，除家庭以外，学前儿童在幼儿园的时间最多，与教师、同伴的接触最多。幼儿园对学前儿童的影响是最直接的，也是最大的。《纲要》指出："环境是重要的教育资源，应通过环境的创设和利用，有效地促进幼儿的发展。"

众多的研究表明，幼儿园的物理环境和空间使用状况对学前儿童的行为表现会有较大的影响；幼儿园的心理环境（即精神环境）更是影响学前儿童社会性发展的重要因素。我们应当通过营造良好的幼儿园环境，促进幼儿社会性发展。

（1）幼儿园物理环境对学前儿童社会性发展的影响

幼儿园物理环境的优劣，如活动空间的布置、活动场地的美化装饰，都会对学前儿童社会性发展产生直接影响。

国内外许多学者研究发现：幼儿园活动的空间密度高于一定的界限，可能导致学前儿童在自由选择的游戏活动中较多地产生消极的社会性行为；过分的刺激性色彩和过于复杂、夸张的布置，容易引起幼儿的注意力分散，或使幼儿感到烦躁。此外，活动材料的种类、样式、数量配置关系以及陈列方式等等，也与幼儿的发展有密切的关系。

不同种类的活动材料会引发不同的行为。在运用游戏、操作类材料的活动过程中，幼儿容易开展交流、合作、模仿、协商、相互学习等交往活动。在活动面积较大和活动材料丰富的情况下，幼儿表现出来的侵犯性和破坏性行为都低于活动空间小、活动材料贫乏情况下的类似行为。

（2）幼儿园心理环境对学前儿童社会性发展的影响

幼儿园的心理环境主要指幼儿园的人际关系及一般的心理氛围等，体现在教师与幼儿、幼儿与幼儿、教师与教师间的相互作用、交往方式等方面。它虽然是无形的，却直接影响着学前儿童的情感、交往行为和个性的发展。

教师是影响儿童社会性发展的重要因素。幼儿教师对幼儿社会性发展的指导在相当大程度上影响、决定着幼儿社会性发展的性质、方向与水平。教师是幼儿社会性行为的指导者，除了教给幼儿正确的、适宜的行为方式与规则外，教师自身对待幼儿的情感态度和其榜样的作用是巨大的。教师的教育方式和教育态度不仅会影响师生关系，教师的自制力、自信心、同情心、耐心等心理素质及行为也会对师生关系产生影响，进而影响幼儿的社会性发展。实证研究表明：教师对幼儿表现出温暖、关心、接纳等积极的情感态度，会使幼儿乐于接受教师的教导，有利于促进幼儿社会性发展。教师如果把幼儿当作有独立人格的人，爱护他们的自尊心、尊重他们的人格，就会与他们建立起和谐、平等、互相依赖的师幼关系，进而帮助学前儿童建立起安全感、归属感，促进他们与他人、与同伴的正向交往。

在幼儿园中，除了师幼之间的交往之外，发生最多的就是同伴之间的交往。同伴交往在促进学前儿童社会性发展方面具有独特的作用。主要表现在以下方面[1]。

第一，同伴交往有利于儿童学习社交技能和策略，促进其社会行为向友好、积极的方向发展。儿童在与同伴交往中不仅需要自己去引发和维持，而且他从同伴那儿得到的反应远比从父母那得到的反

---

[1]　陈帼眉，冯晓霞，庞丽娟.学前儿童发展心理学［M］.北京：北京师范大学出版社，1999：297.

应要模糊和缺乏指导性，因此，儿童必须提高自己的社交技能，使其信号和行为反应更富有表现性，以使交往活动得以顺利进行。由此可见，同伴交往系统比亲子交往系统更能促进儿童社交技能的提高。另外，与亲子交往相比，在同伴交往中，儿童更会遇到各种不同的交往场合和情景，要求儿童能根据这些场合与情景的性质的不同来确定自己的行为、反应，发展多种社交技能和策略，以适应这种变化，如表2-2所示。

表2-2　学前儿童在与父母、与同伴交往中的不同表现

项　目	关　系	
	亲　子　交　往	同　伴　交　往
交往的发起、维持 信号的发出、行为反应 对方的反馈 对对方反馈的反应	往往是成人发起、维持 成人可以进行猜测 明确、具有指导性	儿童发起、维持 必须更富于表现性 模糊、缺乏指导性 特别关注对方的态度和反应

与亲子交往相比较，同伴交往中同伴反馈更真实、自然和即时。儿童积极、友好的行为，如分享、微笑等，能马上引发另一儿童的积极反应，得到肯定性的反馈；而消极、不友好行为则正好相反，如抢夺、打人等会马上引发其他儿童的反感，或引起相应性的行为。儿童正是在与同伴的交往中通过不断地调整、修正自己的行为方式，掌握、巩固较为适宜的交往方式。

第二，同伴交往是学前儿童积极情感的重要后盾。儿童与儿童之间良好的交往关系，能和良好的亲子关系一样，使儿童产生安全感和归属感，成为儿童的一种情感依赖，对学前儿童具有重要的情感支持作用。如在陌生的实验室中，一些4岁的儿童与其同伴在一起，而另一些则独自一人。结果发现：前者比后者更容易安静地、积极主动地探索周围环境，玩玩具，或做操作练习。在日常生活中，我们也可以观察到，学前儿童在与同伴交往时经常表现出更多的、更明显的愉快、兴奋和无拘无束的交谈，而且能更放松、更自主地投入到各种活动中。

同伴关系良好的幼儿往往感到很愉快，反之，则会产生消极的情感体验。

第三，同伴交往有助于儿童自我概念和人格的发展。儿童通过与同伴的比较进行自我认知。同伴的行为和活动就像一面"镜子"，为儿童提供自我评价的参照，使儿童能够通过对照更好地认识自己，对自身的能力作出判断。

良好的同伴关系可以促进人格的健康发展，甚至在儿童处于不利的发展状况时，可以抵消不良环境对其发展的影响。对离群索居的猴子进行的研究表明：伙伴间的接触可以抵消亲子关系中对儿童的某些不利方面。研究发现，尽管幼猴被剥夺了受母猴照料的机会，但只要他们在"幼年"同其他的幼猴有充分接触和玩耍的机会，它们的发育就是正常的。安娜·弗洛伊德（Anna Freud & Sophie Dan, 1951）提供的著名报告也证实了这一点。在"二战"期间，有6个儿童的父母都被纳粹分子杀害，他们被关在集中营内长到3岁（他们在集中营生活了近两年的时间，直至解放）。这期间他们很少得到成人的照顾，他们几乎是彼此相互照顾着长大的，相互之间形成了深厚的、持久的依恋情感。他们在成长的过程中没有一个人有缺陷或是精神病患者，成熟后均成为正常的、有用的社会成员。

早期的同伴关系不良将导致儿童短期或长期的社会适应困难。来自灵长类动物的实验研究和人类的相关研究支持了这一假设。

另外，儿童在早期同伴交往中获得的经验对塑造其个性、价值观及人生态度都有独特的、重要的影响。

教师与教师之间的人际交往对幼儿的社会性培养具有多重的影响。首先，教师间的交往是幼儿同伴交往和发生社会性行为的重要榜样。教师教育幼儿之间要互相关心、帮助、抚慰、合作，如果教师自己也做到了，那幼儿就更容易产生这种行为方式并且长期稳定下来；反之，如果教师之间互不关心、人情冷淡，那么教师再怎么强调培养幼儿的爱心、同情心，其效果势必也会大打折扣。另外，教

师间的和谐交往可以营造班级、幼儿园良好的心理氛围。教师之间如果相互关心、相互帮助、配合默契，会给班里和幼儿园带来一种温馨的气氛，容易激发出积极的社会性行为。幼儿也会从中耳濡目染，不仅学会体察别人的情绪情感，也能学会正确、适宜的行为方式。

3. 大众传媒

随着大众传播媒介（电视、广播、报纸、杂志、书籍、电子游戏机、手机、平板、互联网等）的普及，使用和享受大众传媒已经成为儿童生活的重要内容。据北京市的一份调查表明：5～6岁的儿童中有88%会独立操作电视，每天收看电视的幼儿占调查总人数的91.6%，学前儿童每日收看电视时间平均达1.43小时。大众传媒不光传播知识信息，还会控制舆论，传播价值观，影响态度，支配人们生活的功能越来越明显。大众传媒在社会教育中起到重要作用，其影响力之大、范围之广是任何其他社会机构所不能企及的。

电视对儿童的影响是多方面的。电视节目中有很多具有教育意义的卡通片与故事片，对儿童的社会学习具有积极的价值。这些利社会行为电视节目通常强调以下行为特质：接受规律、遵守秩序、与人合作；帮助他人，利他主义；主动对人表示友善，关心别人，能设身处地了解他人感受；能自律、抑制冲动、抗拒诱惑；有耐性，坚韧不拔，能容忍短暂的挫折；做错事肯认错，能悔过自新，有补救错事的勇气；爱护动物，热爱自然；勤劳节俭；孝顺父母，爱护幼小孤弱；见义勇为，喜打抱不平，不畏强暴，热心公益[①]。电视节目以自己独特的方式每天向学前儿童提供仿效和学习的社会或群体的行为模式和行为规范，为学前儿童提供各种社会角色的形象范例。

不可否认，电视对学前儿童社会化的发展也有不可忽视的消极作用。部分学前儿童由于迷恋电视而变得懒惰，减少了与同伴交往的机会以及亲人之间情感交流的机会，淡化了人际关系，从而变得冷漠、孤僻、不善交际。另外，电视中播放的暴力内容易强化学前儿童的攻击性行为。电视对学前儿童的攻击性行为产生如下影响：一是教给儿童一些攻击性行为方式，使儿童放松了对暴力行为的抑制，错误地认为社会允许攻击性行为，使暴力合法化；二是降低了儿童对暴力的敏感性，并习以为常。

另一种对儿童影响较大的媒体就是计算机和网络。随着科学技术的进步，网络已成为人们获取信息的重要工具，它不仅改变了人们的工作效率，而且也给人们的学习和生活提供了巨大的帮助。作为社会生活的一部分，儿童也在不断地受到网络带给他们的影响。网络上丰富的知识可以使儿童轻松地了解各地的风土人情、民间习俗、地域文化，激发了儿童热爱社会文化、参与社会生活的情感。网络也为儿童提供了多媒体学习环境，使儿童在视、听、说、做等方式中接近了社会。例如，在认识"春节"的活动中，儿童可以通过下载的一些声情并茂的Flash动画，了解春节这一传统节日，了解春节的由来和传说，了解各地的人们怎样过春节，等等。可以说，网络使儿童进入了一个更新颖、更有趣的世界，对儿童社会化的影响也在逐渐扩大。

阅读资料 1

典型的发展心理学实验[②]

实验一：延迟满足

发展心理学里有一个经典实验。实验人员给一些4岁小孩子每人一颗非常好吃的软糖，同时告诉孩子们可以吃糖，如果马上吃，只能吃一颗；如果等20分钟，则能吃两颗。有些孩子急不可待，马上把糖吃掉了。另一些孩子却能等待对他们来说是无尽期的20分钟，为了使自己耐住性子，他们闭上眼睛不看糖，或头枕双臂、自言自语、唱歌，有的甚至睡着了，但他们终于吃到了两颗糖。在美味的奶糖面前，任何孩子都将经受考验。这个实验用于分析孩子承受延迟满足的能力。所谓的延迟满足，就是能够等待自己需要的东西的到来，而不是想到什么就能得

---

①　郑贞铭.传播发展的省思［C］.台北市新闻记者公会，1993.

②　中国学前教育网.三个心理实验五个心理规律［EB/OL］.http://web.preschool.net.cn/portal.php?mod=view&aid=62057.

到什么，这是一个很通俗的解释。

这个实验后来一直继续了下去，那些在他们几岁时就能等待吃两颗糖的孩子，到了青少年时期仍能等待，而不急于求成；而那些急不可待，只吃了一颗糖的孩子，在青少年时期更容易有固执、优柔寡断和压抑等个性表现。

当这些孩子长到上中学时，就会表现出某些明显的差异。对这些孩子的父母及教师的一次调查表明，那些在4岁时能以坚忍换得第二颗软糖的孩子常成为适应性较强，冒险精神较强，比较受人喜欢，比较自信，比较独立的少年；而那些在早年经不起软糖诱惑的孩子则更可能成为孤僻、易受挫、固执的少年，他们往往屈从于压力并逃避挑战。对这些孩子分两级进行学术能力倾向测试的结果表明，那些在软糖实验中坚持时间较长的孩子的平均得分高达210分。

研究人员在十几年以后再考察当年那些孩子现在的表现，研究发现，那些能够为获得更多的软糖而等待得更久的孩子要比那些缺乏耐心的孩子更容易获得成功，他们的学习成绩要相对好一些。在后来的几十年的跟踪观察中，发现有耐心的孩子在事业上的表现也较为出色。

坚持性和忍耐力等这些优良的个性品质需要通过学前儿童社会教育对幼儿进行有目的、有意识的培养，因为正是这些优良的个性品质决定了幼儿以后的学业和事业的成功率。

实验二：读表情

科学家们让妈妈坐在8个月大的婴儿对面，分别以快乐的表情与快乐的语调、悲伤的表情与悲伤的语调、快乐的表情与悲伤的语调、悲伤的表情与快乐的语调和宝宝沟通，结果发现，当妈妈以快乐的表情和快乐的语调与宝宝交流时，宝宝也会变得情绪兴奋，看起来很开心的样子。当妈妈以悲伤的表情和悲伤的语调与宝宝交流时，宝宝也会变得悲伤，并开始哭泣。当妈妈以悲伤的表情和快乐的语调或者快乐的表情和悲伤的语调跟宝宝沟通的时候，宝宝会变得很困惑，最终烦躁不安，并哭闹起来。

实验表明：即使在婴儿还很小的时候，他就已经能够通过观察别人的情绪来理解各种情绪，并以同样的方式表达出来。这会提醒父母注意自己的情绪给孩子带来的正面及负面影响。

实验三：哈利·哈洛依恋实验

美国心理学家哈利·哈洛于1930年做的关于恒河猴（94%的基因与人类相同）的依恋实验是比较著名的亲子依恋实验之一。他把一些幼小的猕猴和母亲隔离开来，在小猴子的笼子里安装了两个"假妈妈"。其中一个妈妈用硬邦邦的钢丝做成，但胸口上有奶瓶，另一个妈妈用绵软的绒布包裹，但没有奶水。按照人们"有奶就是娘"的常理推断，小猴子应该和有奶的"妈妈"更亲近。事实则不然，小猴子只是在饿了的时候才靠近钢丝做的妈妈，一吃完奶，就回到了绒布妈妈这里。这个细节，可以让我们看到婴幼儿内心本能的向往和恐惧，他们对温暖的依恋和需求甚至超越了食物。这个实验到这里还没有完结，这些猕猴成年后，基本上都表现出各种各样的心理障碍。实验人员把它们和另外一些吃母乳、在母亲怀抱正常长大的猕猴放在一起后，这些从小没得到正常母爱的猕猴不能正常融入集体生活中，大多数性情冷漠，不会交配或拒绝交配。实验人员通过人工办法让这些有心理创伤的母猴怀孕，待小猕猴出生后，这些母猴对小猴冷漠而无情，残忍地虐待小猕猴，有的甚至咬死了自己的孩子。

这个实验说明，温暖的怀抱、慈爱的眼神、温柔的话语、肌肤相亲，是一个有智力的生命能正常成长的不可或缺的东西。[①]

---

① 中国学前教育网．幼教字典［EB/OL］．http://web.preschool.net.cn/portal.php?mod=view&aid=62057.

阅读资料 2

没妈的孩子与受虐待的孩子[①]

如果安全型依恋预示着婴儿今后有社会能力，那么依恋被剥夺将是怎样呢？不被爱的人往往是不会爱人的，很多虐待子女的父母说他们童年时曾没有父爱母爱，经常挨打，很多谋杀犯也有这样的报告。

虐待孩子的现象在我们的社会里屡见不鲜。不同年龄和收入阶层的人群中都有虐待孩子的家长，其中以30岁以下且收入较低的父母居多。虐待孩子的父母在生活中往往有高强度的压力和挫折，如压抑、孤独、婚姻不和、失业、滥用药物、离婚、家庭暴力、酗酒和工作焦虑等。有些父母虽然意识到自己虐待孩子是错的，但控制不住自己。有些父母虐待孩子是因为恨铁不成钢或受到孩子的厌恶。有些父母则无法忍受孩子的要求、哭声、湿尿布等，认为这是孩子故意烦他。在很多情况下，这些父母希望孩子能够爱他们、体谅他们、使他们快乐，但当遇到烦心事时，就把孩子当成出气筒。暴力行为会代代相传，在虐待自己孩子的父母中，大约三分之一的人在儿时受过虐待，另有三分之一的人虽然不经常虐待孩子，但当他们遇到压力时可能会对孩子施暴。这些父母从来不知道如何爱孩子，如何与孩子沟通，如何管教孩子，而在此类家庭中成长的孩子几乎从开始学步时起就学会了虐待他人。在一项研究中，让受过虐待的1～3岁儿童与小伙伴在一起，观察他们对小伙伴啼哭或感到痛苦时的反应。结果，几乎所有受过虐待的儿童对别人的痛苦非但不同情，反而表现出恐惧，或威胁和殴打小伙伴。总之，受过虐待的孩子很快会成为施虐的孩子，其中很多人后来会成为施虐的成人。

热爱孩子就是热爱我们的未来。虐待孩子是一种犯罪行为。《中华人民共和国未成年人保护法》第十条明文规定："父母或者其他监护人应当创造良好、和睦的家庭环境，依法履行对未成年人的监护职责和抚养义务。禁止对未成年人实施家庭暴力，禁止虐待、遗弃未成年人，禁止溺婴和其他残害婴儿的行为，不得歧视女性未成年人或者有残疾的未成年人。"学校和社会都不能虐待未成年人。宣传普及并树立起保护未成年人的法律观念是杜绝虐待孩子之根本。

"黄金棍下出孝子，只要别把孩子打伤就可以"的说法是很有害的！等到孩子打伤了再去阻止暴力，不就太晚了吗？打孩子不仅在身体上虐待孩子，也是在情感上虐待孩子。即使在情感上虐待孩子，如持续不断地羞辱、威胁或恐吓孩子，也会给孩子留下永久的情感创伤。盛怒下的家长极易丧失理智，如有些父母虽然不打孩子，但在盛怒之下猛烈地摇晃大哭不停的婴儿，这种行为会造成婴儿摇晃综合征，其后果可能导致孩子智力落后、失明甚至死亡。

阅读资料 3

幼儿社会教育中的道德教育[②]

道德是社会性发展的主要成分之一。在幼儿社会教育中对幼儿进行道德教育时，要注意以下两个方面。

1. 幼儿社会教育中的道德教育应依照幼儿社会性发展的层次性进行

儿童的社会性发展是有层次的、逐渐生成的过程。合群性是人的基本属性，合群性预示着从"生物人"向"社会人"的转化。合群性主要是指幼儿被他人所接受、认同的程度，是幼儿

---

① 黄希庭.心理学导论［M］.北京：人民教育出版社，2007：132-133.
② 刘焱.幼儿教育概论［M］.北京：中国劳动社会保障出版社，1999：134.

在人群中生活的基本态度与能力。合群性发展是品德发展的基础，儿童只有具备合群性的基本态度和能力，才有可能形成"谦让""利他"等高层次的道德品质。幼儿社会教育主要培养幼儿在人群中生活应有的健康态度和能力，更好地帮助儿童适应社会生活，保障儿童的心理健康。

合群性是在儿童与群体、个体与个体的相互作用的过程中实现的，反过来，它又可促进幼儿参与社会实践、吸取社会经验、掌握交往技能、形成积极的生活态度。合群性有利于幼儿进行自我控制，学会察觉与体会他人的情感，克服"自我中心"的倾向，这些都是幼儿品德形成的条件。道德教育与社会性发展之间的关系可以用图2-2来概括。

图2-2　道德教育与社会性发展之间的关系

从图2-2可以看出，人的社会性发展是有层次的，合群性是社会性发展的最低层次，但却是必不可少的基础部分。如果无视幼儿社会性发展规律，不从最基本的亲社会行为培养做起，而是跨越基础层面，直接进入高级层面，对幼儿进行谦让、利他等道德品质教育甚至是思想政治教育，必然会导致幼儿德育中的盲目灌输和低效，甚至无效。

2. 幼儿社会教育中的道德教育应遵循幼儿的社会性发展规律

道德规则追求的是自律和利他，它要求人人都能"毫不利己、专门利人"，要求社会中的每个个体将这一规范当作处理一切人与人之间关系的行为准则。根据儿童心理学家让·皮亚杰的观点，学前期的儿童思维的基本特征是自我中心，他们很难从别人的观点去看待事物。幼儿的交往必须以满足其自身合法利益为前提。幼儿社会教育主要在下列互惠区间内开展（图2-3）。

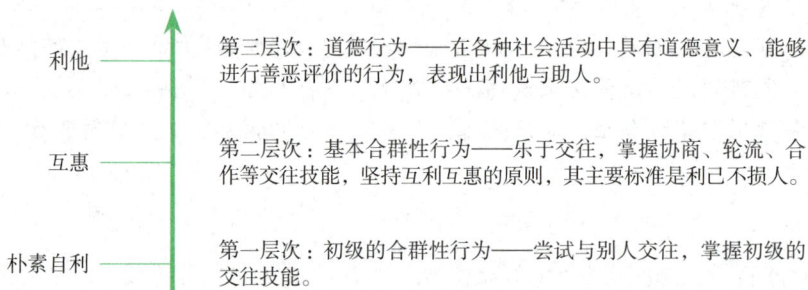

图2-3　幼儿社会教育的互惠区间

在幼儿社会教育的过程中，教师应根据幼儿亲社会行为发展规律和认知特点，在遵循互利互惠的原则下进行。以"引导小班幼儿初步学会谦让的故事《两个小羊过独木桥》"为例，若将幼儿自身比作小黑羊的话，从幼儿自身利益引导他们："如果小黑羊不退让的话，是不是小黑羊自己也过不去桥？"要比"小黑羊要谦让，让小灰羊先过，小黑羊再过"效果好很多。再以"分享"行为的培养为例，教师可以先采取同伴之间相互交换玩具的方式，满足幼儿自身想玩别人玩具这一利己行为，然后再采用移情的方式引导幼儿在自己不玩别人玩具的情况下，也愿意将自己的玩具分享给他人这一利他行为，并注重在生活中践行，进而引导幼儿循序渐进地形成分享观念。如果我们一味盲目要求幼儿只"利他"不"利己"，势必造成幼儿行为的"表里不一"。

阅读资料 4

《中华人民共和国家庭教育促进法》（节选）

（2021 年 10 月 23 日第十三届全国人民代表大会常务委员会第三十一次会议通过）

目　录

第一章　总　则

第一条　为了发扬中华民族重视家庭教育的优良传统，引导全社会注重家庭、家教、家风，增进家庭幸福与社会和谐，培养德智体美劳全面发展的社会主义建设者和接班人，制定本法。

第二条　本法所称家庭教育，是指父母或者其他监护人为促进未成年人全面健康成长，对其实施的道德品质、身体素质、生活技能、文化修养、行为习惯等方面的培育、引导和影响。

第三条　家庭教育以立德树人为根本任务，培育和践行社会主义核心价值观，弘扬中华民族优秀传统文化、革命文化、社会主义先进文化，促进未成年人健康成长。

第四条　未成年人的父母或者其他监护人负责实施家庭教育。

国家和社会为家庭教育提供指导、支持和服务。

国家工作人员应当带头树立良好家风，履行家庭教育责任。

第五条　家庭教育应当符合以下要求：

（一）尊重未成年人身心发展规律和个体差异；

（二）尊重未成年人人格尊严，保护未成年人隐私权和个人信息，保障未成年人合法权益；

（三）遵循家庭教育特点，贯彻科学的家庭教育理念和方法；

（四）家庭教育、学校教育、社会教育紧密结合、协调一致；

（五）结合实际情况采取灵活多样的措施。

第六条　各级人民政府指导家庭教育工作，建立健全家庭学校社会协同育人机制。县级以上人民政府负责妇女儿童工作的机构，组织、协调、指导、督促有关部门做好家庭教育工作。

教育行政部门、妇女联合会统筹协调社会资源，协同推进覆盖城乡的家庭教育指导服务体系建设，并按照职责分工承担家庭教育工作的日常事务。

县级以上精神文明建设部门和县级以上人民政府公安、民政、司法行政、人力资源和社会保障、文化和旅游、卫生健康、市场监督管理、广播电视、体育、新闻出版、网信等有关部门在各自的职责范围内做好家庭教育工作。

第七条　县级以上人民政府应当制定家庭教育工作专项规划，将家庭教育指导服务纳入城乡公共服务体系和政府购买服务目录，将相关经费列入财政预算，鼓励和支持以政府购买服务的方式提供家庭教育指导。

第八条　人民法院、人民检察院发挥职能作用，配合同级人民政府及其有关部门建立家庭教育工作联动机制，共同做好家庭教育工作。

第九条　工会、共产主义青年团、残疾人联合会、科学技术协会、关心下一代工作委员会以及居民委员会、村民委员会等应当结合自身工作，积极开展家庭教育工作，为家庭教育提供社会支持。

第十条　国家鼓励和支持企业事业单位、社会组织及个人依法开展公益性家庭教育服务活动。

第十一条　国家鼓励开展家庭教育研究，鼓励高等学校开设家庭教育专业课程，支持师范院校和有条件的高等学校加强家庭教育学科建设，培养家庭教育服务专业人才，开展家庭教育服务人员培训。

第十二条　国家鼓励和支持自然人、法人和非法人组织为家庭教育事业进行捐赠或者提供志愿服务，对符合条件的，依法给予税收优惠。

国家对在家庭教育工作中做出突出贡献的组织和个人，按照有关规定给予表彰、奖励。

第十三条　每年5月15日国际家庭日所在周为全国家庭教育宣传周。

第二章　家庭责任

第十四条　父母或者其他监护人应当树立家庭是第一个课堂、家长是第一任老师的责任意识，承担对未成年人实施家庭教育的主体责任，用正确思想、方法和行为教育未成年人养成良好思想、品行和习惯。

共同生活的具有完全民事行为能力的其他家庭成员应当协助和配合未成年人的父母或者其他监护人实施家庭教育。

第十五条　未成年人的父母或者其他监护人及其他家庭成员应当注重家庭建设，培育积极健康的家庭文化，树立和传承优良家风，弘扬中华民族家庭美德，共同构建文明、和睦的家庭关系，为未成年人健康成长营造良好的家庭环境。

第十六条　未成年人的父母或者其他监护人应当针对不同年龄段未成年人的身心发展特点，以下列内容为指引，开展家庭教育：

（一）教育未成年人爱党、爱国、爱人民、爱集体、爱社会主义，树立维护国家统一的观念，铸牢中华民族共同体意识，培养家国情怀；

（二）教育未成年人崇德向善、尊老爱幼、热爱家庭、勤俭节约、团结互助、诚信友爱、遵纪守法，培养其良好社会公德、家庭美德、个人品德意识和法治意识；

（三）帮助未成年人树立正确的成才观，引导其培养广泛兴趣爱好、健康审美追求和良好学习习惯，增强科学探索精神、创新意识和能力；

（四）保证未成年人营养均衡、科学运动、睡眠充足、身心愉悦，引导其养成良好生活习惯和行为习惯，促进其身心健康发展；

（五）关注未成年人心理健康，教导其珍爱生命，对其进行交通出行、健康上网和防欺凌、防溺水、防诈骗、防拐卖、防性侵等方面的安全知识教育，帮助其掌握安全知识和技能，增强其自我保护的意识和能力；

（六）帮助未成年人树立正确的劳动观念，参加力所能及的劳动，提高生活自理能力和独立生活能力，养成吃苦耐劳的优秀品格和热爱劳动的良好习惯。

第十七条　未成年人的父母或者其他监护人实施家庭教育，应当关注未成年人的生理、心理、智力发展状况，尊重其参与相关家庭事务和发表意见的权利，合理运用以下方式方法：

（一）亲自养育，加强亲子陪伴；

（二）共同参与，发挥父母双方的作用；

（三）相机而教，寓教于日常生活之中；

（四）潜移默化，言传与身教相结合；

（五）严慈相济，关心爱护与严格要求并重；

（六）尊重差异，根据年龄和个性特点进行科学引导；

（七）平等交流，予以尊重、理解和鼓励；

（八）相互促进，父母与子女共同成长；

（九）其他有益于未成年人全面发展、健康成长的方式方法。

第十八条 未成年人的父母或者其他监护人应当树立正确的家庭教育理念，自觉学习家庭教育知识，在孕期和未成年人进入婴幼儿照护服务机构、幼儿园、中小学校等重要时段进行有针对性的学习，掌握科学的家庭教育方法，提高家庭教育的能力。

第十九条 未成年人的父母或者其他监护人应当与中小学校、幼儿园、婴幼儿照护服务机构、社区密切配合，积极参加其提供的公益性家庭教育指导和实践活动，共同促进未成年人健康成长。

思考与练习

一、填空题

1. 学前儿童社会认知主要包括自我意识、对他人的认知、对社会环境和现象的认知以及对_____的认知。

2. 儿童的自我控制行为受各种因素影响，自我控制水平随年龄的增长而不断提高，_____在儿童自控行为中起着重要作用，儿童从接受外部言语指导及诱因逐渐发展到_____来控制行为，从不自觉行为发展到自觉行为。

3. _____是指人们在社会交往中对他人有益或对社会有积极影响的行为，如谦让、帮助、合作、分享等行为。而_____则是指违法行为或为社会所不能接受的行为。在学前儿童中体现为如打人、骂人、破坏物品等。

4. _____是儿童道德认知的第一个特点，学前儿童认为规则是权威制定的，是必须遵守的，_____使他们还不能完全理解规则的真正目的，在游戏和行动中常常按照自己的规则进行，他们往往首先在别人的行为中发现违规。

5. 所谓观察学习，亦称替代学习，即学习者通过_____而习得新行为的过程。班杜拉将观察学习过程分为四个主要的组成部分：注意过程、保持过程、_____过程和_____过程。

6. 弗洛伊德认为人格由_____、_____和_____三部分组成，个体童年期的生活事件在成年期人格发展中起着十分重要的作用，这说明了_____的重要性，使后来的研究者更为关注童年阶段对人一生成长的价值。

7. 埃里克森认为在主动对内疚阶段，如果成人对儿童的好奇和探究给予积极鼓励和正确引导，则有助于他们_____的发展。

8. 布朗芬·布伦纳的发展生态理论认为，个体的发展与周围的环境之间相互联系构成了若干个系统，即微观系统、_____系统、_____系统、_____系统和长期系统。

9. 皮亚杰认为儿童道德认识的发展是由_____向自律过渡的过程。

10. 在社会学习理论中，根据手段的不同，强化被分为直接强化、_____和自我强化。

11. 影响儿童社会性发展的社会环境主要包括_____、_____和_____。

二、单项选择题

1. 精神分析的创始人是（　　）。
   A. 弗洛伊德　　　　B. 班杜拉　　　　　　C. 皮亚杰　　　　D. 埃里克森

2. （　　）认为，个体社会行为起源于直接学习和模仿。
   A. 弗洛伊德　　　　B. 班杜拉　　　　　　C. 皮亚杰　　　　D. 埃里克森

3. 道德两难故事法的创始人是（　　）。
   A. 皮亚杰　　　　　B. 弗洛伊德　　　　　C. 班杜拉　　　　D. 科尔伯格

4. 根据科尔伯格的理论，道德发展的最高阶段是（　　）。

A. 权威或秩序的取向　　　　　　　　　B. 社会契约的取向

C. 工具性的相对主义　　　　　　　　　D. 普遍的道德原则取向

5. 小红看到小强因为与小朋友合作而得到老师的表扬，小红以后也会倾向于这么做；或者小红因为看到小强与别人争抢玩具受到老师的批评，小红以后就不会倾向于这么做。小红受到的强化是（　　）。

A. 直接强化　　　　　B. 替代强化　　　　　C. 自我强化　　　　　D. 部分强化

三、判断题

1. 气质是人社会性发展的生物基础，影响儿童的社会性发展程度。　　　　　　　　　（　　）

2. 在儿童的社会性发展过程中，父母对儿童的社会性发展只存在着单向影响。　　　（　　）

四、简答题

1. 简述幼儿社会认知发展特点。

2. 结合自身实际，谈谈家庭对学前儿童社会性发展的影响。

3. 影响学前儿童社会性发展的因素有哪些？

4. 幼儿园中哪些因素影响学前儿童社会性发展？

5. 试论述幼儿园的同伴交往对幼儿社会性发展的积极影响。

6. 电视可能给儿童的社会性发展带来的负面影响主要有哪些？

7. 儿童在一起时免不了争吵、打架，你认为儿童之间的争吵对其社会性的发展有什么影响？应如何对待争吵行为以促进学前儿童社会性的发展？

8. 试述教师如何才能为幼儿创设一个积极的精神环境。

9. 选择一种社会化人格发展理论，分析自己的人格发展。

五、案例分析题

1. 星期天，滔滔的阿姨带着小姐姐到家里来了，两个孩子在客厅里玩游戏，妈妈和阿姨则坐在沙发上聊天，妈妈对阿姨说："滔滔都2岁多了，还是经常尿床，我真担心……"话还没说完，阿姨就向妈妈使了个眼色，示意她不要再说下去了。妈妈这才注意到，滔滔正生气地望着她，小脸儿羞得通红。

思考：上述案例说明了什么问题？

2. 4岁的晨晨和阳阳在同一个班，由于他们俩是邻居，因此两个孩子的关系显得比别人更亲近些。晨晨性格外向、活泼，有一双大眼睛，长得虎头虎脑的，特别招人喜欢。而阳阳呢，虽然很聪明，但由于体弱，性格显得比较内向，平时也没有太多言语。有一天，阳阳回家问妈妈："妈妈，什么叫小可爱？"妈妈说："小可爱是说小孩子很讨人喜欢。"阳阳想了想说："妈妈，我是不是小可爱？"妈妈说："当然是了，小孩子都是很可爱的。"阳阳说："那为什么陆老师总叫晨晨小可爱，而只叫我的名字呢？"阳阳妈妈一时无语。

思考：上述案例中阳阳的疑问对幼儿园教师有什么启示呢？

3. 果果是一个中班的男孩，在班里总是有事无事地推搡其他小朋友，表现出攻击性行为。老师对果果的表现经常给予批评，同时告诉其他幼儿不要靠近果果。遭到批评和惩罚已经成了果果的家常便饭，但他的攻击性行为不但没有因此而减少，反而愈演愈烈。

运用班杜拉的社会学习理论分析：果果的攻击性行为是如何形成的？教师的处理方式是否正确？如何纠正果果的攻击性行为？

4. "虎妈"，美国耶鲁大学的华裔教授，原名蔡美儿，她出版了一本名叫《虎妈战歌》的书在美国引起轰动。该书介绍了她如何以中国式教育方法管教两个女儿，她要求女儿每科成绩拿A、不准看电视或玩电脑游戏、琴练不好就不准吃饭、不准参加玩伴聚会、不准擅自选择自己喜欢的课外活动、不准练习钢琴及小提琴以外的乐器等。她逼7岁的女儿连续数小时练琴，其间不允许其吃饭喝水上厕所，直至深夜。她自称"采用咒骂、威胁、贿赂、利诱等种种高压手段，要求孩子沿着父母为其选择的道路努力"。大女儿考上哈佛大学，两个女儿因出色的音乐才能被誉为"音乐天才"。

有一位父亲，他的口号是"三天一顿打，孩子进北大"，只要孩子的日常品行、学习成绩不符合他的要求，就会遭到严厉的体罚。他的四个孩子中的三个被北京大学录取，他叫萧百佑，被称为"中国狼爸"。他让孩子们从小背《三字经》《弟子规》，背不上来就要揍人，打完以后还得背，一直到会背了才能上床睡觉。"狼爸"不准孩子看电视，不准自由上网，不允许随便喝可乐，不能随便打开冰箱门，不准随意开空调。他说，孩子是民，家长是主。

对"虎妈""狼爸"的教育方式，谈谈你的看法。

岗课赛证

一、单项选择题

1. 婴儿出生6～10周后，人脸可以引发其微笑，这种微笑称为（　　）。
   A. 生理性微笑　　B. 自然微笑　　C. 社会性微笑　　D. 本能微笑

2. 下列哪一个选项不是婴儿期出现的基本情绪体验？（　　）
   A. 羞愧　　B. 伤心　　C. 害怕　　D. 生气

3. 有些婴幼儿既寻求与母亲接触，又拒绝母亲的爱抚，其依恋类型属于（　　）。
   A. 焦虑–回避型　　B. 安全型　　C. 焦虑–反抗型　　D. 紊乱型

4. 如果母亲能一贯具有敏感、接纳、合作、易接近等特征，则婴儿容易形成的依恋类型是（　　）。
   A. 回避型依恋　　B. 安全型依恋　　C. 反抗型依恋　　D. 紊乱型依恋

5. 在陌生情境实验中，妈妈在婴儿身边时，婴儿一般能安心地玩玩具，对陌生人的反应也比较积极。婴儿对妈妈的这种依恋类型属于（　　）。
   A. 回避型　　B. 无依恋型　　C. 安全型　　D. 反抗型

6. 婴儿的认生现象通常出现在（　　）。
   A. 3～6个月　　B. 6～12个月　　C. 1～2岁　　D. 2～3岁

7. 小马上课时总害怕回答问题，他发现自己坐在教室后排时可减少被老师提问的次数，于是，他总是坐在教室后排。下列哪种强化方式导致了小马愿意坐在教室的后排？（　　）
   A. 正强化　　B. 负强化　　C. 延迟强化　　D. 替代强化

8. 萌萌怕猫，当她看到青青和猫一起玩很开心时，她对小猫的恐惧也降低了，从社会学习理论的视角看，这主要是哪种形式的学习？（　　）
   A. 替代强化　　B. 自我强化　　C. 操作性条件反射　　D. 经典性条件反射

9. 班杜拉的社会认知理论认为（　　）。
   A. 儿童通过观察和模仿身边人的行为学会分享
   B. 操作性条件反射是儿童学会分享的重要学习形式
   C. 儿童能够学会分享是因为儿童天性本善
   D. 儿童学会分享是因为成人采取了有效的惩罚措施

10. 幼儿看见同伴欺负别人会生气，看见同伴帮助别人会赞同，这种体验是（　　）。
    A. 理智感　　B. 道德感　　C. 美感　　D. 自主感

11. 幼儿道德发展的核心问题是（　　）。
    A. 亲子关系的发展　　B. 同伴关系的发展　　C. 性别角色的发展　　D. 亲社会行为的发展

12. 喜欢成人接触、抚爱，这种情绪反应的动因是满足儿童的（　　）。
    A. 生理性需要　　B. 情绪表达性需要　　C. 自我调节性需要　　D. 社会性需要

13. "一方水土养一方人"这句话展示了（　　）对人的社会性的影响。
    A. 社会环境　　B. 自然环境　　C. 家庭环境　　D. 幼儿园

14. 根据埃里克森的心理社会发展理论，1～3岁儿童形成的人格品质是（　　）。

A. 信任感　　　　　　B. 主动性　　　　　　C. 自主性　　　　　　D. 自我同一性

15. 儿童认为规则是由有权威的人决定的，不可以经过集体协商改变。这说明儿童的道德认知处于（　　　）。

A. 习俗阶段　　　　　　B. 他律道德阶段　　　　C. 前道德阶段　　　　D. 自律道德阶段

二、材料分析题

材料：三岁半的蒙蒙，很喜欢和小伙伴一起玩耍，可是奶奶却说他还小，出去玩会被别的孩子欺负的，就在家玩多好。有时邻居家的小朋友想到家里来找蒙蒙玩，大人常嫌添乱，而替蒙蒙婉言谢绝，于是蒙蒙就只能在家独自玩耍。

问题：试运用同伴对幼儿发展作用的相关知识，对蒙蒙家长的做法进行评析。

第三章

学前儿童社会教育的目标与内容

素养目标：能够从社会发展要求、儿童社会性发展特点、儿童社会教育特点三个方面看待学前儿童社会教育目标制定的依据及建构原则。

知识目标：了解《指南》中不同年龄班儿童社会学习与发展目标，以及《纲要》中儿童社会教育的内容和要求。

能力目标：初步掌握儿童社会教育的分类表述内容，并能说出每一类目标的主要内容。

线上课堂

学前儿童社会教育的目标与内容

知识框架

学前儿童社会教育的目标与内容

- 学前儿童社会教育的目标
  - 学前儿童社会教育目标制定的依据
  - 学前儿童社会教育目标的建构原则
  - 学前儿童社会教育目标的结构
- 学前儿童社会教育的内容
  - 选择学前儿童社会教育内容的依据
  - 学前儿童社会教育内容的表述

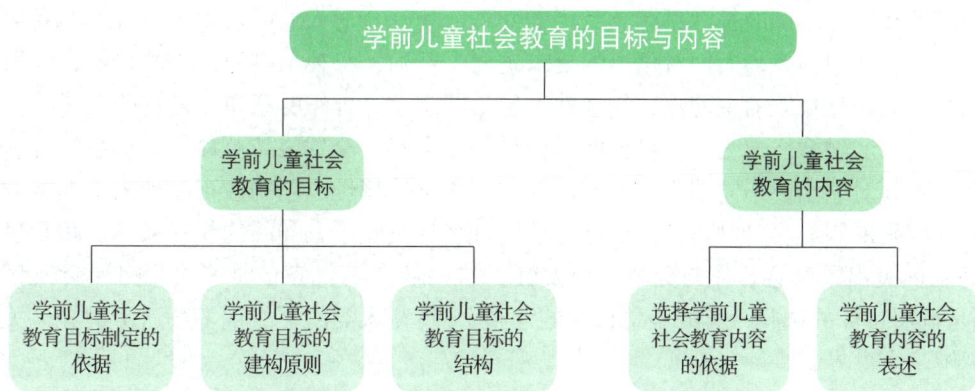

学前儿童社会教育是教师有目的、有计划地对幼儿施加教育影响，引导他们积极主动地参与活动，并促进其社会认知、社会情感和社会行为等方面健康发展的过程。其目的性和计划性主要表现在教师在开展学前教育时制定教育目标、确定教育内容、选择教育方法，以及对教育效果的评价等方面。

第一节 学前儿童社会教育的目标

学前儿童社会领域教育目标的制定，是学前儿童社会教育开展的起点和归宿，也是整个社会教育课程设计的首要环节。只有明确了培养目标，才能选择恰当的内容与方法去实现这一目标。活动目标是开展有效教育活动的首要环节，如果要从根本上提高教育活动的效率、质量和水平，就必须全面关注活动目标的重要意义。只有提高教师的目标意识、加强制定目标的能力训练，才能逐渐减少教师"眼中无幼儿，心中无目标"的现象，切实提高学前儿童社会教育的质量。

一、学前儿童社会教育目标制定的依据

儿童发展、社会生活和人类知识是制定课程目标的依据，同时也是课程目标的"来源"。在考虑确定幼儿园课程目标时，应主要从以下三个方面进行分析。

（一）以学前儿童的社会性发展水平为依据

现代幼教改革，一直都强调"以幼儿为本"的基本教育思想。而真正将"以幼儿为本"的教育理念落到实处，就要将幼儿的发展作为制定课程目标的主要依据。此外，引导幼儿社会性健康发展，也是幼儿社会教育的最终目的。因此，幼儿的发展水平是幼儿教育的前提和基础。幼儿的发展，尤其是社会性的发展水平是确定幼儿社会教育目标的重要依据。幼儿的社会认知、社会情感和社会行为技能的发展，表现出大致的规律和特点，这些反映了某个时期幼儿社会性发展的总体水平。因此，制定幼儿社会教育的目标必须依据幼儿社会性发展的基本特征，才能更好地促进幼儿社会性的发展。如果我们制定社会教育目标时"心中无幼儿"，那么所制定的教育目标就可能过高或过低，既无法实现促进幼儿社会性发展的根本目的，还可能阻碍幼儿社会性的发展，从而降低社会教育的质量。因此，在制定社会教育目标时，尤其是对于制定具体教育活动目标的教师而言，需要经常观察幼儿，以便真正地了解幼儿的社会性发展水平，从而制定出科学的合理可行的社会教育目标。

（二）以一定社会的培养目标为依据

每一个社会都有一定的社会宗旨，这一宗旨要在各个教育领域里贯彻落实。未来的一代应塑造成什么样的人，是幼儿园社会教育领域担负的责任。在制定目标时，应追求能为幼儿终生发展奠定良好的社会性品质和行为基础的长远目标。时代的变革，使社会对人的需求发生了根本的变化。计划经济时期，更需要服从型的人，人们对孩子的要求主要是听话，忽视了自我意识的培养，轻视了人的自身价值。如今，时代呼唤人的主动性、创造性、乐学的态度、合作的意识和自觉的责任感、团队精神等；如对话、沟通、融合已成为当今世界政治格局的新态势，全球科技革命使人类生活日新月异，人类间的物理距离相对缩小，不同国家、不同民族间的相互依赖性、制约性正在加强，人类的命运日益受到一些共同因素的制约，"地球村""地球公民"等名词反映了人类间的相互联系、相互依存日益加强。社会的发展突出了学会合作与分享的重要性。这些社会变化势必要求幼儿园社会教育作出调整（有的可能是低层目标的调整，有的是总目标的调整），使得人类的下一代了解这个世界、关注这个世界，进而理解这个世界。

因此，幼儿园社会教育目标要反映社会的要求和愿望，并关注社会的变化，关注社会的未来和世界的未来。因此在制定幼儿园课程目标时要充分考虑社会发展的需要，以提高幼儿园教育的社会适应性，培养既符合社会需要，又能主动适应社会并因此体验到成功、自主和自信的人。

（三）以学前儿童社会教育学科的发展为依据

幼儿社会教育涉及的学科众多，如历史学、社会学、地理学、人类学、经济学等等。每一个学科中的基本目标或启蒙性目标，都将在一定程度上影响幼儿社会教育目标的选择和确定。如社会学中关于了解和理解一定的社会角色，参与社会交往等目标，都将以最基本、最启蒙的形式影响幼儿社会教育目标的确定。又如人类学中关于不同的民族有不同的文化，应理解其民族文化自身的合理性，并学会尊重他人的文化，这也会以最基本、最启蒙的形式体现在幼儿社会教育的目标体系中。

总之，幼儿园社会教育目标制定的三大依据来源必须相互融合，共同促进幼儿发展成为一个"整体的人"。我国幼儿教育课程改革中的课程目标所蕴含的课程理念之一，就是要塑造这种"整体的人"。

二、学前儿童社会教育目标的建构原则[①]

学前儿童社会教育目标的建构原则是建构学前儿童社会目标必须遵循的基本要求。学前儿童社会教育目标的建构会直接影响学前儿童社会教育的实施，其建构必须遵循一些基本的原则方能保证其科学性。学前儿童社会教育的建构需遵循以下基本原则。

（一）方向性与基础性原则

方向性原则即指学前儿童社会教育目标的建构要有一定的思想与价值指向。具体来说，是指我国学前儿童社会教育的目标一定要反映我国教育的目的与方针，反映我国幼儿教育的法规政策及政策精神，反映有关儿童教育及儿童保护法律文件的精神，使学前儿童社会教育具有明确的思想与价值指向。如我国教育目的的基本指向是培养全面发展的社会主义建设者和接班人。《规程》中提出幼儿园的任务是：按照保育与教育相结合的原则，遵循幼儿身心发展特点，实施德、智、体、美诸方面全面发展的教育，促进幼儿身心和谐发展。《纲要》进一步指出：幼儿园应为幼儿提供健康、丰富的生活和活动环境，满足他们多方面发展的需要，使他们在快乐童年生活中获得有益于身心发展的经验。幼儿园应尊重幼儿的人格和权利，尊重幼儿身心发展的规律和学习特点，以游戏为基本活动，保教并重，关注个别差异，促进幼儿富有个性的发展。由此可见，尊重幼儿的人格和权利，使幼儿在快乐的童年生活中获得有益身心发展的经验，促进幼儿全面和谐的发展是制定学前儿童社会教育目标的基本价值方向。

基础性原则是指学前儿童社会教育的目标应当是社会教育领域中最基础的、启蒙性的目标，这种目标是为儿童社会性健康发展所必需的，同时，也是终身持续的发展性目标，如自信、同情、责任感等，都是作为人必须具备的社会性品格。这种目标应以幼儿社会生活经验为前提，尤其是社会教育中与一定的学科系统知识有关的目标更应注重基础化、启蒙化，这是由幼儿身心发展的特点所决定的。因而，最基本、最粗浅、最初步等限定语经常出现在学前儿童社会教育的具体目标的描述之中。

学前儿童社会教育目标建构的方向性原则保证了目标制定的理想性与价值性，基础性原则保证了目标制定的现实性与合宜性。

（二）整体性与层次性原则

整体性原则即在建构学前儿童社会教育目标时，要确立一种层次结构的整合观。这种整合观包括横向的类别整合与纵向的层次整合。横向的类别整合包括儿童社会认知、社会情感、社会行为三方面发展目标的整合，学前儿童社会性发展是这三方面的协调发展，要避免只重知识传授而忽视情感和行为习惯培养，应把三者有机地协调起来。横向的类别整合还包括各教育系统幼儿社会教育目标的整合，即家庭、社会与幼儿园的社会教育目标要基本一致，以形成教育的合力，促进幼儿健康发展。纵向的层次整合主要指学前儿童社会教育各层级目标的整合，即各相连层级间的目标是相互联系、相互支持的。

层次性原则是指学前儿童社会教育目标的建构是有层次的系列，这是由幼儿社会性发展水平的层次系列所决定的。不同年龄段的孩子有不同的发展水平与要求，在目标制定中应考虑这种层次的差异，不能以同一标准对待所有年龄段的孩子。同时，由于生长环境与自身特质的影响，同一年龄段的孩子也存在发展水平的差异。国家课程标准中对某一学段的统一要求，是绝大多数儿童应达到的标准而不是每一个幼儿必须要达到的标准，教育目标要考虑儿童的层次与个体差异，使目标具有层次性，这是因人施教原则的要求。

整体性原则保证了学前儿童社会教育目标建构的综合系统性，层次性原则保证了学前儿童社会教育目标制定的差异性。

[①] 本部分内容主要参考和引用了：甘剑梅．学前儿童社会教育［M］．北京：中央广播电视大学出版社，2007：100–102。根据行文需要笔者进行了调整与补充。

（三）科学性与动态性原则

科学性原则是指学前儿童社会教育目标应当是一个符合幼儿自身发展与教育规律的科学体系。一方面，它要反映和遵循幼儿身心发展规律，是适合幼儿发展的；另一方面，它应当具有可教育性与可操作性。一个目标体系只有能付诸实践，并能通过实践真正起到引导幼儿健康的效果，才是科学而有效的，因而学前儿童社会教育目标应该是在充分研究儿童社会性发展规律与教育原理的基础上制定出来的。

动态性原则是指学前儿童社会教育的目标并不总是固定不变的，它可以根据具体情况进行调整。虽然教育目标是综合考虑各因素在教育活动展开之前制定下来的，具有相对的稳定性，但教育过程中总有预料之外的情况发生，时有偏离原有目标的情况出现。当出现目标偏离时，我们需要分析到底是目标设计的问题，还是教育策略的问题，如果是目标问题我们需要适时地调整目标，以适合具体的孩子与具体的情景。目标制定的最终目的是帮助教育者更好地引导孩子的发展，如果在教育实践中，教育者以目标机械教条地去要求孩子，那就违背了教育要从孩子出发的基本原则。儿童的情感、社会性与品德的发展本来就很难有一个精确的目标结果，此时，教育者更要关注儿童的个体差异与即时表现，要根据具体情况及时灵活地调整目标，以促进儿童个性的健康发展。由此，教育目标的制定应有一定的弹性空间，保持目标的动态性与开放性，让教师有更多的创造空间，也让儿童有更多的发展空间。

科学性原则保证了学前儿童社会教育目标制定的合理性，动态性原则保证了学前儿童社会教育目标制定的生成性与开放性。

三、学前儿童社会教育目标的结构

学前儿童社会教育目标是一个由多种内容构成的、多层次的体系。从纵向的角度来看，学前儿童社会教育具有一般的层次结构，目前学前儿童社会教育目标共分为以下三个层次：总目标（也称社会领域目标、课程目标）、年龄段目标（学年目标和学期目标）、活动目标（单元教育活动目标和具体的教育活动目标），各层级间的目标是相互联系、相互支持的。从横向的角度来看，学前儿童社会教育目标则具有独特的分类结构。

（一）学前儿童社会教育目标的层次结构

1. 学前儿童社会教育总目标

总目标是学前儿童社会教育的最终目的，是制定其他所有社会教育活动目标的重要依据。教育部的《规程》规定了有关幼儿社会性发展的目标是：萌发幼儿爱家乡、爱祖国、爱集体、爱劳动、爱科学的情感，培养诚实、自信、好问、友爱、勇敢、爱惜公物、克服困难、讲礼貌等良好的品德行为和习惯，以及活泼开朗的性格。在此基础上，2001年教育部颁布的《纲要》，将社会领域作为幼儿园教育的五大领域之一，明确提出了幼儿园社会教育领域的总目标，目标主要表明了该领域重点追求什么，它主要的价值取向何在。以下为《纲要》中提出的幼儿园社会教育领域的五条目标：

（1）能主动地参与各项活动，有自信心；

（2）乐意与人交往，学习互助、合作和分享，有同情心；

（3）理解并遵守日常生活中基本的社会行为规则；

（4）能努力做好力所能及的事，不怕困难，有初步的责任感；

（5）爱父母长辈、老师和同伴，爱集体、爱家乡、爱祖国。

学前儿童社会教育总目标具有规范性、共通性、学习结果导向性、可分析性、可扩充性等特点。可以看出学前儿童社会教育总目标的内容取向为：第一，兼顾了幼儿自身发展的需要，如"能主动参与""乐于与人交往"，其主体词都是幼儿，其视点是从幼儿出发的；第二，以幼儿情感性发展为基础的目标取向，如"乐于、同情、爱"等都是情感词，这表明情感目标在幼儿社会性发展中处于重要位置。

2. 学前儿童社会教育年龄段目标

学前儿童社会教育的年龄段目标服从于总目标，是总目标的具体化，反映了儿童社会性发展目标的年龄差异性和连续性。

年龄段目标的主要特点就是将社会教育目标分化为不同的要求，形成对每一个年龄段幼儿逐步提高要求的具体目标，引导幼儿逐步达到社会教育的总目标，而且不同年龄段的目标之间应该是连续的、衔接的。例如，同样是培养幼儿与同伴交往的能力，但是不同年龄段的要求是不一样的。小班时，只要求能与同伴友好相处，主动礼貌地问候小朋友；而到中班时，希望幼儿逐渐喜欢和同伴游戏，关心弱小同伴；到大班时的目标则是能够主动带年幼的同伴共同游戏，体验大带小的快乐，愿意与众多的同伴合作游戏。我们对学前儿童社会教育阶段目标表述如下。

（1）小班幼儿社会教育目标

① 帮助幼儿认识自己的性别、年龄，了解自己身体的部位、特征及作用；

② 帮助幼儿意识到自己是哪个班的小朋友，熟悉生活环境，了解同伴、教师、保育员，初步适应集体生活；

③ 教给幼儿基本的卫生常识，帮助幼儿形成良好的卫生习惯；

④ 帮助幼儿掌握礼貌用语，能运用"你好""对不起""没关系""谢谢"等语言，有礼貌地与别人交往；

⑤ 引导幼儿用语言表达自己的想法，喜欢和同伴一起活动，能与同伴协商、轮流、友好玩耍，不抢占、独霸玩具；

⑥ 教育幼儿初步懂得不得提出无理要求，不无故发脾气；

⑦ 培养幼儿初步的独立性和自控力，保持愉快的情绪，遵守集体的规则，爱护玩具、图书；

⑧ 教给幼儿粗浅的交通安全知识，使幼儿学会遵守交通安全规则。

（2）中班幼儿社会教育目标

① 帮助幼儿了解自己和同伴，并能说出一些异同点；

② 帮助幼儿用语言来表达自己的情绪、情感，并能通过语言、动作、表情来了解别人的情感，初步懂得同情和关心他人，并能与同伴友好相处；

③ 帮助幼儿学会控制自己的情感，不任性，不随意发脾气，引导幼儿懂得不损害同伴；

④ 帮助幼儿掌握礼貌用语，能较为准确地使用礼貌用语，并能在不同的场合恰当地加以运用；

⑤ 培养幼儿与同伴轮流、分享、合作、谦让的能力；

⑥ 增强幼儿的独立性，鼓励幼儿遵守游戏规则，帮助幼儿克服学习中遇到的困难；

⑦ 帮助幼儿进行自我评价，认识自己的兴趣和爱好，引导幼儿对行为的动机进行评价；

⑧ 引导幼儿认识社区的公共设施，了解周围人们工作的性质、特点和作用，萌发热爱人民、热爱家乡的情感；

⑨ 引导幼儿了解周围成人的劳动，鼓励幼儿学做一些力所能及的事，初步养成爱劳动、爱惜劳动成果的习惯；

⑩ 帮助幼儿初步理解中国的传统节日和民间工艺品，加深幼儿对中国文化的认识和情感；

⑪ 帮助幼儿初步了解一些外国的文化传统和风俗习惯。

（3）大班幼儿社会教育目标

① 引导幼儿认识到自己是不断发展变化的，自己的进步是父母和教师教育、帮助的结果；

② 发展幼儿的独立性，指导幼儿按照社会准则进行自我评价，并能对自己的行为动机进行评价，正确认识自己的能力和优点，克服自己的缺点和不足；

③ 增加幼儿对集体的了解，培养幼儿的集体荣誉感；

④ 培养幼儿的自控能力，要求幼儿自觉遵守各种规则；

⑤ 帮助幼儿克服各种困难，培养幼儿的责任感；

⑥ 引导幼儿主动关照、关心小班和中班的小朋友；

⑦ 引导幼儿初步学会分辨是非，初步懂得应向好的榜样学习，萌发初步的爱憎感；

⑧ 形成幼儿热爱劳动、爱护公物、珍惜劳动成果的习惯，培养幼儿的内疚感、公正感；

⑨ 引导幼儿认识社区生活设施和环境，帮助幼儿理解人们的职业分工、工作性质与特点，并学会尊重不同职业的人们，萌生环保意识；

⑩ 使幼儿认识到我国是个多民族的国家，幅员辽阔、资源丰富，激发幼儿的爱国情感和民族自豪感；

⑪ 帮助幼儿了解一些世界名胜古迹、工艺美术品、风土人情，使幼儿学会尊重外国的文化传统和风俗习惯，萌发对世界文化的兴趣。

3. 学前儿童社会教育活动目标

活动目标是整个活动的"指南针"和"方向盘"。如果活动目标设计不合理，那么即使实现了活动目标，教学也可能变得没有意义，成为"无效教学"，甚至可能对幼儿发展产生不良影响。社会领域的总体目标是我国学前儿童社会教育对幼儿的总体要求，但表述过于笼统，可操作性差，且不能体现不同地区、不同文化背景儿童的不同情况和需要。为确保实现领域目标，教师一定要结合本班幼儿的实际发展水平和特点、幼儿的不同兴趣需要和个性特点，将领域目标（也称课程目标）逐层分解（学年目标、学期目标、月目标、单元教育活动目标〈周目标〉、具体教育活动目标），最终落实到每个幼儿在不同阶段的发展水平上。在制定教育活动目标时，学前儿童发展规律与需要可以说是学前儿童社会教育目标制定的内在依据；社会发展需要是学前儿童社会教育目标制定的外在依据；我国教育目的与《纲要》是学前儿童社会教育目标制定的操作性依据。

如主题单元活动"我可爱的家"，可以分解为"我家的位置""我家的历史""我的家人""装扮我美丽的家"等活动，它涵盖儿童社会认知、社会情感、社会行为等多方面的发展。具体活动目标是对具体的一个活动所要达到的要求的描述，应结合该具体活动内容和幼儿特点，体现针对性和可操作性。例如，谈话活动"我的好朋友"，其活动目标为：① 激发幼儿寻找和认定自己最喜欢的朋友意愿；② 学习用绘画和语言两种方式介绍好朋友，增进友谊。

总之，对于制定具体教育活动目标的教师而言，需要经常观察幼儿，以便真正地了解幼儿的社会性发展水平，从而制定出科学的、合理可行的、具有操作性的社会教育目标。可以说，活动目标的设计基本上考查了教师对幼儿社会性发展特点、学习特点及兴趣、学习准备性等方面的观察及分析能力。

（二）学前儿童社会教育目标的分类结构

分类结构是指对社会教育目标进行横向的归聚和划分，从而确定相对独立的类别，进而再对每一个类别进行深入的分析研究，是总体目标的具体化，它反映了儿童社会性发展的内容全面性与完整性。我们从总体目标中分化出自我意识、人际交往、社会环境与规范、社会文化四大类别。

1. 自我意识

（1）引导幼儿初步了解有关自己成长的最基本的知识；

（2）初步培养幼儿的自信心、自尊心及独立性，以及最基本的自我控制和应变能力；

（3）引导幼儿正确认识自己，能够进行准确的自我评价；

（4）引导幼儿学会用恰当的方法表达自己的爱好、需求、情绪和情感。

2. 人际交往

（1）愿意与他人共同游戏、活动并友好相处；

（2）善于与人交往，懂得问候、交谈、与人合作及参与活动的技巧，掌握几种交往策略；

（3）能主动帮助弱小同伴，乐于帮助有困难的小朋友、老人和残疾人，经常自愿地与他人分享玩具、食物等；

（4）鼓励幼儿主动地参与各项活动，培养诚实、勇敢、守纪等基本品质，培养幼儿开朗的性格；

（5）引导幼儿初步了解自己所在的集体，使幼儿逐步适应并喜欢集体生活，初步产生对集体的关心喜欢之情。

3. 社会环境与规范

（1）知道自己的成长与家人的关系，感激父母长辈的辛勤养育之恩；

（2）初步了解家庭、幼儿园，认知周围不同职业人民的劳动及其与自己生活的关系，尊重他们的劳动，产生初步的热爱劳动者的情感；

（3）引导幼儿初步了解并逐步掌握基本的交通规则、学习活动规则、生活规则等；

（4）引导幼儿初步了解并掌握基本的公共卫生规则，树立环境保护意识；

（5）引导幼儿逐步懂得正确与错误之分，激发幼儿初步的是非感、爱憎感情。

4. 社会文化

（1）初步感受具有代表性的社区文化；

（2）了解祖国传统的民俗节日、人文景观、少数民族和文化精品等，对祖国的传统文化感兴趣；

（3）初步感受世界著名的人文景观及优秀的艺术作品，对世界文化感兴趣；

（4）了解世界是由许多国家和民族组成的，萌发热爱和平的情感；

（5）愿意接触或了解不同国家、不同种族的外国人，感受他们的风俗习惯。

第二节　学前儿童社会教育的内容

个体社会性发展实际是社会认知、社会情感和社会行为技能的统一。社会认知是对社会中的人、环境、规范的认识；社会情感是人们在社会生活、社会交往中的情感体验；社会行为技能是与人交往、参与社会生活时表现的行为技能。社会性教育的内容往往紧紧围绕自我意识、人际交往、社会环境与规范及社会文化（民族文化和世界文化）等方面展开。

一、选择学前儿童社会教育内容的依据

社会的丰富与复杂性决定了和社会教育相关的内容是相当广泛和丰富的，但在儿童经验和学习能力有限的情况下，并不是所有的内容都适合进入课程内容。这就需要我们对课程内容加以选择，使幼儿习得这一阶段的理想生活经验，以便适应社会生活。由此，社会教育内容的选择是一个十分重要的问题。

（一）以学前儿童社会教育目标为依据

目前，我国最有权威的课程标准即是2001年教育部颁布的《纲要》，其中明确提出了幼儿园社会教育的内容。在选择学前儿童社会教育内容时应该首先符合《纲要》中提出社会教育领域方面的要求，然后再根据当地的实际情况及当地政府对幼儿社会领域方面的具体要求，确定社会教育的内容。因此，在选择社会教育内容的过程中，应努力避免对教育目标的遗漏、偏颇及无效重复，而应力争使所选的教育内容能最有效地实现教育目标。任何只重内容，不重目标，或以活动形式等下位要素确定内容的方式都是不足取的。学前儿童社会教育内容的选择要尽可能全面涉及儿童社会性发展的内容。

（二）依据学前儿童所处的现实社会及生活环境

幼儿社会性的发展离不开一定的社会生活现实，幼儿是通过现实生活及其表象来增进社会认知、发展社会情感及完善社会行为的。学前儿童社会教育的内容应当尽可能从儿童的生活出发，选择基于儿童生活经验与生活实际，为幼儿所熟悉并能丰富儿童生活经验的内容。社会生活现实与幼儿的社会性发展有千丝万缕的联系。无数事实表明，与现实生活联系越紧密的内容，越容易被幼儿掌握。幼儿对社会机构、社会成员、社会现象、社会文化的感知、理解无不通过具体的社会生活。幼儿园社会教育离开了社会现实，这一课程也就失去了存在的根基。因此，社会教育的内容应主要地来自社会生活现实并应与社会生活一致与协调。另一方面，社会生活现实是使幼儿对于社会教育课程中的学科知识

具有可接受性的重要条件。因而，社会生活现实进而又成为学科知识选择的一个重要依据，学前儿童能与之"对话"的学科知识才有引入社会教育内容的价值。社会生活现实作为一种不断延伸、不断扩展的载体同学科知识结合起来，形成一个综合体进入课程之中。

社会的发展、变化也是课程内容选择的重要依据。我们生活的时代是不断发展变化的时代，从社会成员的价值观念、社会理想到社会成员之间的关系，从社区中各种物化的社会产品到人们的生活方式、行为方式都在发生或大或小的变化。社会教育内容的选择必须充分了解和反映社会生活的变化，使课程内容真正成为反映时代、反映社会的内容，使课程内容起到引导儿童主动适应变化着的社会的作用。如科技的发展带来了负面效应，人类的生存环境受到了前所未有的破坏，空气污染、水污染、光污染以至食品污染已到了十分严重的地步；人类对自然的索取已到了破坏生态平衡，引发"生态"报复的境地。社会教育应引导幼儿认识到自己不仅仅是班集体的一员、幼儿园的一员抑或家庭的一员，同时也是社会的公民、国家和地球的主人；认识并体验自身所处的小环境、社会发展的大背景以及人类所共同面临的各种局面，使幼儿理解人类在命运共同体中的地位，知晓人类所共同面临的生死问题，引导他们对整个世界产生一种归属感，并体验到"个人—社会—族类"三位一体的本质；在多元文化的背景下，应引导幼儿感悟多元文化在日常生活中的渗透，使幼儿逐渐养成一种理解和宽容的态度，并能够认识到多元文化之间的关系。这既有利于幼儿形成丰富的社会性情感和经验，更有利于幼儿对人类社会多元文化的宽容、理解和尊重。社会教育应引导幼儿认识到未来的公民应该成为国家的主人，能够关心国家的发展、成长，意识到维护国家的民主与自由是每一个公民应承担的责任。凡此种种，社会、世界的变化应该作为选择课程内容的重要依据。总之，学前儿童社会教育的内容既要体现时代发展的特点，同时又要体现传统文化的特色，坚持发扬民族优秀的文化传统。

（三）依据学前儿童发展水平及存在的问题

我们在选择教育内容时，必须考虑学前儿童的身心发展水平，主要是指儿童的年龄特点，本园、本班儿童的发展水平及儿童的个体发展水平。学前儿童社会教育内容的选择，要根据目标、儿童发展及社会文化发展需要选择有助于幼儿发展、同时也能为幼儿所理解的内容。学前儿童社会教育的内容应是浅显的、具体的、启发性的知识，是为儿童发展所必须学习的基础性的知识。

教师还应该观察儿童的日常生活，发现儿童在生活中存在的问题，例如目前幼儿普遍存在的交往能力差、情绪智商低、劳动锻炼机会少、公德意识弱等现状，有针对性地确定教育内容，对学前儿童进行教育。另外，目前我国幼儿园社会教育虽然关注了幼儿个性品质的发展，但在实践中对幼儿个性品质的某些方面重视还不够，如对幼儿的自信心、自我判断力、自主性、承受挫折的能力、责任心等重视的程度都不够，尤其是后三者。教师应根据幼儿存在的实际问题有针对性地引导幼儿，促进其良好社会性品质和个性品质的发展。

二、学前儿童社会教育内容的表述

（一）《纲要》对学前儿童社会教育内容的表述

《纲要》中提出了幼儿园社会教育的内容，该部分说明了为实现教育目标，教师应该做什么、该怎样做。

（1）引导幼儿参加各种集体活动，体验与教师、同伴等共同生活的乐趣，帮助他们正确认识自己和他人，养成对他人、社会亲近、合作的态度，学习初步的人际交往技能。

（2）为每个幼儿提供表现自己长处和获得成功的机会，增强其自尊心和自信心。

（3）提供自由活动的机会，支持幼儿自主地选择、计划活动，鼓励他们通过多方面的努力解决问题，不轻易放弃克服困难的尝试。

（4）在共同的生活和活动中，以多种方式引导幼儿认识、体验并理解基本的社会行为规则，学习自律和尊重他人。

（5）教育幼儿爱护玩具和其他物品，爱护公物和公共环境。

（6）与家庭、社区合作，引导幼儿了解自己的亲人以及与自己生活有关的各行各业人们的劳动，培养其对劳动者的热爱和对劳动成果的尊重。

（7）充分利用社会资源，引导幼儿实际感受祖国文化的丰富与优秀，感受家乡的变化和发展，激发幼儿爱家乡、爱祖国的情感。

（8）适当向幼儿介绍我国各民族和世界其他国家、民族的文化，使其感知人类文化的多样性和差异性，培养理解、尊重、平等的态度。

（二）学前儿童社会教育内容的分类表述

学前儿童社会教育的内容几乎涉及了幼儿社会生活的各个方面，一切有助于达到教育目标，能使儿童获得必要的情感体验、知识经验和生活方式经验的东西，都可以作为学前儿童社会教育的内容。我们将学前儿童社会教育的内容分为四个相互联系的方面，即自我意识、人际交往、社会环境与行为规范和多元文化。

1. 自我意识

有关自我意识的内容主要包括幼儿对自己的意识和对他人的态度，比如幼儿对自我存在的认识和体验，知道自己的名字、性别、简单特点，自信、自尊等。

2. 人际交往

人际交往是人类社会生活的必然需要，通过人际交往，人才能逐渐从生物学意义上的自然人成为适应社会生活的社会人。幼儿也是从人际交往中，逐渐获得社会性，只是幼儿人际交往的范围很小，交往的程度很浅，交往获得的结果具有很大的后续性，即交往产生的作用不是立即全部体现出来，而是成为后面的经验。对幼儿而言，人际交往的内容主要有两类。

（1）与成人交往。父母的名字、职业、亲子之间的情感是人际交往教育选定的最初内容。随着幼儿进入幼儿园，老师的姓名、师生的情感又成了新的教育内容。

（2）与同伴交往。除了与成人的交往，幼儿在家庭中（多子女家庭）及走出家庭所进行的交往主要是与同伴的交往。同伴主要有两种：随机而遇的同龄玩伴、伙伴；幼儿园中的同班、同园伙伴。同伴由于身心特点的相似，更具有交往的平等性和体验的共鸣性。他们彼此支持，相互模仿学习，因此，同伴的姓名、性别、体貌、爱好、特点，与同伴交往的规则和技能都成为幼儿社会教育的内容。需要强调的是，目前多数幼儿（尤其是城市幼儿）的生活环境中缺乏与同伴交往的机会和条件，幼儿与同伴交往的欲望、经验和技能均存在相应的缺失和问题，应引起社会教育的重视。

3. 社会环境与行为规范

人不能离开人类群体而单独生活，个体一进入社会，便接受社会方方面面的影响，完成从"自然人"向"社会人"的发展。为了适应和创造社会，学习有关社会环境与行为规范的知识是每个个体所必需的。对幼儿而言，可纳入其学习内容的应是最贴近幼儿生活、最具有启蒙价值的东西。

（1）家庭。家庭是幼儿十分熟悉的生存环境，对家庭及其行为规则的学习是社会教育中必有的内容。家庭地址、通讯方式（如电话号码）、家庭用品、家庭一般成员之间的简单关系（如血缘关系）、家庭中一般的行为规则（如相互服务）均可成为教育的内容。幼儿对家庭的认知是比较容易的，况且家庭的样式各不相同，因此，绝无必要在认知上费时太多，重点应是激发幼儿热爱关心父母及祖辈的情感，引发幼儿对家庭最初步的责任感、归属感。

（2）幼儿园（所）。幼儿园是幼儿最早接触的家庭以外的社会环境，这方面的教育可为其将来适应更复杂、更广阔的社会生活奠定基础，包括幼儿园的名称、地址、幼儿园的环境设施、班上的同伴、幼儿园的老师、幼儿园基本的集体生活规则、游戏规则等等。

（3）社区与家乡。随着幼儿年龄的增长和生活经验的增加，他们的活动范围不再满足于家庭—幼儿园之间，他们的视野、活动范围已扩展到生活的社区和家乡，比如自己生活的居民小区、街道、乡镇、城市等，这时，幼儿身边的行政区划（如城市、县乡、街道、小区等）的名称、主要设施（如道路）、著名风景名胜、特产等等就成了对其社会教育的内容。对这些内容的教育重点是培养幼儿的认识兴趣，关心周围社会，热爱自己的家乡，理解人与环境之间相互依存的关系，培养其爱护、保护环境的意识。需要强调的是，不能随意扩大认识范围，只可选择幼儿接触过的、能感知到的内容。

（4）公共场所及其行为规则。幼儿接触社会必然要走进公共场所，如公共交通、医院、商店、公园、市场、银行、邮局等等。在公共场所必然要有公共行为规则，因此教育幼儿认识公共设施、遵守公共行为规则（最简单的，如不大声吵闹、不乱扔杂物、不破坏公物等）是必有的教育内容。这方面的学习几乎是幼儿步入社会的预演，通过学习，幼儿会逐步感受到自己和他人、个人与社会的关系，形成公共道德印象和简单的行为习惯，逐渐萌发社会小公民的意识。

4. 社会文化

社会文化的教育内容主要包括中国文化与世界文化两部分。比如我国的国名、国旗、国歌等；主要民族、人文景观、风景名胜、民间艺术，以及社会主义核心价值观、中华优秀传统文化、革命文化和社会主义先进文化等；主要的世界人文景观，不同国家、不同民族的外国人及其风俗习惯等。在内容的选择上，重点帮助幼儿认识本民族的文化、本国的文化，适当了解其他民族和外来文化，充分了解文化的多样性和差异性，在尊重外来文化的基础上以更包容、接纳的态度对待外来文化。受幼儿生活经验及活动范围的制约，这部分的内容只能是提要式的、代表式的，绝不可无限扩展教育内容的含量与细节，以免造成课程超载，加大幼儿负担。

综上所述，无论从什么角度确定幼儿社会教育的内容，无论对这些内容如何概括分类，都应铭记两条：一是生活经验是教育内容的来源，二是幼儿能与之"对话"的学科知识才有引入教育内容的价值。核心仍是从幼儿出发，从幼儿的生活出发。

对于学前儿童社会教育内容而言，无论是纵向划分，还是横向划分，都应包含社会认知、社会情感和社会行为技能这三部分内容。为了方便理解，这里用二维表格（表3-1）来举例说明。

表3-1　学前儿童社会教育内容

社会关系	心理结构		
	社会认知	社会情感	社会行为技能
自我意识	引导幼儿正确认识和评价自己。如，认识自己的身体外貌、兴趣爱好、自己的情绪反应等	增进幼儿自我价值感和自信心，激发积极情感的产生，如自尊心、自信心、自豪感、成功感等	增强幼儿自我控制能力和行为，如坚持性、自我延迟满足等；初步学会调控自己的情绪，会适当地表达自己的情绪等
人际关系	要求幼儿知道父母、老师的姓名、职业生活及与自己的关系；知道同伴的姓名、年龄、性别、简单的外部特征和内心特征，知道与他们相处的技能，如礼貌、协商、分享、轮流等	帮助幼儿正确理解他人的情绪情感并产生积极情感，如同情心、宽容心等；理解、尊重赞赏别人的感受和观点；关心同伴、老师、父母；爱同伴、老师、父母等	引导幼儿掌握一定的社会交往技能。如基本的礼貌用语，助人、分享、合作、谦让、与同伴共同游戏等亲社会行为，会用不同方式表达对父母、同伴及老师的爱等
社会环境与规范	引导幼儿了解周围环境中的各种社会机构、社会设施、社会事件以及与其有关的社会成员等。如掌握家庭地址、电话、用品、成员间的关系等；幼儿园的名称、地址等；了解社区的名称、主要设施，公共场所的名称、物品及其与人类的社会关系等；了解家乡的名胜古迹、特产等；了解我国的国名、国歌、国徽、国家领导人、名胜古迹；知道基本的生活规则、集体规则、公共规则、学习规则、游戏规则的要求等	引导幼儿感受和欣赏周围环境的美，萌发爱周围环境、爱家乡爱祖国的情感等，产生做中国公民的自豪感；引发幼儿对周围发生的事物表示关心与兴趣，培养幼儿尊重周围劳动者及其劳动成果的情感等；引导幼儿初步形成是非感、做了错事后的愧疚感、规则意识、环保意识、公德意识、社会责任感、集体荣誉感等	培养幼儿积极作用于环境的行为。如保护环境、不乱丢垃圾、积极参与集体活动等；尊重他人及其劳动成果，如吃饭不撒饭、不剩饭就是对农民伯伯的尊重；遵守公共场所规则；爱护周围环境，积极参与、关注社会生活等

社会关系	心　理　结　构		
	社　会　认　知	社　会　情　感	社　会　行　为　技　能
社会文化	引导幼儿基本了解中国文化和世界文化。如了解中国的文字、传统节日、民族风情、戏剧、民间艺术、历史等；世界的主要人种、主要国家、主要城市、主要人文景观、典型的文化风俗等	使幼儿萌发热爱中华民族文化、爱好世界和平的情感，产生民族自豪感；对我国民族文化、世界文化感兴趣；产生尊重、接受多元文化的情感等	引导幼儿养成尊重我国文化及世界文化的行为习惯。如积极参与各种传统节日活动、主动接触外国友人等

阅读资料 1

未来教育的四个“学会”

“学会求知、学会做事、学会共同生活、学会生存”作为教育基础的四大支柱是由联合国教科文组织于1996年4月在《教育：财富蕴藏其中》的报告中提出的。这个报告提出了21世纪教育的战略思考和行动建议。

“学会求知”。“这种学习更多的是为了掌握求知的手段，而不是获得经过分类的系统化知识。”它既可被视为一种人生手段，也可被视为一种人生目的。作为手段，它应使每个人学会了解周围的世界，至少是有尊严地生活，能够发展自己的专业能力和进行交流。作为目的，它应使人乐于理解、求知和发现。由于人类的知识涉及方方面面，并且始终不断地发展变化着，试图做到什么都知道愈来愈不可能，为此，应该注重注意力、记忆力和思维能力等学习能力的培养，以此获得进一步学习的动力。

“学会做事”。随着科学技术的发展、知识和信息量的增加，工业部门生产过程中的科技含量越来越高，服务行业发生了根本变化。科学技术的运用，使得在生产部门中，专业资格的概念变得过时了，个人能力的概念则被置于首要的地位。个人能力包括交往能力、与他人共事的能力、管理和解决冲突的能力、首创能力等等。这些能力清楚地反映出学习的各个方面之间的联系，而这种联系则是因教育才得以引人注目的。在未来高度技术化的社会里，联系上的缺陷可能造成严重的组织机能上的障碍，这就需要人们有一种基于行为表现而非基于知识多少的新型资格——能力资格。如何学会有效地应对变化不定的情况？如何参与未来的创造？这些是目前教育还未予以充分重视的方面。

“学会共同生活”。这种学习可能是今日教育中的重大问题之一。由于当今世界是一个充满暴力冲突的世界，它与人们对人类进步所寄予的期望背道而驰，而教育未能就改变这种状况做多少事。因此，人们希望有一种能使人们扩大对其他人及其他文化和精神价值的认识，以此来避免冲突的教育。教育的使命是教学生懂得人类文化的多样性，同时还要教他们认识地球上的所有人具有相似性又是相互依存的，特别是随着传统生活方式的深刻变化，要求我们能更好地理解他人和整个世界，需要我们能相互理解、平等交流与和平共处，而这些正是今天我们这个世界所最缺乏的，为此我们必须学会共同生活。教育的责任就是让学生了解人类文化的多样性，认识各民族之间的共性与相互依赖性，从而理解他国或其他民族；此外，通过引导人们去从事一些共同的项目或活动来使他们在家庭、社区、国家乃至国际社会与人合作、和谐相处的实际经验中养成为共同目标而工作的态度和能力，并教育人们用理智与和平的方式处理那些不可避免的冲突。

“学会生存”。它强调世界因技术的发展而出现的非人化现象可能将在21世纪更广泛出现。那时，教育的作用不再是培养儿童为某一特定的社会做好准备，不再是让他们理解周围世界并成为有责任感的人，而是在于保证儿童享有他们充分发挥自己的才能和尽可能牢牢掌握自己的命运而需要的思想、感情和想象方面的自由；教育应当促进每个人的身心、智力、敏感性、审美意识、个人责任感、精神价值等方面的全面发展。"学会生存"的目的就是要充分发展自己的人格，并以不断增强的自主性、判断力和责任感来行动。为此，教育不应忽视人的任何一种潜力：记忆力、推理能力、美感、体力和交往能力。

阅读资料2

国外儿童理财教育理念 [①]

在一些发达国家和地区，人们十分重视儿童的理财教育，这种教育甚至渗透到了儿童与钱财发生关系的一切环节之中。尽管社会背景存在差异性，但这些理财教育的理念是值得我们借鉴的。

英国：能省的钱不省很愚蠢

提起英国人，向来给人们的印象是过于保守，这种作风体现在理财教育方面则表现为：提倡理性消费，鼓励精打细算。所以，英国人善于在各种规定里寻找最合适的生活方式。

自然，英国人把他们这种理财观念传授给了下一代。理财教育在英国中小学的不同阶段有不同的要求：5～7岁的儿童要懂得钱的不同来源，并懂得钱可以用于多种目的；7～11岁的儿童要学习管理自己的钱，认识到储蓄对于满足未来需求的作用；11～14岁的学生要懂得人们的花费和储蓄受哪些因素影响，懂得如何提高个人理财能力；14～16岁的学生要学习使用一些金融工具和服务，包括如何进行预算和储蓄。在英国，儿童储蓄账户越来越流行，大多数银行都为16岁以下的孩子开设了特别账户。有三分之一的英国儿童将他们的零用钱和打工收入存入银行或储蓄借贷的金融机构。

日本：自力更生、勤俭持家

日本人讲究家庭教育，他们主张孩子要自力更生，不能随便向别人借钱，主张让孩子自己管理自己的零用钱。日本人教育孩子有一句名言："除了阳光和空气是大自然赐予的，其他一切都要通过劳动获得。"因此，许多日本学生在课余时间都要在校外打工挣钱。

特别是近年来，由于日本经济持续不景气，勤俭持家的观念愈加被日本人推崇，家庭内部则分外重视对孩子们的理财教育。在日本，很多家庭每个月给孩子一定数量的零用钱，家长会教育孩子如何节省使用零用钱，以及储蓄压岁钱。而在给孩子买玩具时，无论高收入的家庭还是低收入的家庭，都会告诉孩子玩具只能买一个，如果想要另一个的话就要等到下个月。在孩子渐渐长大后，一些家长会要求孩子准备一本记录每个月零用钱收支情况的账本。

让孩子学会赚钱、花钱、存钱，与人分享钱财，借钱和让钱增值为主要内容的理财教育，已经融入少年儿童整个教育之中，使孩子生活在一种具有强烈理财意识的环境氛围之中，逐渐形成了善于理财的品质和能力。这也为培养造就大批的优秀经济管理人才提供了雄厚的人力资源基础。

在美国，情况也如此。一位专家指出："每当我们看到在世界亿万富翁排行榜上美国人不仅位居前列，而且占去一半多，以及在世界经济事务中发挥重大作用和影响的美国著名企业家越来越多时，应该不足为奇，因为，这是他们长期坚持将理财教育从孩子抓起的必然回报。"

---

① 中国学前教育网. 国外儿童理财教育理念［EB/OL］.http://web.preschool.net.cn/portal.php?mod=view&aid=44724.

阅读资料3

《3—6岁儿童学习与发展指南》——社会

　　幼儿社会领域的学习与发展过程是幼儿社会性不断完善并奠定健全人格基础的过程，主要包括人际交往与社会适应（表3-2至表3-8）。幼儿阶段是社会性发展的关键时期，良好的人际关系和社会适应能力对幼儿身心健康发展以及知识、能力和智慧作用的发挥具有重要影响。幼儿在与成人和同伴交往的过程中，不仅学习如何与人友好相处，也在学习如何看待自己、对待他人，不断发展适应社会生活的能力。

　　家庭、幼儿园和社会应共同努力，为幼儿创设温暖关爱的家庭和集体生活氛围，建立良好的亲子关系和师生关系，让幼儿在积极健康的人际关系中建立安全感和信任感，发展自信和自尊，在良好的社会环境及文化的熏陶中学会遵守规则，建立基本的认同感和归属感。

　　幼儿的社会性主要是在日常生活和游戏中通过观察和模仿潜移默化地发展起来的。成人应注重自己言行的榜样作用，避免简单生硬的说教。

　　（一）人际交往

表3-2　目标1　愿意与人交往

3～4岁	4～5岁	5～6岁
1. 愿意和小朋友一起游戏 2. 愿意与熟悉的长辈一起活动	1. 喜欢和小朋友一起游戏，有经常一起玩的小伙伴 2. 喜欢和长辈交谈，有事愿意告诉长辈	1. 有自己的好朋友，也喜欢结交新朋友 2. 有问题愿意向别人请教 3. 有高兴的或有趣的事愿意与大家分享

表3-3　目标2　能与同伴友好相处

3～4岁	4～5岁	5～6岁
1. 想加入同伴的游戏时，能友好地提出请求 2. 在成人指导下，不争抢、不独霸玩具 3. 与同伴发生冲突时，能听从成人的劝解	1. 会运用介绍自己、交换玩具等简单技巧加入同伴游戏 2. 对大家都喜欢的东西能轮流、分享 3. 与同伴发生冲突时，能在他人帮助下和平解决 4. 活动时愿意接受同伴的意见和建议 5. 不欺负弱小	1. 能想办法吸引同伴和自己一起游戏 2. 活动时能与同伴分工合作，遇到困难能一起克服 3. 与同伴发生冲突时能自己协商解决 4. 知道别人的想法有时和自己不一样，能倾听和接受别人的意见，不能接受时会说明理由 5. 不欺负别人，也不允许别人欺负自己

表3-4　目标3　具有自尊、自信、自主的表现

3～4岁	4～5岁	5～6岁
1. 能根据自己的兴趣选择游戏或其他活动 2. 为自己的好行为或活动成果感到高兴 3. 自己能做的事情愿意自己做 4. 喜欢承担一些小任务	1. 能按自己的想法进行游戏或其他活动 2. 知道自己的一些优点和长处，并对此感到满意 3. 自己的事情尽量自己做，不愿意依赖别人 4. 敢于尝试有一定难度的活动和任务	1. 能主动发起活动或在活动中出主意、想办法 2. 做了好事或取得了成功后还想做得更好 3. 自己的事情自己做，不会的愿意学 4. 主动承担任务，遇到困难能够坚持而不轻易求助 5. 与别人的看法不同时，敢于坚持自己的意见并说出理由

表3-5　目标4 关心尊重他人

3～4岁	4～5岁	5～6岁
1. 长辈讲话时能认真听，并能听从长辈的要求 2. 身边的人生病或不开心时表示同情 3. 在提醒下能做到不打扰别人	1. 会用礼貌的方式向长辈表达自己的要求和想法 2. 能注意到别人的情绪，并有关心、体贴的表现 3. 知道父母的职业，能体会到父母为养育自己所付出的辛劳	1. 能有礼貌地与人交往 2. 能关注别人的情绪和需要，并能给予力所能及的帮助 3. 尊重为大家提供服务的人，珍惜他们的劳动成果 4. 接纳、尊重与自己的生活方式或习惯不同的人

（二）社会适应

表3-6　目标1 喜欢并适应群体生活

3～4岁	4～5岁	5～6岁
1. 对群体活动有兴趣 2. 对幼儿园的生活好奇，喜欢上幼儿园	1. 愿意并主动参加群体活动 2. 愿意与家长一起参加社区的一些群体活动	1. 在群体活动中积极、快乐 2. 对小学生活有好奇和向往

表3-7　目标2 遵守基本的行为规范

3～4岁	4～5岁	5～6岁
1. 在提醒下，能遵守游戏和公共场所的规则 2. 知道不经允许不能拿别人的东西，借别人的东西要归还 3. 在成人提醒下，爱护玩具和其他物品	1. 感受规则的意义，并能基本遵守规则 2. 不私自拿不属于自己的东西 3. 知道说谎是不对的 4. 知道接受了的任务要努力完成 5. 在提醒下，能节约粮食、水电等	1. 理解规则的意义，能与同伴协商制定游戏和活动规则 2. 爱惜物品，用别人的东西时也知道爱护 3. 做了错事敢于承认，不说谎 4. 能认真负责地完成自己所接受的任务 5. 爱护身边的环境，注意节约资源

表3-8　目标3 具有初步的归属感

3～4岁	4～5岁	5～6岁
1. 知道和自己一起生活的家庭成员及与自己的关系，体会到自己是家庭的一员 2. 能感受到家庭生活的温暖，爱父母，亲近与信赖长辈 3. 能说出自己家所在街道、小区（乡镇、村）的名称 4. 认识国旗，知道国歌	1. 喜欢自己所在的幼儿园和班级，积极参加集体活动 2. 能说出自己家所在地的省、市、县（区）名称，知道当地有代表性的物产或景观 3. 知道自己是中国人 4. 奏国歌、升国旗时能自动站好	1. 愿意为集体做事，为集体的成绩感到高兴 2. 能感受到家乡的发展变化并为此感到高兴 3. 知道自己的民族，知道中国是一个多民族的大家庭，各民族之间要互相尊重，团结友爱 4. 知道国家一些重大成就，爱祖国，为自己是中国人感到自豪

阅读资料4

中华人民共和国教育法（节选）

（根据2021年4月29日第十三届全国人民代表大会常务委员会第二十八次会议
《关于修改〈中华人民共和国教育法〉的决定》第三次修正）

目 录

第一章 总 则

第一条 为了发展教育事业，提高全民族的素质，促进社会主义物质文明和精神文明建设，根据宪法，制定本法。

第二条 在中华人民共和国境内的各级各类教育，适用本法。

第三条 国家坚持中国共产党的领导，坚持以马克思列宁主义、毛泽东思想、邓小平理论、"三个代表"重要思想、科学发展观、习近平新时代中国特色社会主义思想为指导，遵循宪法确定的基本原则，发展社会主义的教育事业。

第四条 教育是社会主义现代化建设的基础，对提高人民综合素质、促进人的全面发展、增强中华民族创新创造活力、实现中华民族伟大复兴具有决定性意义，国家保障教育事业优先发展。

全社会应当关心和支持教育事业的发展。

全社会应当尊重教师。

第五条 教育必须为社会主义现代化建设服务、为人民服务，必须与生产劳动和社会实践相结合，培养德智体美劳全面发展的社会主义建设者和接班人。

第六条 教育应当坚持立德树人，对受教育者加强社会主义核心价值观教育，增强受教育者的社会责任感、创新精神和实践能力。

国家在受教育者中进行爱国主义、集体主义、中国特色社会主义的教育，进行理想、道德、纪律、法治、国防和民族团结的教育。

第七条 教育应当继承和弘扬中华优秀传统文化、革命文化、社会主义先进文化，吸收人类文明发展的一切优秀成果。

思考与练习

习题答案

一、填空题

1. 幼儿园社会教育总体目标分解为便于操作的四个方面，包括自我意识、_____、社会环境及行为规范、_____。

2. 选择学前儿童社会教育目标的依据主要有：依据_____、依据幼儿的发展水平与特点、依据________。

3. 构建学前儿童社会教育目标时应坚持的原则有：________、整体性原则与层次性原则、________。
4. 选择学前儿童社会教育内容的依据主要有：依据________、依据幼儿的发展水平与特点及存在问题、依据________。

二、简答题

1. 结合学前儿童社会性发展特点，简述学前儿童社会性正常行为的标准。
2. 简述学前儿童社会教育总体目标及其在学前儿童社会教育中的重要意义。
3. 学前儿童社会教育目标的建构原则有哪些？
4. 选择学前儿童社会教育内容的依据是什么？试举例说明。

三、实践题

1. 查阅有关资料汇总“幼儿自我控制能力训练的主要方法”，并与同学交流。
2. 查阅相关资料并结合幼儿园实习见闻，总结幼儿告状行为的类型，并分析其心理动机及思考该如何对待不同类型的告状行为。
3. 结合幼儿每个年龄段特点尝试制定以下活动内容的活动目标：
   ① 有关挫折教育的活动目标（大、中、小班）
   ② 有关感恩教育的活动目标（大、中、小班）
   ③ 有关性教育的活动目标（大、中、小班）

四、案例分析题

有一大（1）班男孩钢琴弹得很好，常得到老师的赞扬。一天，老师请别班的一位女孩到大（1）班来弹琴，女孩的琴也弹得很好，也得到了老师和其他幼儿的赞扬，只见这位男孩噘了噘嘴说了句“有什么了不起”，就趴在钢琴上哭了。小女孩站在一旁不知所措，其他幼儿则议论纷纷。

思考：本案例中这位男孩的表现说明了什么问题？

岗课赛证

一、单项选择题

1. 关于排队公平等待规则、轮流规则、集体服务规则等内容属于（　　）。
   A. 基本道德规范的认知　　B. 文明礼貌行为规范的认知
   C. 公共场所行为规范的认知　　D. 群体活动规范的认知
2. 在社会活动日中将各民族、各国的朋友请进幼儿园，与儿童一起联欢，共同进行分享和体验活动，属于（　　）。
   A. 自我教育活动　　B. 社会环境与规范认知活动
   C. 人际交往教育活动　　D. 多元文化教育活动
3. 关于文明的言谈举止、使用礼貌用语、不随意打断别人的讲话、集中注意倾听他人讲话等内容属于（　　）。
   A. 基本道德规范的认知　　B. 文明礼貌行为规范的认知
   C. 公共场所行为规范的认知　　D. 群体活动规范的认知
4. 教师在重阳节组织幼儿到敬老院探访老人，这反映幼儿园教育内容选择的什么原则？（　　）
   A. 兴趣性　　B. 时代性　　C. 生活性　　D. 发展性

二、论述题

简述幼儿园教育目标层次间的相互关系。

第四章
学前儿童社会教育的方法和途径

学习目标

素养目标：树立科学、严谨的教育态度。
知识目标：掌握学前儿童社会教育的基本方法和教育途径。
能力目标：能根据教育需要和儿童发展特点灵活选择恰当的方法与途径。

线上课堂

学前儿童社会教育的方法和途径

知识框架

```
            学前儿童社会教育的方法和途径
   ┌──────────────┬──────────────┬──────────────┐
学前儿童          学前儿童          学前儿童
社会教育的方法     社会教育的途径     社会教育指导要点

以语言引导为主的方法   幼儿园的专门教育活动   创设良好的环境
以情境教学为主的方法   幼儿园的随机教育活动   提供交往机会
以直接知觉为主的方法   家园合作及社区教育     整体教育
                                      长期、随机教育
                                      渗透教育
                                      家、园、社会密切合作
```

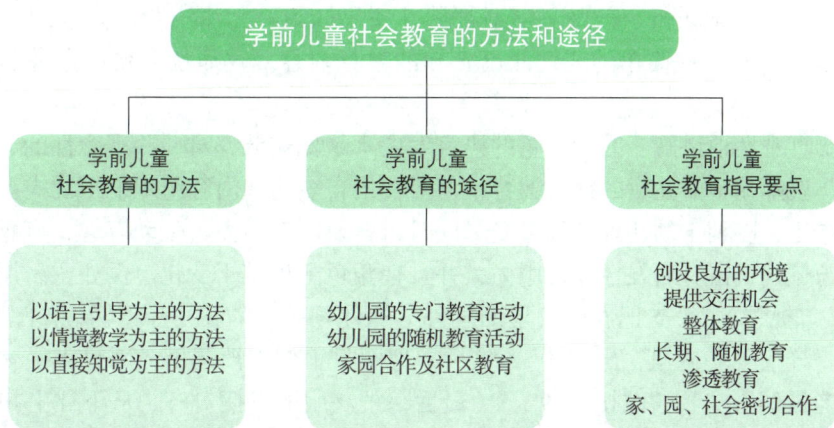

　　任何教育活动都有一些基本要素：教育活动主客体、教育目标、教育内容、教育方法。学前儿童社会教育也同样是教育者和受教育者围绕共同的目标，通过一定的内容，在相应方法的指导下展开的。可见，教育目标的实现、教育内容的实施，都离不开教育方法参与其中，教育方法是教育过程的纽带，在教育活动中起着非常重要的作用。只有选择科学、合理、灵活的教育方法且创造性地加以运用，才能使学前儿童的社会教育顺利开展，才能实现学前社会教育活动的目标，才能取得良好的教育效果。

　　学前儿童的社会教育内容涉及广泛，既有认知的提升，又有情感的丰富，还有行为习惯的培养。又由于社会教育过程是受多种因素影响发展的过程，因此要想实现这些教育目标，就必须灵活地、创造性地运用教育方法，并将这些方法有机地结合起来。

第一节　学前儿童社会教育的方法

　　学前儿童社会教育的方法多种多样，根据学前儿童社会性发展教育途径的不同，我们将教育方法

61

分为三大类：以语言引导为主的方法、以情境教学为主的方法和以直接知觉为主的方法。

一、以语言引导为主的方法

以语言引导为主的方法主要是教师借助语言来影响学前儿童社会发展的方法。社会文化、社会问题的教育等多采用此类方法。

（一）讲解法

讲解法是指教师用口头语言对一些简单的知识、道理及规则进行系统和生动的解释，使幼儿了解"是什么，为什么，怎么样"之类的问题的一种方法。讲解法可以拓宽学前儿童的眼界，丰富学前儿童的社会认知，提高学前儿童的语言理解能力，使学前儿童学习社会规则，懂得处世之理。讲解法一般在幼儿面对某些不便感知或无法直接感知的内容时经常使用，如民间节日的由来，少数民族的风俗习惯等，就需要教师的讲解介绍。

讲解法的优点：① 效率高，可以使幼儿在较短的时间内获得较多的知识；② 有利于教师发挥主导作用，有目的地向儿童进行社会教育；③ 主题明确，易于儿童直接接受；④ 反馈及时，教师可根据儿童的回答得到反馈，便于调整讲解的内容和方法。

讲解法的局限性：① 儿童以听教师讲为主，没有充分的机会对所学内容及时做出反馈，不易发挥幼儿的主动性和自主性；② 单调，儿童的注意力容易分散；③ 很难照顾到个别差异。

运用讲解法应该注意以下三点。

第一，要针对性地讲解。教师只需对那些儿童不知道、无法实践或体验的、难以理解的内容进行专门的讲解，而对一些简单的或幼儿已熟知的教育内容，教师就无须再去讲解。这也是讲解的实用性。

第二，要直观性地讲解。因为儿童的语言发展水平比较低，对一些观念性的、概括性的内容很难理解。所以，教师在学前儿童的社会教育中，要在语言表达和内容组织上下功夫。语言要直观，使抽象的内容具体化，以利于幼儿理解和接受。同时讲解要明白易懂，生动有趣，有感染力，在语速、音量上注意抑扬顿挫，富有启发性和说服力，并且在角色上也富于变化。例如，采用游戏儿歌的口吻讲解穿衣方法，"捉领子"（先把衣服的里面朝外，抓住领子），"盖房子"（再把衣服翻过来顶在头上，就像盖房子一样），"小老鼠，出洞子"（然后，把两只手伸进袖洞里，两只小手就像两只小老鼠，袖洞就像两个老鼠洞），"吱扭吱扭上房子"（最后，把衣服的下摆对齐，从下往上扣上纽扣，就像两只小老鼠吱扭吱扭地爬到房子上一样），儿童便会认真按要求去做。

第三，要多样性地讲解。讲解主要是依靠口头语言，由于幼儿听讲的注意力不可能集中较长的时间，难以较好地倾听讲解。因此，教师的讲解要清晰、简练，让幼儿听得清楚的同时，适当穿插提问、谈话等，使幼儿适当参与，吸引其注意力，同时教师最好有些辅助的教具帮助幼儿理解。如大班社会活动"十二生肖"让幼儿理解轮回，就可以借助钟表来讲解。

（二）谈话法

谈话法是指在学前儿童社会教育中，师生相互提问、对话的一种方法。教师可以向儿童提出问题，也可以解答儿童的问题，没有地点、时间和人物的限制。谈话可充分调动儿童学习的积极、主动性，有助于发展儿童的思维能力和口头语言表达能力，同时，教师可以及时获得儿童学习的信息反馈，便于其根据幼儿的理解情况进行有针对性的引导。但谈话法也有局限性，主要是花费的时间比较多，且不易照顾到全体幼儿。

谈话的形式很多，可以是个别交谈，也可以是小组或集体交谈。运用谈话法应该注意以下五点。

第一，谈话的内容应是幼儿熟悉的。因为只有幼儿熟悉的内容，才能调动他们参与谈话的积极性，使幼儿想说话、要说话，同时也能使幼儿在谈话的过程中获取更多的社会知识，产生情感上的共鸣。例如，最近日本发生地震，电视等媒体频频报道，这是幼儿熟悉的信息内容，借此，教师可以与幼儿讨论关于日本的一些事，如地震、核事故、核辐射等等，丰富幼儿的知识面。所以，只有幼儿熟知的谈话主题才能实现教育的目的。

第二，教师所提出的问题应具体、明确，开放性强。谈话不是聊天，不能海阔天空地想怎么谈就怎么谈，教师必须提出明确具体的问题，使幼儿知道要思考什么，并在思考后参与交谈；问题要有发展空间，如培养幼儿合理使用零花钱的活动中提问幼儿"如果你有十块钱，你会怎么花？"就能给幼儿充分的想象空间。

第三，问题提出后应留给幼儿足够的思考时间。因为学前儿童年龄小、社会知识经验不多和思维能力发展有限，他们对谈话中的问题需要时间思考，对此教师要耐心等待，不要急于求成，使谈话变成自问自答。

第四，谈话应步步深入，且顾及幼儿的年龄水平。谈话应由易到难，如有幼儿说："我帮奶奶找针。"老师进一步启发"为什么奶奶需要你帮忙？""你帮奶奶找到针后，奶奶说了什么？"在小、中、大三个年龄班，谈话要有不同水平和层次，如在"我的一家人"的教学活动中，小班的谈话要直观浅显，"你的家里都有谁？他们都长什么样？"中班的谈话中，教师应引导幼儿发散思维，并能用多种词汇方式来表达，"他们都做什么工作？在家经常做什么事？你喜欢爸爸妈妈么？为什么？"大班的谈话中，教师要引导幼儿多归纳、多推理、多想办法："爸爸妈妈辛苦么？怎么辛苦？我们该怎么做让他们高兴？"

第五，谈话的最后，教师应进行适当总结。谈话法大多是单调的一问一答，获得的信息较为零散。因此，教师要对谈话的内容进行总结或引导幼儿自己总结，以帮助幼儿抓住主要的几个观点，形成清晰的概念。

案例

防　火

老师：我们的生活中离不开火，你们知道用火能做什么吗？

幼儿：用火做饭。

幼儿：冬天用火暖和。

幼儿：火可以发光，看东西。

……

老师：火有这么多用途啊，能烧饭、取暖、照明，我们离不开火，那火对人类有什么危害？

幼儿：烤火会烧伤我们。

幼儿：火会把房子烧了。

幼儿：火也会把森林烧着了。

……

老师：对，火能帮助我们，给我们生活带来方便，也能给我们生活带来灾难，我们小朋友在生活中要小心防火！

（三）讨论法

讨论法是指幼儿在教师的指导下就某种社会性问题、现象互相启发、交换看法以获取知识的一种教育方法。讨论的具体方式可以灵活多样，有成对交换意见、分小组讨论、全班讨论。与其他两种方法相比，讨论法能给幼儿更大的空间和自主性，幼儿有更多的机会表达自己的意见，不必考虑自己意见的对错，在谈话中使自己的认识得以深化、情感能够自然流露出来；而且还可以从同伴中听到各种不同的意见，培养幼儿分析问题和解决问题的能力和口头表达能力。例如，教师出示图片：禁止吐痰、禁止吸烟、禁止鸣喇叭、禁止行人通过的标志，人行道标志、信号灯标志、公共厕所标志等，让大班幼儿讨论找出这些标志符号的相同点和不同点。经过讨论，幼儿们得出禁止性标志上有一红杠，指引性的行为标志没有杠的结论。通过这个事例的讨论，让幼儿认识这些标志符号的含义，也懂得了在马路上行走或者在公共场所时依据标识符号学会自觉遵守社会规则。

使用讨论法时应该注意以下四点。

第一，讨论的主题是幼儿熟悉的。讨论的主题应贴近儿童生活，能引起幼儿的兴趣。因为只有熟悉的内容，幼儿才能有不同的看法，才有讨论的兴趣。但要注意，内容熟悉的同时不能忘了其价值性和教育性，如谈谈"适合小朋友穿的衣服"这个话题很有意义，但若要谈谈"衣服上有机器猫的图案好看还是奥特曼的图案好看"就无法实现本领域的目标。

第二，讨论适合年龄稍大的幼儿。讨论需要幼儿具备一定的口语表达能力和知识经验储备，所以讨论法要根据幼儿年龄阶段进行，年龄太小的幼儿不适合运用讨论法，年龄较大的幼儿才能使讨论交流的问题顺利进行下去。

第三，教师要创设自由、宽松的讨论环境，引导幼儿讨论。既然是讨论，就要让幼儿自由地发言，然后引导幼儿分析、比较几种看法，从而得出正确的认识。教师不要当裁判，匆忙裁定说："不对！"或"对了，好。"应该引导幼儿："是这样吗？再想想！"

第四，讨论结束时应引导幼儿总结。结束时的讨论小结，可以起到强化讨论的主题、纠正一些错误认识和鼓励幼儿讨论热情的作用，有利于以后的讨论。

案例

有一次，我给孩子们讲述《农夫和蛇》的故事，刚讲完，孩子们的议论立刻炸开了锅："我遇到这条冻僵的蛇就打死它。""我看到了，就跑掉。"这时一个响亮的声音说道："为什么不救它，它其实也很可怜的啊！也需要帮助的啊！老师不是说过我们要乐于助人的吗？要向雷锋叔叔学习，在别人遇到困难的时候伸出援助之手的吗？"

讨论：教师面对全班幼儿提问："如果有陌生人向你求助，我们小朋友该不该帮忙？"

总结：助人为乐是我们中华民族的传统美德，作为我们小朋友应该继承这种优良传统，向雷锋叔叔学习，向别人伸出援助之手，但是我们的年纪小，缺乏辨别是非和自我保护的能力，不能随便去帮助别人，如果轻易地去帮助别人可能会越帮越忙，甚至会伤害到自己，所以我们可以做一些力所能及的帮助，比如帮忙拨打求助电话等。

（四）强化评价法

强化评价法是指教师对学前儿童社会性行为进行肯定或否定的评价，以增强其好的行为，消除其不好的行为的一种社会教育方法。这里主要指语言上的强化评价。幼儿在社会生活中，由于受各种因素的影响，可能会形成一些良好的或消极的行为。教师需要运用正确的评价不断对幼儿的行为进行调整：对于幼儿的积极行为，需要我们给予激励，促进他们良好社会性的形成和发展；对于不良行为，需要我们及时抑制，防止不良社会性的产生和蔓延。

强化评价一般分为正强化和负强化。正强化是指对儿童的良好行为表现给予表扬、鼓励、奖励等肯定性评价，它能提高幼儿的积极社会言行的出现；负强化是对幼儿不良行为给予警告、规劝、批评、惩戒等否定性评价，它能纠正幼儿的不良行为。教师运用强化法时，应注意以下三点。

第一，要以正强化为主。由于幼儿的自我评价易受成人评价的影响，教师的评价很容易影响到幼儿的自信心和自尊心，所以评价时要以表扬、奖励为主。批评、惩戒容易使儿童产生消极情绪，副作用大，除非儿童所犯错误的性质和情节十分严重，不得不惩戒时，一般情况下，不要轻易使用。教育法律法规也明确指出，严禁体罚、恐吓、辱骂或变相体罚。

第二，强化要恰如其分，不同幼儿、不同场合要选用不同的评价方式。过多地运用表扬和奖励不仅不能使幼儿得到鼓励和感到光荣，反而使儿童对表扬和奖励产生满不在乎的心理，所以教师在运用表扬时要把握好表扬的分寸，以避免他们产生骄傲自满的情绪，可以把表扬、鼓励的重点放在那些经过努力做得好，或经常被忽视而自信心不强的儿童身上。

第三，强化要及时、具体。一方面当儿童做出良好或不良的言行时，教师要及时地称赞表扬、点头、微笑、抚摸或规劝否定、摇头、表情严肃、纠正等。这样，才能使幼儿良好的言行得到保持，使不良的言行消退，如果时间过长，强化的效力就会大大减弱。另一方面教师在评价时要具体，避免空泛，如："妮妮真棒！"就不如"妮妮好勇敢哦，摔倒了能自己站起来！"后一种更能明确具体地告诉孩子你表扬、倡导的是什么。

在实际学前儿童社会教育中，片面孤立地采用讲解法、谈话法、讨论法或强化评价法中的任何一种方法都不能达到很好的教育效果。教师应切记不要唱"独角戏"，让活动成为道德说教课。教师应让幼儿唱主角，鼓励幼儿就自己感兴趣的话题大胆地发表自己的想法，教师当配角，在旁边倾听幼儿的谈话，适当的时候向幼儿抛出一些问题，在潜移默化中将一些有关的社会知识、技能和情感传递给幼儿。总之，只有边讲解、边提问、边组织讨论，并对幼儿的表现做出评价，把四种教育方法结合在一起使用，才能使幼儿更好地学习社会性新知识和巩固旧知识。

二、以情境教学为主的方法

情境教学是教师根据一定的目标，为幼儿创设相应的情境，使幼儿在情境实践中获得情感体验、产生感染与共鸣，促进其社会品德行为形成的教育方法。幼儿做事经常受情绪支配，还极易受周围情绪气氛的感染，这一心理特点，是我们进行情境教学的重要前提。教师要自然地引导幼儿融入情境，并在情境中将受到的教育转化为现实生活。

（一）移情训练法

移情训练法是指教师或家长通过儿童的现实生活事件或通过讲故事、情境表演等方式，让幼儿设身处地地站在别人的位置去体验他人的情感、理解他人的需要及活动的教育方法。移情又叫感情移入，对发展儿童的社会性有重要作用。移情能使幼儿更好地换位思考，使他们在情感上产生感染与共鸣，逐渐形成亲社会行为，从而摆脱"自我中心"，减少攻击性行为。移情还可以使儿童体会助人为乐、合作分享等亲社会行为带来的友爱与欢乐的情绪。但在现实生活中，移情并不是自然而然产生的，它需要在生活中、教育中通过教师、家长等的训练才能够出现。

移情训练方法很多，教师可以通过讲故事，如给幼儿讲《李爷爷和李奶奶》的故事，让幼儿分析老人在不同情况下的心情，然后进行情感换位，"假如你是一位老人，在生活中有哪些不便和困难？你希望别人为你做些什么？如果有人时常关心你，你心里什么感觉，如果别人对你不好，你的心情又怎样？"让幼儿在分析故事的过程中去理解和体验故事主人公的情感和心态。又如情境演示，教师把社会生活中的某些场景状态展现给幼儿，如"妈妈生病了""明明迷路了"等内容让幼儿尝试表演出来，通过这些情境演示让幼儿从别人的角度去体验他人的情绪、情感。教师还可以通过生活情绪体验对发生在幼儿身边的事进行移情训练，如当一个幼儿家庭贫困时，教师引导其他幼儿同情、帮助这名幼儿，并对他人苦恼的情境进行有感情的说明，帮助孩子理解他人的烦恼。因此，移情训练具有一定的感染力，易于幼儿接受其中的教育内容，达到移情的目的，并能使幼儿在以后对他人类似的情绪情感主动、自然、习惯性地表现出帮助、分享和同情等亲社会行为。可见，移情训练法是社会教育的一种很重要的教育方法。

运用移情训练法应注意以下五点。

第一，创设的情境应该贴近幼儿的社会生活，符合孩子们的年龄特点和认知水平，这样幼儿才能够理解，才能产生移情。因此，要利用幼儿身边的熟悉的生活情境。

第二，移情训练要充分调动幼儿已有的认知和经验。通过让幼儿换位，唤起幼儿已有的类似体验，使幼儿已有的体验与当前情境状态相关联，用自己本身的情感体验去感受、理解他人的情感需要，以唤起儿童情感共鸣，从而去理解他人的情绪。

第三，在移情训练中，要逐渐扩大幼儿移情的对象，以训练他们对各种不同人物的移情。可以从人到物，从有生命到无生命，由近到远，由一般到特殊地渐进。

第四，使幼儿在移情训练中形成良好的行为习惯。移情训练的目的不能只停留在情感同情和共鸣上，要注意训练幼儿的移情表现，对他们进行良好的行为教育，形成良好的行为习惯。因此，移情训练是使幼儿在以后社会生活中对他人理解与共鸣的同时，让幼儿形成良好的社会行为去关心他人。例如，不仅能够理解小朋友受到攻击时的感受，而且还能给予力所能及的关心和帮助。

第五，在移情训练中，教育者要与幼儿一起投入，不能成为局外人。教育者的情绪具有很强的感染力，能极大地影响幼儿的移情效果。例如"打电话"活动中，小明晚上十一点打电话找小毛，小毛已经入睡，教师扮演小毛，表现出自己烦躁不安、生气的情绪，让幼儿思考"如果你睡觉的时候，别人打扰你，你心里觉得怎么样？"使幼儿把自己的体验与小毛的现实情绪联系起来，从别人的角度去体验其感受，引导幼儿知道打电话要选择时间，休息时间不能打电话，中午休息时和晚上9点后都不能打电话，打扰别人休息是不礼貌的。

（二）角色扮演法

角色扮演法是教师创设现实生活中的某种情境，让幼儿通过角色扮演，使幼儿表现出与该角色一致的社会行为，亲自体验他人的角色，以增进对他人社会角色及自身原有角色的理解，从而更好地履行自己角色的教育方法。通过角色扮演，幼儿可以更好地理解他人的感受和处境，体验他人在不同情境下的内心情感，提高自己承担的社会角色所应遵循的社会行为规范。

幼儿从家庭中的"宝贝""中心"变为群体中的普通一员，随着角色的转换，要求他们把在家庭中养成的某些习惯做法改变，学会遵守集体生活中的行为规范。角色扮演有助于幼儿在模拟社会生活中去感知、去体验，产生利他行为，从而获得一种新的行为模式。

角色扮演的途径很多，可以是情境分析扮演，老师先举出几种典型事例，让幼儿分析后扮演，如在大班"学会关心"的活动中，教师设置几个情境："今天是妈妈的生日，你怎么做让妈妈高兴？""阳阳今天生病了，我们怎么关心她？"……幼儿分组自选一个话题分析讨论，然后让幼儿用角色扮演的方式把自己的想法表演出来；也可以提取儿歌或故事内容进行角色扮演，教师让幼儿根据儿歌或故事扮演不同角色，如扮演故事中的"李爷爷和李奶奶"、儿歌中的"东东帮奶奶洗衣服"等，以鼓励幼儿积极的情感体验，使之把握正确的、积极的行为方式。在角色扮演中，教师可以鼓励幼儿角色互换表演，让幼儿在表演中尝试扮演不同角色，体验不同情感。如"大灰狼与小白兔"，让幼儿尝试扮演故事中的大灰狼和小白兔，体验不同角色的心理感受和动作特点，有助于幼儿理解故事的主题思想。

运用角色扮演法时，应注意以下五点。

第一，创设的情境应是儿童理解和喜爱的，所扮演的角色必须为幼儿所认知和理解的，这样幼儿才能进行角色扮演。例如，扮演老师，体会老师工作的辛苦；让乱扔纸屑的幼儿扮演卫生监督员；等等。

第二，角色扮演要有层次性和针对性。要根据教育目标和儿童社会性发展的水平来确定目标。小班只能是简单模仿动作；中班要求角色清晰，有组织多个行为动作的能力，以角色的职能程序有序、规则地交往，如医生，有挂号、诊室、注射等岗位，并提供相应的玩具材料；大班更要求真实性，游戏质量要求提高，可以引进社会信息和动态，如竞争上岗，注重游戏质量和表现形式的多样性。

第三，尊重幼儿的角色选择。角色扮演中要充分发挥幼儿的主动性、积极性和创造性，教师应鼓励和指导幼儿变化角色和创造角色，不应经常去分配和导演角色。

第四，扮演的内容应是亲社会行为，或能反映反社会行为带来的危害。应让幼儿扮演正面角色为主，在反面角色的扮演中切忌让几个幼儿经常扮演反面角色，避免同伴对其扮演现实化，同时也避免经常扮演反面角色的幼儿反社会行为习惯化。

第五，情节要简单，对话、动作要多，适于表演。幼儿的角色扮演不是演话剧，目的在于让幼儿在体验与感知中了解社会规则，以丰富社会认知与情感，培养良好行为。

（三）陶冶熏染法

陶冶熏染法就是利用环境、周围人的言行举止对幼儿进行积极感染，在潜移默化中影响幼儿的社会态度和社会行为的教育方法。幼儿学习的特点带有随意性和无意性，陶冶熏染法在无形中影响幼儿，是幼儿容易接受的教育方式。陶冶熏染法的途径可以通过环境陶冶，也可以通过榜样熏陶。

环境熏陶就是通过环境对幼儿进行社会化的影响，如优美的自然环境、良好的社会环境或教育者创设的教育情境。"孟母三迁"说的就是环境对人的影响作用。如果幼儿园的小朋友大都团结友爱、和睦相处，那么个别幼儿的不和谐也会在这样的环境熏陶下慢慢消失。例如五一劳动节，带幼儿到工厂、百货大楼等了解工人叔叔、阿姨们的劳动，从而培养幼儿对劳动光荣的理解等。

> **案例**
>
> 　　在"爱护我们的家园"的教育活动中，教师把幼儿带到公园里，让幼儿置身于蓝天碧水的环境中，感受花美草绿的清新优美，产生对环境、家园的爱，从而懂得不乱丢垃圾，爱护环境。

榜样熏陶就是在学前儿童社会教育中，教师利用自身或选择故事中的榜样去影响和教育儿童，形成良好社会品质的方法。因为幼儿的模仿性很强，生动、直观的典型易于感染儿童，激发他们学习的热情。教师在学前儿童心目中有崇高的地位，教师的一言一行都在潜移默化地影响着儿童。文学故事、童话、图片等以生动形象的方式使幼儿分清是非，明白道理，促进幼儿道德认知的发展。例如，故事《小熊请客》能给幼儿无言的熏陶和感染，使幼儿知道与同伴相处应讲文明懂礼貌。

陶冶熏染法在使用时应注意以下三点。

第一，应充分挖掘和利用环境条件、生活资源，为幼儿创设良好的、温馨和谐的、相互关爱的环境和氛围。

第二，让环境说话，让行动说话，避免过多的言语说教，以发挥陶冶熏染的潜移默化的作用。

第三，教师要注意熏陶的循序渐进性，由浅入深，让幼儿一步步地提升。如"消防员真勇敢"活动中，先通过让幼儿看录像等感受消防员叔叔在火灾中勇敢救人的场景，然后让幼儿通过模仿消防员灭火的动作，感受消防员的勇敢、辛苦，从而激发幼儿尊敬消防员的情感。

三、以直接知觉为主的方法

以直接知觉为主的方法主要是教师借助实物等直观材料的演示，或引导幼儿实际参与活动等，使幼儿形成正确认识和良好社会行为的教育方法。社会环境、社会规则、人际交往等方面内容的教育，常采用此类方法。

（一）演示法

演示法是指在学前儿童社会教育中，教师有计划有目的地向儿童出示实物、图片、直观教具、录像等，帮助幼儿认识、领会、体验和表现相应知识、情感和行为的教育方法。演示法充分调动了幼儿的视觉、听觉、触觉，具有形象性、真实性和直观性，符合幼儿思维形象性的特点，使一些抽象的规则变得容易理解，同时使幼儿印象深刻，便于记忆，容易巩固，容易引起学习兴趣和积极性。例如，认识少数民族，可用各民族的娃娃、图片、幻灯片或画报等向幼儿介绍少数民族的服饰、居住情况及不同风格的歌曲和舞蹈，使幼儿对少数民族有更直观形象的认识。

演示法在使用时应注意以下三点。

第一，演示的目的要明确，不能为演示而演示，也不能单纯为引起幼儿兴趣而演示，要有目的、有针对性地运用演示法。

第二，演示要与其他教育方法协调使用，演示法的效果无论怎样好，大多需要与讲解法、谈话法等结合起来运用，使幼儿的感知与理解结合，而不只是停留在感知观察上。

第三，教具的运用要适当，把握演示的节奏，避免儿童注意力的分散。演示要尽可能地使每个幼儿都观察到演示的对象与过程；不要过早把教具展示出来，等到需要展示时，应让全体儿童都看清楚后便把它们收起来，以免影响后面的讨论和总结。

（二）参观法

参观法是学前儿童在社会教育过程中，教师根据一定的教育目标和要求组织幼儿到园外的一些场所，让幼儿在对实际事物或现象的观察、思考中获得新的社会知识和社会规范的教育方法。例如，组织幼儿参观一些社会设施，如邮局、商店、学校、图书馆等；或观察某种社会现象，包括售货员在商店里卖东西，顾客买东西，邮局工作人员分发信件、投递信件，小学生们在课间游戏、学习等。

参观法能把儿童社会教育活动与社会生活紧密地联系起来，通过亲身体验，接触社会，接受生动实际的教育，是引导儿童认识社会的主要方法，是他们观察了解成人社会、获得社会知识经验的重要保证。

运用参观法时，应注意以下三个问题。

第一，参观前的准备工作。教师要选择和确定参观的具体目标、对象、时间、地点；制订出参观的计划，包括在参观中教师应如何引导儿童观察，参观后儿童应获得的知识等；做好物质方面准备，如水、纸等；教师提前到参观的地方察看，和有关人员商量好参观安排。参观前，教师要通过简单的谈话让幼儿获取相关的必要知识，教师应让幼儿做好心理上的准备，同时激发儿童参加活动的兴趣。

第二，参观中的指导工作。参观过程中，教师或工作人员要因势利导地进行讲解，引导幼儿要注意观察，启发幼儿主动联想过去的知识经验思考。教师时时处处都要做好参观的组织工作，维持参观的秩序和注意保障幼儿的安全。

第三，参观后的总结工作。参观之后的总结是非常必要的，能使幼儿获得的零散知识更有条理。总结可选用适当的方法。若不忙，教师可请工作人员现场总结，用联欢和实践的方式体验和结束；若考虑到工作人员忙，可自然结束，如参观邮局。

注意事项：参观的内容要与幼儿的生活紧密联系，地点不要太远，参观时间最好选上午；组织人员适当增加；参观回来后，为使幼儿把参观访问的结果巩固下来，可组织谈话；可开设相应的活动区域（延伸活动），如参观邮局的延伸活动可以是"邮票展""与邮局有关的物品展""寄信"，让幼儿进行邮局游戏。

（三）行为练习法

所谓行为练习法是指教师在学前儿童社会教育过程中，组织儿童按正确的社会行为规范进行实际锻炼，以形成儿童良好的社会行为习惯的方法。这是形成和巩固儿童社会行为最有效的方法之一。

幼儿良好的行为习惯、生活习惯，以及与人交往的社交能力，不是靠几次活动和说教就能奏效的，需要经过反复认识和练习，形成自觉行动，使幼儿在不必懂得很多道理的情况下，能自觉地按正确的方法去面对周围世界，在实践中不断适应社会。行为练习的机会很多，幼儿的日常生活就是很好的途径。要坚持通过日常的学习、劳动和生活进行反复练习，使儿童形成各种习惯。如实践活动练习——各种劳动、整理玩具、做值日生等；各种生活情景中教师组织的儿童行为练习——来园和离园的礼貌行为练习、用餐后的卫生行为习惯培养等等。

在运用行为练习法时，应注意以下四点。

第一，要有严密的组织工作，让幼儿明确行为练习的目的和要求，并予以指导。

第二，要充分尊重幼儿，发挥幼儿的主动性和积极性，让幼儿达到练习的目的和效果。

第三，行为练习要循序渐进，练习的内容应为幼儿所能接受。

第四，行为练习要前后一致，做到持之以恒，形成习惯。儿童的日常生活，都是他们进行行为练习的机会，应坚持通过幼儿的一日生活进行反复练习，使幼儿形成各种习惯。

教育有法，但无定法。学前儿童社会教育的方法，各有不同的特点和作用，但它们之间是相互配合、互相补充的。教师在运用这些方法时不能随意照搬，要考虑到教育对象的不同特点，依据教育活动本身所具有的规律性，发挥教师教育机智，对教育方法进行艺术性的再创造、再加工，达到灵活运用。因为，教育的艺术不在传授，而在鼓舞和唤醒。

《纲要》指出社会领域的教育具有潜移默化的特点。幼儿社会态度和社会情感的培养尤应渗透在多种活动和一日生活的各个环节之中，要创设一个能使幼儿感受到接纳、关爱和支持的良好环境，避免单一呆板的言语说教。由于幼儿社会性发展受多种因素的影响，幼儿园社会教育的途径也有多个方面，大致可以分为三大方面：专门的教育活动、随机教育和家园合作。这三方面的教育各有特色、各有专长，却又互相联系、互相补充，为儿童的长期社会性发展提供很好的支持和保障。

一、幼儿园的专门教育活动

幼儿走入幼儿园，有机会接受全面、系统的教育，包括社会教育。幼儿园的社会教育是建立在对不同年龄幼儿发展特点科学分析的基础上，根据国家制定的教育目标，由幼儿园教师执行的教育活动。幼儿园教育最大的特点在于教育的目的性、计划性、针对性，因此，幼儿园的专门教育也就成了社会教育的重要途径。

（1）幼儿园教育的相对连续性保证了幼儿社会性的不断发展。幼儿园根据幼儿的年龄特点和生活经验采取不同的教育，这些教育构成了三年一个周期的连续过程。

（2）幼儿园各种形式的教育极大地促进和培养着幼儿社会性的发展。

（3）幼儿园的社会教育是幼儿园教育中的重要方面，与其他教育领域共同促进幼儿的全面和谐发展。

（一）集体教学活动

集体教学活动是指教师有目的、有计划地围绕某个社会内容，灵活采用教育方法对幼儿进行社会性教育的活动，即社会领域的教学活动。它是幼儿园实施社会教育的主要手段，也是幼儿获得社会知识、社会技能、社会情感态度的重要途径。集体教学活动有很多优点，主要表现在以下方面。

第一，每一次社会教育活动都有明确的目标来指导活动的开展。活动成功的标准在于目标是否实现。例如，大班社会活动"我长大了"的活动目标：感受自己体形、容貌、能力等各方面的成长和变化；加深对自己的了解，进一步增强自我认识和自信心。通过这个活动，就是要让幼儿在自我意识和情感上获得提升。

第二，教师有清晰的设计思路、有条理的组织。社会性活动怎么开展、怎么组织，教师根据幼儿的年龄特点以及已有知识经验提前预设和准备，从而能有条不紊地开展。如大班社会活动"十二生肖"中，幼儿已认识时钟，教师在对幼儿进行生肖顺序巩固的基础上，让幼儿利用时钟了解生肖"轮回"的含义。这都体现了教师对活动的设计和组织。

第三，集体教学活动中教师能直接控制，明确地传递教育意图。如教育活动目标、教育活动内容是教师精心选择和设计，教育活动实施是教师严格控制，以保证活动顺利进行。

（二）区域活动

区域活动是指教师在一定时间内设置各种区域，让幼儿根据自己的兴趣和需要选择内容和方式的活动。它是幼儿最喜欢的活动之一，体现了自主选择、自主游戏的原生态。幼儿园的活动区域可以是活动室、睡眠室、走廊等，教师在这些区域投放材料和设施供幼儿活动使用。

区域活动为幼儿营造了一种宽松、自然的活动氛围，让他们在自主选择的活动区域内，通过与材料、环境、同伴的充分互动而获得学习与发展。因此，区域活动能增强幼儿的自我意识，使幼儿学会自己来选择安排自己的活动内容，学习如何与同伴交往并在交往中满足自我发展的需要；同时，区域活动能促进幼儿"去自我中心"的发展。活动区域有很多，幼儿在活动中自由分组、交流，从而认识到自己和集体的关系，增强幼儿集体荣誉感和责任感，培养幼儿团结合作的良好社会品质。

区域活动的方式大体有三种：把区域活动视为分组教学；把区域活动视为集体教学的延伸；把区域活动视为自由活动。把区域活动视为分组教学指教师重点在某一区域指导幼儿学习新内容，在其他区域幼儿做自己最喜欢做的事。把区域活动视为集体教学的延伸是由于考虑到集体教学不容易满足不同幼儿的需要，或有些教学内容需采用多种形式配合完成而采用的形式。把区域活动视为自由活动，就是幼儿按自己的兴趣、爱好选择活动，从而获得课堂上得不到的有关经验。

教师要重视区域活动的创设和指导。教师要根据幼儿园的具体情况和幼儿的实际需要创设丰富多彩的活动区域：利用各班的活动空间，开辟一个个有利于幼儿发展的活动区域，如小的空间为幼儿个别活动设立，大的空间为幼儿小组活动设立，空间的材料要注重教育的暗示性。

同时，在区域活动中，教师要引导幼儿建立规则意识。可以用标识控制进区人数，避免拥挤而影响活动，如用"小脚丫""戴花镯"等方式告诉幼儿标识用完了，活动区内的人就满了；可以用图示暗示幼儿遵守进区后的活动规则，如阅读区"安静"图示，"请勿随地乱扔东西"图示等；还可以用约定俗成的活动规则，如"借材料必须获得对方允许才可取走"等。注意规则要顾及实用与实效，避免约束太多，规则是为幼儿的活动提供方便的，而不是为方便控制幼儿活动的。

（三）游戏活动

《纲要》强调"寓教育于生活、游戏之中"，游戏是幼儿认识社会、学习社会规则、理解人与人之间关系的载体，是促进和提高儿童全面素质的重要途径。通过游戏，不仅可以满足儿童参与成人生活的愿望，而且可以获得幼儿身心发展要求的快乐，发挥幼儿积极性、主动性和创造性，使幼儿语言、动作、个性等得到发展。最重要的是，可以使幼儿在游戏中体验成功与失败，思考行为和结果的关系，使自身认知和行为上得到改进和提升。如幼儿园的玩具是大家一起玩的，如果哪个幼儿还像在家里一样独霸玩具，就会招致其他伙伴的反对，不喜欢和他玩游戏，这时没有游戏玩伴的孤独感就会使这个幼儿认识到自己的行为所导致的结果，从而改变自己的行为，学会与他人分享、相互尊重等。

游戏的方式很多，参照系不同，游戏的种类就不同。如根据学前教育机构游戏的特点可将游戏分为创造性游戏和有规则游戏两类。[①]创造性游戏是幼儿想出来的游戏，包括角色游戏、结构性游戏和表演游戏。特别是角色游戏，学前儿童能从中了解人际关系与不同角色身份，学习所扮演角色的良好社会性行为与品质，能学习友好交往的技能，学习用适当的方式相互沟通，表达个人意愿、情感和见解，尝试自己解决社交问题等，从而促使儿童不断地认识自己，协调自己与他人的关系，提高自己的社会交往能力。

游戏对幼儿社会性发展具有独特的作用，但这种积极作用不是自然发生的，还需要教师的积极组织和引导。因此，教师应该重视游戏在儿童社会化中的教育功能，使游戏真正成为儿童社会教育的途径。教师应有意识地为幼儿设计相应的游戏活动、创设游戏情境，如"如何招待客人""如何请求别人帮忙"等，让幼儿通过游戏过程来明确处理问题的方法，建立友好关系。除此以外，教师还应尽量尊重幼儿、相信幼儿，发挥幼儿的主体性，让幼儿自己选择游戏内容、自己分配角色、自己处理游戏中的问题，不能把自己的意图强加给幼儿，要从时间和机会上多为幼儿提供方便。还可根据需要适当地参与到儿童游戏中，给予灵活的指导。

二、幼儿园的随机教育活动

儿童的社会性发展和教育是一个长期的过程，在这个过程中，除了教师有目的、有计划的社会教育活动以外，儿童的日常生活、自由活动、意外突发的事件以及其他领域的教育活动等也可能蕴含了

---

① 郑健成.学前教育学［M］.上海：复旦大学出版社，2005：116.

很多社会教育的机会。因此，除了专门的社会教育活动外，教师还应重视各种情况下、各种活动中的随机教育，使儿童的一日生活及各项活动都成为社会教育的途径。

（一）日常生活中的随机教育

日常生活即幼儿每天从进入幼儿园到离园，除了晨间活动、晚间活动、各类游戏、集中教学活动外的入（离）园、进餐、盥洗、如厕、做操、值日、娱乐等活动，幼儿的日常生活中蕴含了许多社会教育的因素，渗透着社会教育的机会。

（1）早晨来园：向老师、同伴问好，和家人再见等，培养幼儿讲礼貌的习惯。

（2）晨间劳动：让幼儿擦桌椅、浇花草、给小动物喂食等，培养幼儿爱劳动的习惯和做事认真、有责任心的品质。

（3）盥洗：培养幼儿讲卫生，知道饭前便后要洗手；不拥挤，养成排队意识；不玩水，养成节约用水的习惯。

（4）值日生劳动：值日生在摆碗筷、擦桌子时，养成做事认真、有条理的习惯，增强公正、服务他人的意识。

（5）进餐：引导幼儿尊重他人的劳动，爱惜粮食，养成不偏食、不暴饮暴食及饭前洗手饭后漱口的文明进餐习惯。

（6）如厕：教幼儿学习自己独立脱提裤子、自主如厕，培养幼儿生活自理的能力及文明如厕的意识。

（7）午睡：培养幼儿穿脱衣服的正确方法和顺序，引导幼儿正确的睡姿，不打扰别人。

教师还应针对生活中的偶发事件进行随机教育。例如，某幼儿生病了，教师可以引导其他幼儿对他进行关心和照顾，激发幼儿之间的友爱之情；某幼儿把他人的饭菜撞翻了，教师可以引导幼儿恰当处理；等等。

因此，教师应提高随机教育意识，利用一切机会对儿童进行社会教育，促使幼儿良好生活习惯和行为习惯的形成。这就要求教师要具备一定的能力：① 把握随机教育契机的能力——学前儿童一天生活中发生的事情太多，有的可以忽略，有的则可以成为教育契机，教师应能透过现象看本质，做到见微知著；② 分析问题的能力——教师应考虑自身利用这个机会可以教什么，幼儿可以从这个事件中学到什么，要着眼儿童的长远的发展利益；③ 处理问题的能力——教师需要具备情理相容的说服能力，灵活快捷的应变能力以及伶俐干练的引导能力。

（二）其他领域活动中的随机教育

幼儿园几大领域教育的内容是相互渗透与交叉的，其他领域的教育活动中同样蕴涵着丰富的社会教育契机。但是，社会教育的内容和过程常常被忽略，教师往往只注意实现某一领域的活动目标，而没有考虑到随机性的社会教育，无形中失去了很多教育机会。教师应具有敏锐的社会教育意识，善于在其他领域中挖掘社会教育内容并加以利用。科学领域的教育活动中，可以培养儿童对科学积极认知的态度，对科学积极探究的精神，在操作性的活动中还可以培养儿童不怕困难、团结合作的精神。例如关于"粮食"的主题，可以把粮食的用途、对人类的重要意义以及节约粮食等社会性的教育贯穿进去；又如，在"物体的沉与浮"中，让幼儿分组合作实验，学习商量与协作的社会技能，在交流中体验分享……在语言领域，很多文学作品和活动形式都包含了社会教育的内容。例如，故事表演"小羊过桥"可以教育幼儿互相谦让；"狼来了"可以教育幼儿要诚实，不撒谎；"小猫钓鱼"可以教育幼儿做事情不能三心二意，应该专心；等等。在艺术领域的活动中，可以利用各种美术作品和歌曲、音乐欣赏、表演等艺术活动让幼儿体验、表达社会情感，与同伴交流沟通。例如，通过歌唱表演"我的好妈妈"，教育幼儿体贴关心、照顾辛苦工作的妈妈；通过舞蹈"摘果子"教育幼儿热爱劳动等。在健康领域，可以通过各种活动培养幼儿勇敢、坚强、乐观的精神和互相配合的能力。例如，在各类竞赛性的游戏中，可以教育幼儿团结一致和胜不骄、败不馁的精神；在抛接球、跳绳、玩皮球等游戏活动中，可以教育幼儿要互相协助、互相体谅；幼儿不慎摔倒了，或者产生了畏惧情绪时，教师要鼓励幼儿坚强、勇敢。

三、家园合作及社区教育

儿童社会性的发展，是幼儿园、家庭、社会共同教育的结果。

（一）家园合作

《纲要》指出："家庭是幼儿园重要的合作伙伴。应本着尊重、平等、合作的原则，争取家长的理解、支持和主动参与，并积极支持、帮助家长提高教育能力。"幼儿园是实施社会教育的专门机构，有比较良好的教育条件和受过专门训练的保教人员，按照国家的教育目标并结合儿童的特点进行教育。但是家庭也是儿童生活、学习的主要场所，而且，家庭对儿童社会性的影响是潜移默化的，具有连续性和相对稳定性的特点。家长也能够比较细致、系统地了解自己的孩子，可以根据孩子的具体表现进行有针对性的教育。同时，家长和孩子之间的亲缘关系也使得孩子对家长有一种特别的尊敬和爱戴，容易服从家长的管教，因而家庭教育的效果也更加显著。也可以说，家庭对孩子社会化的影响是其他教育机构不可替代的。因此，幼儿园必须与家长密切联系、相互配合，共同担负教育任务。

家园合作的形式有很多，如家长会、家访、个别交谈、家园联系园地、家园联系手册、家长开放日、家长委员会、家长教育讲座、家长经验交流、亲子活动、教师信箱等。

家园合作有利于教师了解每个幼儿的家庭状况以及家庭教育情况，了解幼儿的兴趣、爱好、生活习惯，同时也了解儿童社会性方面的缺点和不足，以便更有针对性地进行社会教育。家园合作有利于家庭教育和幼儿园教育保持一致。作为儿童社会教育的两个重要场所，只有协调一致，才能充分发挥教育的整体作用，保证儿童社会性的协调发展。否则，就会削弱、抵消教育的效果。例如，教师比较注重发挥儿童的独立性和主动性，鼓励他们自己来做一些事情，而家长对孩子的事情则容易包办代替；对待儿童之间的争执、争吵，家长和教师的态度和教育也有所不同。因此，家园合作有利于统一教育观念，发挥幼儿园教育和家庭教育双方的优势，获得良好的教育效果。家园一致的教育还可以减少儿童的困惑和不安，增强对教师和家长的信任，提高学习效率。

家园合作有利于发挥幼儿园的教育辐射作用，向家长宣传科学的教育思想和理念，带动家庭的社会教育。也可以使家长有机会参与到幼儿园的教育活动中，为儿童提供更为科学的教育和帮助。

（二）社区教育

幼儿社会教育的另一种途径就是利用社区教育。《纲要》中明确指出："幼儿园应与家庭、社区密切合作，与小学相互衔接，综合利用各种教育资源，共同为幼儿的发展创造良好的条件。"

社区资源的利用和开发，有利于幼儿形成良好的生活习惯，有利于幼儿情感态度和社会交往能力的形成和发展，是幼儿认识社会、学习社会行为的重要场地。社区资源既包括物质资源，也包括文化资源。物质资源有社区中的工厂、邮局、医院、超市、娱乐广场以及一些公共设施等，通过这些物质资源，幼儿不仅可以拥有更大的活动空间和丰富的教育内容，还有可能在活动中学习如何与别人交往，如参观社区消防队，看消防员表演，在消防员的指导下进行消防演习；去社区文化广场放风筝，进行爱护环境的教育等。文化资源有各种文化与传统习俗，展览馆、科技馆、少年宫、大中小学校图书馆等文化设施，通过这些文化资源，可以让幼儿感受到本土文化的独特气息和价值，感受到祖国文化的悠久历史与博大精深，使幼儿萌生对社区文化、本土文化乃至祖国文化的自豪感。

通过社区资源培养幼儿良好的社会适应能力的同时，也可以引导和激发幼儿为社区服务的意识和行为。例如，孩子们发现小区公园的环境遭到居民的破坏时，自发地为制止环境破坏"出谋献策"，通过"为小区设计环保标志"、收集环境污染图片在小区进行现场宣传、升旗仪式上的环保小卫士宣言等途径呼吁人们爱护身边的环境，让公园永远保持整洁、美丽。孩子们在参与活动中逐渐萌发保护环境的意识，在具体活动中形成良好的品德及行为习惯。

可以看出，充分利用社区资源，在社区活动中培养幼儿的社会性是直接的、现实的，它不是教师强加给幼儿的，而是教师进行有目的引导的，幼儿感兴趣的、主动的行为过程。它使幼儿潜移默化地获得了社会性的发展。

第三节　学前儿童社会教育指导要点

学前儿童社会教育由于起始的时间较晚，再加上社会教育的复杂性，所以在幼儿园的教育实践中仍存在不少问题，比如：将社会教育简单化、表面化，忽视对幼儿社会态度的培养，社会教育的整体性、随机性体现得不够，幼儿社会教育某些目标及内容起点、要求偏高，对幼儿个性品质的某些方面重视不够等。为了能使学前社会教育真正有效地落实，结合本领域学科特点及《纲要》中社会领域的指导要点，教师在实施社会教育中，应注意做到以下六点。

一、创设良好的环境

儿童随时都处在周围社会环境中，与各种人交往，他们所看到的、听到的各种人、事、物都会对他们有影响，其社会性是在与周围社会环境的相互作用中发展的，这是儿童社会性发展的最根本特点。因此，教育者必须首先注意环境对儿童的影响，一方面努力为儿童创设、提供适宜、积极的环境，包括物质环境（如积极有益的墙面布置、适宜的活动区安排）和精神环境（关怀、宽松、平等、愉快、和谐的心理氛围和各种人际关系，主要是教师间关系、师生关系、同伴关系和教师与家长间的关系）；另一方面要特别注意教师自身言行、情感、态度等对儿童的影响，要热爱儿童、尊重儿童，对儿童热情和蔼、亲切耐心，多予以鼓励与支持。

从社会性发展的角度看，一个良好的、积极的环境意味着一个能够诱发、维持、巩固和强化积极的社会行为的环境。良好的环境本身有消极（熏染）意义上的良好和积极（生成）意义上的良好。在消极意义上，良好的环境指的是教师的言行举止可以作为幼儿的表率，可以在有意无意中引起幼儿的模仿和日积月累的强化巩固。例如，要求幼儿讲礼貌，老师首先礼貌待客，早晨见面先问小朋友早；幼儿给老师拿凳子坐，老师要马上回声谢谢。这看起来是件小事，但久而久之幼儿会自然而然受到影响。在这样的环境中，礼貌用语就会成为幼儿的习惯用语。虽然幼儿是被动的学习，但是被动的学习也可以是有价值的，并且这种价值主要在于学习的内容。在积极的意义上，良好的环境所指的不是教师直接影响幼儿的行为，而是教师所创设的条件、机会能够影响幼儿活动的方式，通过幼儿的活动方式间接地影响幼儿的社会性行为。

我们不能忽视前一种积极的环境，但是我们尤其强调后一种积极的环境，这种环境应当具备如下基本特征。

1. 具有丰富而多样的物质环境

环境在物质上的贫穷和匮乏，往往意味着生活在其中的人们不能享有充分的活动和交往的机会，往往意味着需要用一些严格的制度和措施来遏制人们的基本需要，以及相互之间的掠夺和侵犯。一个社会如此，一个幼儿园班级则更加如此。

物质环境的丰富多样是相对于幼儿的活动需要而言的。一个能够充分地满足幼儿的活动需要甚至刺激他们的活动需要的环境，往往直接联系着一种人性的、民主的、宽裕和宽容的教育方式。这种环境可以从两个方面来减少教室里的纪律问题，减少教师不必要的管理工作。其一，丰富的物质环境如果能够充分支持幼儿的自由自主的活动，那么幼儿的各种需要就可以得到满足。纪律问题从来都是人的需要未得到充分满足才发生的。其二，丰富的物质环境可以避免幼儿在活动过程中的相互争执，这对于喜欢模仿同伴的幼儿来说，显得尤其重要。

2. 具有宽容而接纳的精神环境

一个宽容的和接纳的外在环境，有助于幼儿的良好的自我意识和个性的发育；而这种良好的自我意识和个性，又将反过来鼓励他们形成对社会的良好的认识、情感和行为，鼓励他们更加积极主动和充满自信地与外界交往。

宽容和接纳意味着教师要善待幼儿的"错误"。如果教师不仅仅是从正确标准的角度来看待幼儿的行为，而是从幼儿自身学习和发展的角度，从他们自己积累经验的角度，那么就不会仅仅将幼儿的错误看作是不符合正确答案，而是看作他们自己获取经验的必经途径。宽容和接纳也意味着只有最低限度的强制性和必然性。除了个别需要严格遵守和加以维护的规则外，一般情况下，教师和幼儿之间的种种互动，应当具备某种程度上的协商、灵活变通的特点。宽容和接纳更意味着废除绝对性的和单一的价值观与世界观，而对许多问题持多元的、相对的、多角度的理解。如果是这样，那么幼儿的"错误"有时候就根本不是错误，而是他们各自不同的行为方式，或者甚至是他们创造性的、充满想象力的言行举止。宽容和接纳有时候也意味着一种幽默，意味着在某些并不是真正很严重的问题上，教师可以采取积极的忽略态度。

3. 明确而必要的制度

教师讲宽容、人性和对幼儿的接纳，并不是要否定规则的必要性。但是，规则一定是必要的，而不是主观任意地制定的。

教师要避免单纯根据自己的意志和集体主义的价值观来制定标准，不考虑幼儿的实际需要，因为这样常常会导致教室生活中规则的繁冗累积，使幼儿的活动处处受到限制。同时，教师也要避免单纯根据自己的经验来宣讲规则和制定规则，不考虑幼儿的理解能力和接受度，结果导致规则界限不清，或者导致幼儿对规则的理解同教师的理解不一致，产生许多误会。所以，明确必要的规则是指，教师所制定和执行的规则，在内容上和方式上应当考虑到幼儿的实际需要和实际的理解，并且从幼儿的角度来批判性地考察现有的班级生活规则，以便修改、删节甚至重新建立某些规则。

4. 具有某种倾向性或暗示性的环境设计

教师在美工区放一个废纸篓，这个废纸篓就可以起到暗示幼儿不随地扔垃圾的作用，而不必教师三令五申地宣讲不随地扔垃圾的道理；某个活动区的入口处贴几个脚印或其他表示人数的标志，就可以起到限制活动区人数的作用。

"环境是可以说话的""环境是我们的第三位教师"，其中的关键，正是在经过良好设计之后，环境可以起到暗示的作用，可以起到诱发幼儿的积极行为的作用。又由于环境的作用是潜移默化的，是不断重复的，所以其效果往往要比教师的言传身教来得更实在。

二、提供交往机会

无论幼儿社会认知、社会情感，还是社会交往与行为，无一不是在幼儿与周围生活环境、人们的交往中逐渐培养、形成的，所以说，幼儿社会性发展是在其与周围社会环境、人的积极交往中逐渐实现的。幼儿只有在与周围有关人的接触中，才有可能认识和了解他们并产生感情；幼儿也只有在与同伴交往中，才能真正体会行为规则的重要性，真正理解规则的含义，并产生自觉克制自己不良情绪与行为的愿望；也只有在与同伴交往中，幼儿才能真正学会如何与人交往，积极对待别人，协调自己与他人关系，处理矛盾、纠纷。因此，教师应该尽可能地为幼儿创造、提供与周围人们特别是同伴交往的机会，充分发挥幼儿主动性，提高社会教育成效。同时，在与各种人的交往中，幼儿有可能因受到积极的影响而形成积极的社会性行为、品质，也可能因受到消极的影响而形成不良的社会性品质。因此，教师要对幼儿的交往予以积极关注，随时观察或积极参与其中，及时发现问题，给以正确的引导与具体的指导。

三、整体教育

学前儿童社会性发展包括社会认知、社会情感、社会交往与行为全面的发展。因此，幼儿社会教育也应是三者的统一，对三方面教育都应予以足够的重视，而不可偏废。在同伴交往中，既有利于锻炼幼儿的交往技能、学会与人相处，同时，也有利于丰富幼儿的日常生活、交往经验，促进其对社会规范、人际关系的理解，并有助于培养其对人的积极情感态度。而培养幼儿自尊自信的教育活动，实际上对于促进幼儿交往的积极主动性和克服困难的勇气与能力也是具有很大价值的。

　　有必要特别指出的是，社会教育三方面是密切联系、互为基础的，如果将三者割裂开，仍旧出现老套的"只重视社会认知和行为培养，不重视学前儿童社会情感和社会态度教育"，势必会导致幼儿社会认知的表面化、社会行为的不稳定化、社会体验的虚假化等。例如，常听老师这样说："小朋友要互相谦让，懂得谦让才是好孩子。""你打人不对，快说'对不起'。""你（指被打的幼儿）快说声'没关系'。"结果幼儿根本不理解行为的意义，常常出现下列情景：两名幼儿争抢玩具，其中一名幼儿竟理直气壮地喊："老师你看，他不谦让我。"再如，一名幼儿把别人打哭了，可他只是毫无歉意地说了一声"对不起"就走开了，走了几步似乎想起了什么，又回来对还在哭的同伴大声指责："你还没说'没关系'呢！"实践证明，如果一味地以灌输、说教式方式对幼儿提出种种要求，不注重幼儿社会情感和态度的培养，其后果必然导致幼儿只知其然，而不知其所以然，很难达到真正理解、内化的程度。

四、长期、随机教育

　　幼儿社会性发展是一种长期、随机的发展，它不同于某一方面认知的发展或知识的获得，可能通过几次专门的教育活动而实现。由于社会环境的复杂影响，幼儿社会性的积极向前发展或消极发展甚至往后倒退，随时都有可能在生活中发生。社会性发展是一个长期的、随时的、连续不断的过程。因此，幼儿社会教育也就必须在儿童日常生活中长期、随时地进行，而不能仅仅依赖几次专门教育活动。这就需要教育者做到社会教育的随时性和一贯性，善于在幼儿一日生活的各个环节，敏锐地发现并捕捉各种教育机会。

五、渗透教育

　　《纲要》中明确指出：各领域的内容相互渗透，从不同角度促进对幼儿情感、态度、能力、知识、技能等方面的发展。因此，其他领域的教育活动中蕴涵着丰富的社会教育契机，从不同的角度促进儿童社会性的发展。社会教育应充分渗透在其他各领域的教育中，与其他各领域有机结合。如在科学教育中，幼儿认识水的特性、三态时，可以自然地结合着教导幼儿善良、心中有他人——不要往门口、路旁泼水以免他人滑倒；在体育活动中，幼儿玩接力赛跑、过山羊等游戏时，可以培养幼儿合作的社会性品质及勇敢、不怕困难的个性品质；在语言教育中，幼儿欣赏文学作品时，可以让幼儿从作品中体会善与恶、美与丑。

六、家、园、社会密切合作

　　《纲要》中指出："幼儿的发展是在与周围环境的相互作用中实现的，良好的教育环境对幼儿的身心发展具有积极的促进作用。环境育人是幼儿教育的特点。"

　　家庭、幼儿园、社区是幼儿发展的三大环境。但长期以来在狭隘的教育思想观念影响下，我们误以为幼儿教育即幼儿园教育，忽视了家庭、社区两大环境的存在，陷入了幼儿教育的误区。幼儿园教育固然很重要，但家庭环境、邻里以及周围社区环境也不可忽视。幼儿的成长、长辈的教育态度和教养方式、邻里和社区居民的言行举止、精神风貌等，都会直接或潜移默化地影响着幼儿。因此，在幼儿社会教育中，教师必须主动注意与家庭的密切配合，经常保持与家长的沟通、交流，注意使家长了解幼儿社会教育的重要性、目标、内容与方法，并积极采取措施吸引家长参与到社会性培养过程中来。同时，幼儿社会教育也要与社区密切合作。这种合作包括两个方面：一方面是要很好地利用社区的教育资源，扩展教育的内容，如幼儿园周围的自然景观、风土人情、历史遗迹、各种社会机构以及人员等。此外，社区生活中的一些大事件，如环境保护活动等都可以作为幼儿教育的内容，要让社区环境成为幼儿的大课堂。另一方面，还要看到幼儿园也是社区的一部分，是社区中不可缺少的服务机构，因此应当利用自身的教育资源优势，为社区提供学前教育服务。

因此，现代社会已经把教育扩展到家庭、社区等社会生活的各个方面。教育社会化是幼儿教育发展的必然趋势，是幼儿自身发展及社会发展对幼儿园提出的要求，是大教育观念的体现。幼儿园教育要想取得良好效果，促进幼儿全面发展，必须取得家庭和社区的密切合作，形成1 + 1 + 1>3的合力，共育幼儿。

阅读资料1

自带玩具活动中的规则（小班）[①]

小二班的小朋友每个星期一上幼儿园的时候，都会从家里带来很多各种各样的玩具。从早上八点到十点这一段时间，他们就在一起玩玩具，有时候是玩自己的，有时候和别的小朋友交换着玩。过了一段时间，老师和孩子们一起讨论，班上就逐渐有了一个全体认定的规矩——无论是谁，不一定要将自己的玩具给别人玩，但是在玩别人的玩具的时候，一定要事先征求别人的同意（规则的形成和内化，是由于自然生活的必要而不是目标计划的落实）。当所有的小朋友都到齐的时候，就要收玩具，到一个象棋教室里去下象棋。

小女孩琪琪一向十分爱惜所有属于自己的东西。玩具带到幼儿园里，自己不玩的时候，都很小心地装在书包里面。"我的玩具不能给他们玩，因为我的玩具是很好的，他们玩的时候不小心要弄坏的。"可是别人的玩具有时候也很诱人。于是藏好了自己的玩具，琪琪就很不客气地拿别人的玩具玩。如果别的小朋友要玩自己正在玩的玩具而她还没有玩够，她是不肯轻易放弃的："我再玩一下嘛。小朋友不好那么小气的，老师说小朋友要大方的。"（小孩子常常会有这种利用规则而不是遵守规则的"投机"行为）如果小朋友真的大方还好，如果碰到真是"小气"的，就要发生纠纷了。

老师一直都好像没有看到这些现象（这不是忽视，而是要多一些了解，并尽量让规则发挥作用，让孩子的行为得到其自然后果）。可是时间长了，琪琪发现每次争抢的时候自己都是失败者，因为别的小朋友都会站在她的对手那一边，并且都说："琪琪是个小气的小朋友，我们不要跟她玩！"到后来，小朋友们都开始躲着她，"她没有问我们同不同意就玩我们的玩具！"最后她要玩什么玩具的时候别的小朋友就会飞快地抢过去，把玩具抱在怀里，不肯给她，并且躲着她，不和她一起玩（这是群体依据共同建立的规范对不遵守规定者的惩罚）。琪琪很委屈，到老师那里去倾诉："老师，他们都不跟我玩。"（小孩子有点"恶人先告状"的味道；教师则"姜太公钓鱼，愿者上钩"）

老师一点都不奇怪，好像早就知道了一切，"是吗？那为什么呢？"（先不论是非）琪琪嘟着嘴巴不回答。老师想了想，说："我知道了。我给你想个办法，下次你要玩别人的玩具的时候呢，先要跟别人商量，商量好了，别人就会跟你玩了。这个办法一定很管用的，要记住哦！"（坚持正面教育，从幼儿的问题和需要出发，使规则成为幼儿解决问题、满足需要的工具，而不是单纯讲道理。同时，教师只提供工具策略，问题却还是要幼儿自己去解决）琪琪扭着自己的手，似乎明白，又似乎茫然。老师看了看她，摸了摸她的头发，笑了笑，就去别的地方了。

后来，琪琪要玩别人玩具的时候，不再那么理直气壮了。有时候会忍耐着不去动别人的玩具，而是事先询问："让我玩一下你的玩具好吗？"碰到爽快的，就给了；碰到不那么爽快的，

---

① 教育部基础教育司.《幼儿园教育指导纲要（试行）》解读［M］.南京：江苏教育出版社，2002：100-105.

就要碰钉子，或者讲条件："那我们换着玩。你可以玩我的玩具，我也可以玩你的玩具。"这时候琪琪就会很犹豫，考虑半天，有时候就算了；有时候也会忍痛割爱，可是玩了一会儿，老是惦记着自己的玩具，赶快又换回来。有时候她忘记了要问，小朋友要夺回的时候她才想起来，就很可怜又小心地恳求说："让我玩一下你的玩具好吗？"

鱼和熊掌不可兼得，被全班小朋友孤立起来的感觉实在不好受。慢慢地，过了一段时间，琪琪不再把玩具藏在书包里了，愿意和别人商量、换着玩了。这是一个痛苦又漫长的过程，可是没有法子呀，只有舍鱼而取熊掌。

琪琪是家里的小太阳，有"六颗行星"昼夜不停地围着转。今天早晨爷爷开车送琪琪上幼儿园，车开到半路的时候琪琪忽然想起来一件很重要的事情，就拽着爷爷的外衣说："爷爷，爷爷，我的轮船忘在家里了。"那是昨天爸爸陪琪琪出去逛街的时候在一个大商场里买的一艘仿真轮船，商场里那么多玩具，琪琪第一眼就喜欢上了它。多帅的轮船啊，有可以动的方向盘（船舵）和螺旋桨，有高高的桅杆，有小红旗；一按方向盘上的按钮，还会呜呜地响呢，跟真的轮船一样。琪琪小心翼翼地摸着轮船张大了嘴巴，眼睛里放射出惊喜的光芒，"我要开着轮船，带上爸爸妈妈、爷爷奶奶、姥姥姥爷，一起去黄浦江。呜呜，轮船开咯！"在这些事情上，爸爸从来都是很爽快的。于是琪琪就很满足地捧着轮船回家了。这些爷爷都知道的。爷爷也爽快，二话不说，掉转车头，回家拿来了琪琪的宝贝。琪琪高兴得在爷爷的腮帮子上使劲儿亲了一下。爷爷也很开心。

到了幼儿园，和老师问好后，琪琪就自己坐在教室的地毯上玩了起来。玩了一会儿老师走过来，很感兴趣的样子，对她说："你的轮船真好玩，能不能给我玩一下呢？"（教师也要运用规则的，可谓身教）琪琪毫不犹豫就给了，一边还热情地对老师介绍轮船的部件和功能。老师说："瞧你的玩具真的是很好玩，还能鸣笛呢！哟，还有这下面的螺旋桨也能转的，螺旋桨一转，轮船就向前开了。"（间接致谢：吃了别人做的菜，不是表扬厨艺，而是要夸菜好吃）琪琪一脸得意的样子。

这时候有一个小男孩也凑了过来，很羡慕地看着她俩玩。老师就试探地问琪琪："他也想玩了，给他玩玩好吗？"（仍然是运用规则，征求同意）琪琪看了看男孩，同意了。后来陆续不断地有小朋友对这轮船发生了兴趣，琪琪也没有小气。但是她还是会在一边盯着小朋友玩，并且细细地叮嘱："要小心哟，不要弄坏了哟！"

琪琪有一套很精美的记号笔，那是寒假的时候叔叔从美国带回来的。琪琪一直把它藏在书包里，只是在自由活动的时间里才会偶尔拿出来用一下。这个星期小二班在做一个"小蝌蚪吃什么"的主题活动，小朋友们自己发现小蝌蚪的爱好，然后在黑板上自己做好记录。琪琪兴致勃勃地做着小实验。老师这时候对她说："你可以用你的记号笔在黑板上做记录，写出来一定很漂亮的。"（利用兴趣，激发动机）琪琪就用自己的笔在小蝌蚪爱吃的东西下面画了一个笑脸，画完了自己也觉得漂亮。后来，老师问她可不可以把笔借给别的小朋友做记录，她也一下子就答应了，并且自己将笔放在桌子上给小朋友方便取用（借助一定的自然事件，渗透教育要求，符合幼儿意愿，也为她带来心理上的满足）。到了星期五，她还是很小心地将笔收好装进书包，带回家去。

通过这个案例，我们看到生活与教育的密切结合，看到教师在幼儿的社会性教育上长期一贯的坚持，看到她在细节上的用心。

在这里，教师对待幼儿的"不良"行为，没有用消极反对的方式去纠正，而是在承认和尊重的基础上提出渐进的要求。她在其中所采用的方法，正是我们上面所讲过的积极要求的方法。由于这种方法，相对于幼儿而言，幼儿园整个班级环境就显得是宽松的和民主的，但同时又是有限制存在的，这限制就是她不论做什么事情，都要自己承受这件事情的后果。同时我们也看到，幼儿在这次教育过程中的社会性成长，既不能离开教师巧妙的引导、尊重但又不退让的坚持，同时又主要是她同其他幼儿之间相互交往的结果。正是由于同伴交往中的"相互性"，即别人可以以同样的方式回应她对别人所采取的行为，导致她不得不修正自己以前的行为方式。这种行为方式主要是在家庭中养成的，而家庭中的关系主要是成人-儿童关系。家庭中的成人-儿童关系同幼儿园不同的是，家庭中的关系是多个成人围绕着儿童这个中心，而幼儿园里的关系则是多个幼儿围绕着成人这个中心。所以幼儿在家庭中养成的、以自我为中心的行为方式，在幼儿园就遇到了同伴关系的强有力的挑战。当幼儿感到同伴关系是她的一种基本需要的时候，当同伴的接纳和承认对她构成一种基本动机的时候，她就不得不改变自己原来在家庭里形成的以自我为中心的行为方式。

幼儿的集体意识重在培养（托班）①

2～3岁幼儿已初步形成了自我意识，凡事以自我为中心，不考虑别人。在幼儿园的集体生活中，教师应有意识地培养幼儿形成良好的集体意识品质。我们的做法是充分利用一日生活的各个环节，潜移默化地强化幼儿的集体概念，逐渐帮助他们形成集体意识。

洗手、喝水、吃苹果时，我们总是一组一组地请幼儿去，并提醒幼儿如果你一个人慢了或者没做好事情，那你们这一组的小朋友都不会受表扬或摸头。

室内活动后，我们总是先评价这一组集体的表现，再评价每个幼儿在这一组的表现。例如评价建筑区，我们先说："积木搭的楼、火车、公园特别漂亮，你们组的小朋友真能干。"然后再问是谁搭的门、谁搭的树、谁收的玩具，并分别表扬，以肯定幼儿为小集体作出的贡献。

户外活动时，我们往往把幼儿分成各种类别的小组。如按性别分为男孩、女孩组，按头饰分成不同动物组，按衣服颜色分组，按高个、矮个分组等。用不同标准分出不同组，一方面可以让幼儿懂得跟谁组合都要努力把自己该做的事情做好，另一方面可以让幼儿有多方面合作的机会，学习并适应跟不同性格、能力的小朋友配合游戏，并让幼儿知道自己是小组的一分子。

我们还通过全班幼儿给别班幼儿送礼物、班级集体表演、集体接受表扬等多种形式，让幼儿知道不论在小组还是大集体中，都要努力做好自己的事情，集体的荣誉有我一份儿。

或许3岁的孩子还做不到成人期望的那样好，但只要我们平时注意培养，天长日久，聪明的孩子们就会树立起良好的集体意识。

通过这个案例我们体会到：社会性品质不是讲解灌输的产物，也不单单是"熏陶"的结果，而往往是由幼儿自己的活动方式所决定的。

上述教育过程证明了我们前面所提出的一个基本原理，即我们要培养幼儿怎样的社会性，就应当让他们过怎样的生活，就应当让他们按照怎样的方式去行动。儿童怎样行动，就会形成怎样的个性和社会性。

教养手记：四分苹果（托班）②

吃水果前，我提出要求："每个小朋友吃两块苹果。如果还能剩下，再请你们吃。"孩子们自己拿了苹果吃起来。吃一块，伸出一根手指。大多数孩子吃完两块后，就让我看他伸出的手指，两根手指就像"兔耳朵"一样可爱极了。

这时，佳阳小声说："我还想吃。"我问："你吃几块了？""两块。""那你等别的小朋友都吃完两块后再吃吧。""不行。""那我给你问问别人同意不同意。""行。"我举起佳阳的"兔耳朵"（伸出的两根手指）问："有人吃完两块了还要吃，行吗？""不行。"孩子们立刻反对："每个人都先吃两块，剩下还有才能再吃。"佳阳不好意思地缩回手指说："我等着。"（通过这个环节，我

---

① ② 教育部基础教育司.《幼儿园教育指导纲要（试行）》解读［M］.南京：江苏教育出版社，2002：100-105.

想培养孩子学会克制自己，懂得好东西要大家一起分享）

大家都吃完两块了，盆里还剩些苹果。配班老师又把每块切开，我说："这些苹果不够每个人再吃一块了，怎么办呀？"孩子们认真地想着办法。我说："我想请昨天住在这儿的小朋友吃，行吗？""行。"日托的佳阳由于住宿了也获得了第三块苹果。孩子们高兴地拿起苹果吃。有个孩子说："那今天我也住。"我摸着他的脸，说："行，今天晚上你高高兴兴住幼儿园，明天我也请你吃。""嗯。"（教育目的：① 补充寄宿儿童水果摄入量；② 鼓励日托幼儿高兴地寄宿，体会成人的关爱；③ 让幼儿知道昨天、今天、明天的时间概念；④ 给幼儿自主空间，让他们能大胆说出自己的想法）

还有几块苹果，孩子们都关心它们的去向。我用征求意见的眼光看着全体孩子问："请王迪和乐乐吃行吗？""不行。因为刚才她们哭了。"有人大声陈述着理由。我说："刚才她们就哭了一会儿，老师抱一下就好了。今天吃完水果，明天她们再来幼儿园时就不哭了，对吗？"乐乐和王迪使劲点头。很多孩子痛快地说："那好吧！"（老师引导孩子"入圈套"，但要有道理，第二天，这两名幼儿真的没哭，高兴得自己走进来了）

我端着盆给孩子们看："还有几块苹果呀？""四块。"孩子们边说边伸出四根手指。我皱着眉，为难地问："那给谁吃呢？""嗯——"孩子们一时说不出合适的人选。我想他们在衡量自己和别人谁更有理由吃。我一拍手，说："有了。请今天给你们带好东西的人吃，好吗？""行。""谁带啦？"孩子们争着推荐小朋友："王岩带书了。""闹闹带饼干了。""行。你们说得有道理，他们想着小朋友就请他们吃吧！"王岩和闹闹吃苹果的时候，有的小朋友说："明天我给小朋友带一只小鸡。"

我又问孩子们："哎，今天谁没来呀？""梁远。""那还有两块苹果怎么办呢？""嗯——"孩子们思考的时候，我慢慢地说起儿歌："排排坐，吃苹果，你一个我一个……""梁远不在给他留一个。"孩子们自然地接着说完。（平时谁不在就提示幼儿给他留一份儿，培养孩子是长期坚持的事）我高兴地伸出大拇指，说："哎哟！你们可真是又聪明又懂事，心里总想着小朋友，行，这两块苹果就给梁远留起来吧！一会儿，他看见一定很高兴。""行。"孩子们都认可了。苹果吃完了，孩子们愉快地玩起来。

在上面的案例中，我们看到教师虽然始终起着主导的作用，把握着讨论的全过程，但是她每次都将问题的决定权交给年幼的儿童，交给他们"民意表决"。正如教师自己讲的那样："培养孩子是长期坚持的事"，那么长此以往，在不断的、长期的、重复性的坚持中，幼儿将不但可以形成民主协议的社会品质，也有助于他们形成良好的同伴交往技能以及良好的他人意识。而所有这些，都不是"教"出来的。

阅读资料2

我是西瓜，请别推我 [1]

小班孩子在和同伴交往时，往往会用动作代替语言，因此常会有孩子来告状："老师，晨晨拉我。""老师，涛涛撞我。""老师，欢欢弄我脸。"……我总会认真地告诉他们："晨晨是想跟你玩呢！"然后也对晨晨说："你想跟他玩，要跟他说'我想跟你玩'，不能撞小朋友。"……虽然我一遍又一遍地絮叨，但孩子们拉人、撞人的现象依然存在。

如何有效减少孩子们在交往中的冲突现象呢？我在寻找和等待教育契机。一次班里开展"好吃的水果"主题活动，孩子们带来了各种水果。其中绿油油、圆溜溜的西瓜放在地上甚是

---

① 戴雨花.我是西瓜，请别推我［J］.幼儿教育，2010（28）：44.

惹人喜爱，有孩子悄悄地把西瓜当成皮球滚了起来，只听"噗"的一声，一个西瓜炸开了几道口子，红红的西瓜汁流了出来，孩子们纷纷大叫"西瓜炸开了"。我灵机一动，立马组织孩子们讨论"原本好好的西瓜怎么会炸开呢？"经过一番讨论，孩子们认识到"西瓜是不能滚来滚去的，否则就容易炸开"。趁着孩子们的兴致，我又组织孩子们玩起了"我是西瓜，请别推我"的游戏。孩子们扮演西瓜，我扮演调皮的猴子。我一会拍拍这只西瓜，一会拉拉那只西瓜，孩子们则紧抱身体，笑眯眯地对我说："我是西瓜，请别推我！"然后我学猴子的样马上停下手，点点头说："哦，知道知道，我是想跟你说话呢。"看得出来，孩子们对这个游戏很感兴趣。于是，我进一步引导孩子们："平时，如果有人推你、拉你、撞你，你可以对他说'我是西瓜，请别推（拉、撞）我'，这样，人家就不会推（拉、撞）你了。你可以让他告诉你想和你干什么。"

之后，我常听见孩子们的对话："我是西瓜，请别挤我！""哦，我们一起搭积木吧。"就这样，孩子们用游戏性的对话化解了日常生活中的冲突，相互之间的关系变得越来越和谐融洽了。渐渐地，孩子们还懂得了一些交往的方式，明白了什么样的交往方式会受到同伴的欢迎。

思考与练习

一、填空题

1. 陶冶熏染法的途径可以通过_____，也可以通过_____。
2. 讲解法是指教师用_____对一些简单的知识、道理及规则进行系统和生动的解释。
3. _____是幼儿园实施社会教育的主要手段，也是幼儿获得社会知识、社会技能、社会情感态度的重要途径。
4. 学前儿童社会教育的基本途径有专门性教育活动、_____和家园合作。

二、单选选择题

1. 形成和巩固儿童社会行为的最有效的方法是（　　）。
   A. 讲解法　　　　　　B. 讨论法　　　　　　C. 行为练习法　　　　D. 强化评价法
2. 移情训练不适合采用哪种方法？（　　）
   A. 讲故事　　　　　　B. 情境演示　　　　　C. 生活体验　　　　　D. 幻想
3. 利用环境、周围人的言行举止对幼儿进行积极感染，在潜移默化中影响幼儿的社会态度和社会行为的教育方法是（　　）。
   A. 参观法　　　　　　B. 移情训练法　　　　C. 陶冶熏染法　　　　D. 角色扮演法
4. 以下哪种不属于幼儿园的专门教育活动？（　　）
   A. 区域活动　　　　　B. 游戏活动　　　　　C. 集体教学活动　　　D. 幼儿随机教育

三、简答题

1. 学前儿童社会教育方法有哪些？各自有哪些优缺点？
2. 学前儿童社会教育的途径有哪些？
3. 组织学前儿童社会教育时应遵循哪些指导要点？

四、案例分析题

1. 娃娃家游戏中，三个5岁多的女孩为谁做"家"中的妈妈争执不休。忽然，A女孩找到了理由："今天老师表扬我是能干的人，只有能干的人才能做妈妈。"B女孩马上顿悟："今天老师也表扬了我，我也很能干，我也可以做妈妈。"C女孩只好认输："好吧，我做小孩，你们俩猜拳，谁赢了谁就做妈妈。"结果B赢了，A很不服气，说："我当外婆，反正外婆是妈妈的妈妈。"

请分析三个女孩在这个过程中学到了哪些态度与能力？你认为角色扮演在学前儿童社会教育方面有哪些作用？运用角色扮演这一方法要注意的问题有哪些？

2. 中班社会教育活动——压岁钱

师：压岁钱是谁给你们的？

幼：爸爸、妈妈、爷爷、奶奶、外公、外婆、叔叔、阿姨、舅舅、舅妈……

师：你们想用压岁钱干什么呢？

幼1：我妈妈答应我用压岁钱买毛绒兔。

幼2：我想用压岁钱买玩具飞机。

幼3：我想用压岁钱买动画片。

幼4：我要把钱收起来，长大以后买真的飞机。

……

师：想想，怎样使用压岁钱最有意义？

幼1：把压岁钱给妈妈买菜。

幼2：用压岁钱买苹果给爷爷吃。

幼3：我想用压岁钱买好多的书，我喜欢看书，妈妈说小朋友多看书会很聪明。

幼4：我想把钱捐给希望工程，给那些贫困山区的小朋友。

分析：

（1）请分析在以上活动中老师运用的主要教学方法是什么。

（2）运用这一方法需要注意的问题是什么？

（3）试对老师的这一谈话活动进行评析。

五、实践拓展训练

1. 联系实际观察一所幼儿园，举例说明学前儿童社会教育主要通过哪些途径实现。

2. 根据见习经验，举例说明如何在日常生活中对学前儿童进行社会性教育。

岗课赛证

一、单项选择题

1. 在多方合作过程中，应当承担学前儿童社会教育主要责任的是（　　　）。

A. 幼儿园　　　　　　B. 家庭　　　　　　C. 社区　　　　　　D. 社会

2. 下列方法中比较适用于增进学前儿童社会情感的方法是（　　　）。

A. 移情法　　　　　　B. 参观法　　　　　　C. 强化评价法　　　　　　D. 讨论法

3. 通过一些形式让幼儿去理解和分享他人的情感体验，以使幼儿在以后的生活中对他人的类似情绪能主动、习惯性地自然理解和分享的方法是（　　　）。

A. 陶冶法　　　　　　B. 角色扮演法　　　　　　C. 移情训练法　　　　　　D. 行为练习法

4. 幼儿园促进幼儿社会性发展的主要途径是（　　　）。

A. 人际交往　　　　　　B. 操作练习　　　　　　C. 教师讲解　　　　　　D. 集体教学

5. 教师对幼儿社会性行为进行肯定或否定的评价，以增强、巩固其好的行为，消除其不好的行为的一种社会教育方法是（　　　）。

A. 谈话法　　　　　　B. 强化评价法　　　　　　C. 移情训练法　　　　　　D. 角色扮演法

6. 幼儿园的社会教育途径除了专门的教育活动，还有（　　　）。

A. 一日生活中的随机教育　　　　　　　　　　B. 其他领域渗透教育

C. 家庭与社会中的互动教育　　　　　D. 以上都是

二、简答题

简述移情对儿童亲社会行为的发展的影响。

三、材料分析题

浩浩有双系鞋带的鞋子但他不会自己系鞋带。平时穿脱鞋子时，总是不解系鞋带。这天午睡起床时，他发现鞋带散开了，可他怎么也系不好鞋带，又着急又难过。张老师看见后安慰他说："别着急，老师教你，你一定能学会的。"于是，张老师边讲解边示范，教了两遍，浩浩还是没很好掌握，下午的活动结束前，张老师找到了一个系鞋带的儿歌，请浩浩来到自己跟前，告诉浩浩："小鞋带，手中拿，一左一右先交叉。一根弯腰钻过门，两手挂住系紧它。折成两只小耳朵，再一交叉钻下门，开出一朵蝴蝶花。"有了张老师这种具体形象的指导，浩浩很快就学会了系鞋带。

请问：张老师在上述教育活动中，运用了哪些教育方法？这些方法运用时要注意什么？在张老师的教育中，有哪些值得学习的地方？

第五章

学前儿童社会教育活动设计

学习目标

素养目标：树立社会教育生活性、时代性、思想性的教育意识。

知识目标：掌握学前儿童社会教育活动及区域活动的设计思路。

能力目标：能设计并实施学前儿童社会教育教学活动以及区域活动。

线上课堂

学前儿童社会
教育活动设计

知识框架

学前儿童社会教育活动设计

- 学前儿童社会教育教学活动的设计
  - 学前儿童社会教育教学活动的设计思路及实例分析
  - 学前儿童社会教育教学活动设计的注意事项
  - 学前儿童社会教育教学活动组织实施案例展示
- 学前儿童社会教育区域活动的设计
  - 学前儿童社会教育区域活动的设计思路及实例分析
  - 学前儿童社会教育区域活动设计的注意事项

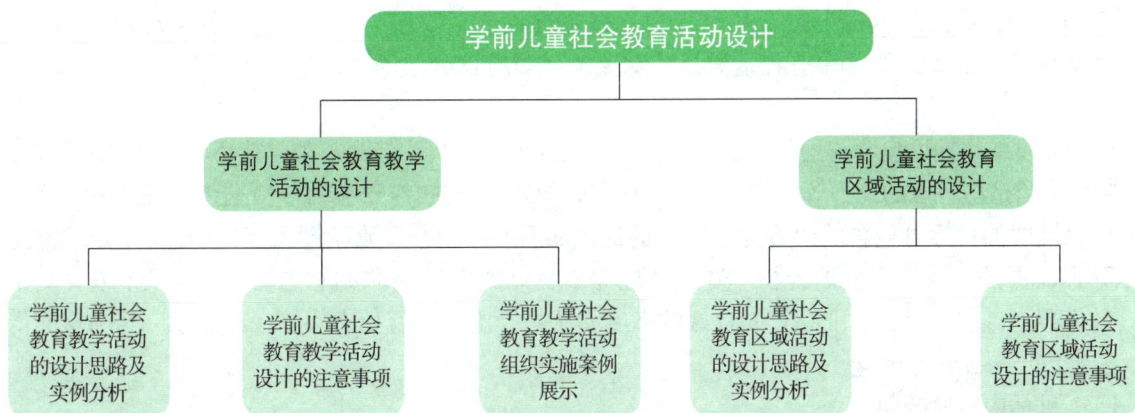

　　学前儿童社会教育活动的设计形式有很多：既可以是对一个单元主题活动的设计，也可以是对幼儿一日（或半日）活动的设计，还可以是对一个单位时间内完成的某一具体活动的设计；既可以是对集体活动的设计，也可以是对小组活动或个别活动的设计；既包括对专门的社会教育教学活动的设计，也包括对社会教育区域活动的设计。

第一节　学前儿童社会教育教学活动的设计

一、学前儿童社会教育教学活动的设计思路及实例分析

　　教学活动体现了实施教育过程中的目的性和计划性，因此需要教师对教学活动进行设计，并将思考的过程文字化，即写成教案。学前儿童社会教育教学活动的设计主要包括活动名称的设计、活动目标的设计、活动准备的设计、活动过程的设计及活动延伸的设计。

（一）活动名称的设计

活动名称的设计要突出活动内容的特点，反映活动目标，在取名称时尽量符合儿童特点，体现童趣性，同时要直接切入主题，这样幼儿才会感兴趣；还要注意活动名称的前面或后面要附上班次，如"小鬼当家（大班）""哥哥姐姐真能干（中班）""高高兴兴上幼儿园（小班）""学做小客人（中班）"等。

（二）活动目标的设计

教育活动目标是幼儿园目标体系中最为具体的目标，也是教师在教育活动中最常设定的目标，需要每位带班教师发挥自己的才能，根据总目标、分类目标和阶段目标，以及本班幼儿的社会性发展状况，包括近来幼儿在社会教育活动中的具体情况来拟定。

如"熟悉幼儿园环境，能适应幼儿园集体生活"是小班上学期社会领域目标之一。为实现这一目标，教师可设计如下教育活动，包括"高高兴兴上幼儿园""我的幼儿园""老师我爱你""小鸡和小鸭碰在一起""谁的队伍最整齐"等。这些教育活动的目标是不同的，但都是围绕"熟悉幼儿园环境，能适应幼儿园集体生活"这一学期目标来设定，更加具体、明确，具有可操作性。比如，"高高兴兴上幼儿园"这一教育活动目标为：熟悉班上的老师和小朋友，知道老师的姓氏和一些小朋友的名字；学习礼貌用语"您早、您好、再见"；产生高高兴兴上幼儿园的愿望。

1. 活动目标的内容

活动目标包括三个维度：知识维度、能力维度、情感维度。知识维度的目标是回答"幼儿学会了什么"的问题；能力维度的目标是回答"幼儿会学了吗"的问题；情感维度的目标是回答"幼儿学得有兴趣吗"的问题。

例如，知识维度的目标可包含的内容为：有关自我意识发展的知识、有关社会环境的知识、有关社会文化的知识等，如"知道我是男孩（女孩）""知道自己祖国的名字叫中国""三月八日是妇女节"等。

能力维度的目标可包含的内容为：合作能力、交往能力、自主能力、独立能力、生活自理能力、是非判断能力、适应环境的能力等，如"能与同伴友好相处""与同伴分享玩具""能自己洗手帕"等。

情感维度的目标可包含的内容为：良好的道德品质如同情心、乐于助人、分享、谦让、关爱、感恩、宽容、责任、诚信、爱护公物、爱护环境等；良好的个性品质如意志力、自信心、勇气、自制力、自尊心、自主、耐心、细心等；良好的态度如认真、虚心、有始有终、一心一意、努力探索等。

2. 设计活动目标的要求

（1）目标内容要全面

学前儿童社会教育领域的活动目标都应从社会情感目标、社会认知目标和社会行为技能目标去考虑幼儿的发展目标的落实，不能只顾知识方面的要求而不及其余，也不能因突出能力的培养而忽略思想教育。当然，根据具体活动，目标会有所侧重，有的是潜在的、隐性的，即活动目标不一定都包含三个方面，每一个目标也未必只含一个维度的内容。

例如，"我来帮助你"的活动目标：① 使幼儿初步学会关心别人，体验别人被关心后的快乐；② 教给幼儿一些关心别人的简单方法和安慰人的日常用语。

"马路上的清洁工"的活动目标：① 使幼儿初步了解清洁工人的工作及其与人们生活的关系；② 引导幼儿初步懂得应尊重清洁工人和他们的劳动；③ 培养幼儿爱清洁、讲卫生的好习惯。

（2）目标的要求要体现幼儿年龄特点，难易适中

目标的制定应根据幼儿的年龄特点，要求不能太高，否则易流于形式，也不能太低，否则无法促进幼儿发展。例如，大班活动目标为"学习准确使用'谢谢''你好''再见'等礼貌用语"，这一目标的要求过于简单。又如，小班活动目标为"了解有关台湾的基本知识，了解台湾是我国不可分割的一部分"，这一目标的要求则难度过高。

（3）目标表述要具体简明，重点突出，具有可操作性

具体教学活动中，目标的表述要避免模糊笼统。如"引导幼儿观察周围生活中常见的标志"，目

标笼统，重点不突出，可以改为"引导幼儿观察生活中常见的交通标志"；又如"培养幼儿的社会交往能力"，目标笼统，不具有可操作性，可以改为"知道使用'请''谢谢''再见'等礼貌用语"；又如"培养幼儿自我保护意识"的提法十分宽泛，可以用在多个教学活动中，如果改成"知道不能随便跟陌生人走"就具体而明确了。

（4）目标的表述方式要统一

目标可以从教师的角度表述，体现教师期望通过教育活动帮助幼儿获得的学习结果，也可以从幼儿的角度表述，体现幼儿在学习以后应该知道的和能够做到的程度。但要切记，目标的表述方式要统一。例如：① 了解大班幼儿的生活、学习情况；② 激发幼儿向大班哥哥姐姐学习，争做大班小朋友的愿望。目标①中的行为主体是幼儿，是幼儿的发展目标，目标②中的行为主体是教师，是教师的教育目标。从教师的角度可改为：① 让幼儿了解大班儿童的生活、学习情况；② 激发幼儿向大班哥哥姐姐学习，争当大班小朋友的愿望。或从幼儿的角度改为：① 了解大班幼儿的生活、学习情况；② 产生向大班哥哥姐姐学习的愿望，争当大班小朋友。注意，为了使教师对教育活动的关注点更多地放在幼儿的"学"上，放在幼儿的"发展"上，活动目标应尽量从幼儿学习的角度出发，如"初步了解自己是班里的一员"要比"让幼儿初步了解自己是班里的一员"更尊重"幼儿是学习的主人"这一理念。

（5）目标可适当体现各领域的教育目标

由于儿童发展是整体性的，所以各领域间的目标和内容应是整合的。例如，大班活动"中国丝绸"活动目标：了解丝绸的特点，知道丝绸是中国的特产，增强民族自豪感（科学和社会领域目标）；感受丝绸的柔软、滑爽、漂亮，体验服装表演的乐趣（社会领域和艺术领域目标）。

（6）目标的数量要适中

一般情况下，目标以2～3条最为合适。目标制定得太少，说明对"认知""情感态度""能力"等方面的挖掘不够，活动的价值较低。目标制定得太多，易出现书写条理不清晰的问题，并且易出现要求过多，一次活动难以实现的问题。

注意，目标的顺序并不重要，需要把握的原则即是按目标的重要程度排序，最重要的目标排在最前面。但也有其他的排序方法，如按活动进行的顺序排列目标，按情感、能力、知识方面分别阐述目标，不刻意追求顺序。

（三）活动准备的设计

要想达到良好的效果，教师和幼儿都应该做好一些活动准备。活动准备主要包括环境创设准备、物质准备和知识准备等方面。

1. 教师的准备

（1）物质的准备：许多活动需要物质方面的准备，教师根据自己的设想准备好仪器设备，如录音机、幻灯片、电脑、图片等。

（2）环境创设的准备：教师还要根据活动的需要，提前布置活动场地，如座位的摆放、环境布置、情境表演、角色的扮演等。

（3）知识准备：教师也应该做好自己教学的知识储备，以免在教学现场被幼儿提出的问题难倒。

2. 学前儿童的准备

（1）知识的准备：儿童是在对原有知识进行同化和顺应中构建新经验的，所以经验的准备尤为重要。如"我的妈妈多辛苦"这一活动，需要幼儿在活动之前观察妈妈的劳动；要让幼儿学习交通规则，就需要让幼儿在活动前有意识地观察马路上的行人、车辆、信号灯、交警等。

（2）物质准备：有些活动需要调动幼儿的积极性和主动参与性，要求学前儿童从家中带一些材料或者学前儿童自己动手制作材料等。

（四）活动过程的设计

活动目标确定后，教师在活动设计中要思考可以通过哪些具体的活动内容和活动形式来达到目标。活动过程一般包括开始部分、基本部分、结束部分。

1. 开始部分

开始部分也叫导入，是引导幼儿活动的第一步，主要激发幼儿对学习的兴趣与求知欲，抓住幼儿的注意，刺激他们积极思维，使幼儿在轻松、自主、有趣、愉快的氛围中开展活动。教师可以通过很多方式展开。

（1）设疑开始。疑问可以由教师直接提出，也可以谜语、儿歌的形式间接提出。如大班活动"我长大了"的开始部分是这样设计的：请幼儿结合照片说说自己的身体和穿的衣服有哪些变化，通过提问，启发幼儿思考自己长大了的外部特征。大班常用这种形式，它有利于激发幼儿积极的思维和探究的欲望。

（2）图示开始。教师可利用彩图、标本、实物的出示导入活动。如"中国丝绸"活动的开始，就是让幼儿观察、感受丝绸的柔软和爽滑，从而进入主题活动。

（3）故事开始。让幼儿听一个短小、生动的故事，是社会教育常用的开始形式。它既能直指教育目标，又易于幼儿复述。如大班活动"找快乐"，教师以故事《小花籽找快乐》导入主题，帮助幼儿理解"快乐"的真正含义。但故事开始也有一定局限性，它往往与幼儿生活有一定距离，幼儿对故事的理解程度易受多种因素的影响，同时也不易调动幼儿的主动性。

（4）情境表演。创设一定的情境或利用情境来进行模拟表演，把幼儿带入教育活动中。如大班活动"心情预报"，在活动开始时，教师为了引起幼儿兴趣，请愿意模仿的幼儿模仿电视里的天气预报，以此为切入点，进入"心情预报"的讨论。

（5）游戏开始。以游戏的形式开始，即在游戏中社会教育活动已经开始了。如大班活动"小鬼当家"，在活动开始时，教师为了调动幼儿的积极性，组织幼儿玩"小鬼当家"的角色游戏，即成立"三口之家"，幼儿自愿结合，三人为一户家庭，佩戴胸卡标志，标号为"1号家庭""2号家庭"……进行一系列家庭角色模拟活动，如领工资、交水电费、超市购物等。

（6）经验开始。以已有的知识经验或幼儿熟悉的事例来进入主题，引发出新的教学内容，是教师在教学中常用的一种方法。这种方法易于被幼儿接受。

（7）操作导入。让幼儿以动手操作的形式开始。

注意，开始的形式各有不同，教师应根据教育目标、教育内容和幼儿实际，选择恰当的开始形式；开始部分时间一般控制在3～5分钟，否则就会影响基本部分的教学效果。

2. 基本部分

基本部分主要是教师引导幼儿进行感知学习和练习的过程，是实现目标的主要部分，承载着主要的教育内容，因此活动的大部分时间应放在这里。基本部分需要教师考虑以下问题：这个活动大体分为几个步骤；每个步骤采用何种方式，完成哪些内容；哪个步骤是重点或难点，应如何突破；每个步骤时间如何分配；每个步骤如何进行，该说什么，有什么要求，怎么做小结等。如"中班社会活动——有玩具大家一起玩"，活动设计为三个环节：① 提问：只有一个玩具时大家怎么玩；② 引导幼儿讨论分享的具体方法；③ 创设情境，引导幼儿分享玩具。活动把重点放在"如何分享"，通过提问、讨论、分析得出结论；难点放在实践训练上，让幼儿用实践检验社会认识和社会情感，体验分享和交流，促进幼儿社会行为技能的掌握。

注意，教师应为幼儿创设一个确保幼儿健康、安全并富有挑战性的环境；教学内容应有一定的高度和深度，激发幼儿的求知欲，引导幼儿积极思考、主动参与，让幼儿成为活动的主角；教师与幼儿应始终围绕活动目标进行，并最终能实现目标；注意活动的生成性，尊重幼儿的愿望，适当调整教育目标及教学环节；教师的提问要清晰、简明。

3. 结束部分

社会教育活动的结束可以有很多形式。它可以自然结束，引导幼儿自然过渡到下一个活动（其他领域的活动：音乐、美术等），让幼儿在轻松愉快的情绪中自然而然地结束活动。例如，在"我们都是好朋友"的活动中，以玩"找朋友"的游戏来结束整个活动。也可以用专门的形式结束，如总结式结束，如果要在结束部分对活动进行小结评价，应做到简洁、精炼，对幼儿在活动中的表现以积极的态度进行评价，对问题本身留有一些思考的余地，使已有的活动能够有效地延伸。

（五）活动延伸的设计

一个教育活动结束了，但是这方面的教育并没有完，还在继续，幼儿的生活在课内、课外都是有教育意义的，是一个有机的整体，所以，活动延伸的设计是不可缺少的一环。活动延伸指在教育活动结束后，教师继续设计一些与此相关的辅助活动，使教育内容渗透到一日生活中，使学前儿童受教育的时间能够持续，使教育的目的能够更好地实现。活动延伸的形式可以是家园共育、领域渗透、区角活动、游戏等。

（六）幼儿社会教育活动实例分析

按本书前面对社会教育内容的论述，这里将从自我意识、人际交往、社会环境与规范、社会文化四个方面介绍一些有新意的教育活动设计与评析。

• 关于幼儿"自我意识"教育活动设计与评析

我长大了（大班）[①]

活动目标

1. 感受自己体形、容貌、能力等各方面的成长、变化。

2. 加深对自己的了解，进一步增强自我认识。

活动准备

1. 准备幼儿从小到大的照片若干张，整理成册。

2. 收集一些幼儿小时候的衣服、鞋袜、帽子。

3. 向父母了解自己小时候的一些趣事。

4. 准备自己要向大家展示的内容。

活动过程

一、猜猜这是谁

1. 互相看小时候的照片，请幼儿猜猜是谁。

2. 试试小时候的衣服、鞋袜、帽子，看看有什么效果。

3. 互相讲讲小时候的趣事。

二、我长大了

1. 用自然测量的方法让幼儿量量自己小时候穿的衣服、鞋袜与现在的衣服、鞋袜有什么不同，量量自己现在的身高，感受自己长大了。

2. 启发幼儿谈谈自己小时候跟现在有什么不同，形体、容貌上有什么变化，再让幼儿谈谈没有变化的地方，如小时候是男孩，现在还是男孩。

三、自我展示

1. 鼓励幼儿说说自己有什么本领，有什么长处，激发幼儿敢于表现自己。

2. 分组活动，让幼儿根据自己的兴趣选择展示的方式，如"画幼儿成长标记图""制作本领树""小手真能干"等。幼儿可以互相说说彼此的长处，使幼儿确实感受到自己长大了，增强幼儿的自信心。

四、教师和小朋友共同小结

小朋友会一年一年地长大，学会更多的本领，越长越高，越来越聪明、懂事，成为爸爸妈

---

① 杨丽珠，吴文菊.幼儿社会性发展与教育［M］.大连：辽宁师范大学出版社，2000：378-379.

妈的好宝宝，老师的好孩子，朋友的好伙伴。

活动延伸

1. 自我展示可以扩展成一次亲子联欢活动，使家长感受到自己孩子的成长、变化。

2. 可以分别以"小时候的我""现在的我""自我展示"为题举办展览角。

活动建议

注意关心和照顾平时弱点较多的孩子，帮助他们去发现自己的优点和长处，以增强他们的自信心。

活动评析

该设计体现了以下三个特点。

1. 注重发挥幼儿的主体性，让幼儿积极参与整个活动。教师巧妙地设计了丰富多彩的幼儿感兴趣的活动，尽量满足幼儿的心理需求，抓住了培养大班幼儿自我认识的切入点，以生动、直观的形式让幼儿体验自己的各种变化。

2. 给幼儿以展示自我的机会。幼儿表现欲强，又有较强的自尊心。给幼儿展示自我的机会，无疑会使幼儿感到亲切、兴奋，自然会主动去做。

3. 在活动中激发幼儿积极思考。让幼儿自己去发现自己什么有变化，同时去找还有什么不变（比如性别），从而更全面、深入地了解自己，正确认识自我。

我不任性（中班）①

活动目标

1. 了解什么是任性，知道任性是不好的心理品质和行为。

2. 初步学会有意识地控制自己的情绪和愿望。

活动准备

1. 课件：涛涛、娇骄、牛牛的故事。

2. 幼儿图片人手一份（上面画有关于幼儿任性的几种行为），笔人手一支。

3. 爸爸妈妈的一封信。

活动过程

一、以"小客人"来做客为由，引起幼儿兴趣

师：今天，我们班来了三位小客人，他们是涛涛、娇骄、牛牛，他们带来了他们的一些小故事，我们一起来看看吧。

二、观看课件"涛涛、娇骄、牛牛的故事"，让幼儿了解什么是任性，知道任性是不好的行为

师：涛涛、娇骄、牛牛这样做对吗？为什么？他们是什么样的孩子？什么是任性的孩子？

教师鼓励幼儿大胆说出自己的想法。

教师小结：任性就是自己想得到某样东西或想做某件事情时，不管在什么情况下非要达到目的不可，一旦目的没达到就大哭大闹，不听大人的劝告。这三位小朋友都是任性的孩子，是大家不喜欢的孩子。

三、组织幼儿进行谈话讨论，引导幼儿学会有意识地控制自己的不良情绪

1. 教师引导幼儿对涛涛、娇骄、牛牛的行为进行讨论，知道要控制自己的情绪。

师：涛涛、娇骄、牛牛应该怎样做才对呢？

教师在幼儿讨论怎样做的过程中，引导幼儿明白要做一个听从劝告、懂道理的好孩子。

① http://www.baby611.com.

2. 教师读家长的来信，引导幼儿认识自己生活中出现的任性行为。

师：在生活中，你是一个任性的孩子吗？爸爸妈妈给我们写了一封信，我们一起来听听爸爸妈妈是怎么说的。

教师朗诵信的内容，鼓励幼儿仔细倾听，并正面引导幼儿，自觉做一个不任性的好孩子。

四、组织游戏：谁对谁不对。巩固幼儿对任性行为的认识

师：图片上的小朋友做得对不对呢？请你们给他们画上笑脸或者哭脸。

教师出示图片，鼓励幼儿根据图片上的行为判断对错并画上相应的笑脸或哭脸。

小结：小朋友们渐渐地长大了，就会有自己的一些想法。当我们的想法和爸爸妈妈们的想法不一致的时候，不能用大哭大闹来达到自己的要求，而要学会做一个懂道理、会听劝告的孩子。

活动评析

本活动的选题设计，充分考虑到孩子发展中存在的问题。在活动环节的设计上，教师先采用让幼儿观看课件的形式，让幼儿了解什么是任性。接着通过谈话讨论、"家长的来信"的形式，引导幼儿了解怎么做才是不任性，从而学会控制自己的不良情绪。最后，教师通过游戏的形式，巩固幼儿所学，从而达到本次活动的教育目标。

小蜗牛（中班）①

活动目标

1. 利用教材的情感因素，以境激情，引发幼儿获得不同的情感体验。

2. 使幼儿懂得坚持的重要。

活动准备

1. 课前使幼儿了解蜗牛，知道蜗牛的一些基本特征。

2. 课件：小蜗牛。

活动过程

一、点击课件，出现小蜗牛，谈话引出主题

师：你们瞧，这是谁啊？它的表情是怎么样的？它为什么不开心呢？（幼儿猜想）那到底是为什么？还是让我们一起来看看吧！

二、观看课件，引导幼儿结合生活经验展开讲述

1. 第一次观看前半段，"从蜗牛艰难地攀爬到被螳螂从树上打落"引发情感体验：小朋友，你看懂了吗？看了这个片子，你心里有什么感觉？（幼儿讲述）噢！你们看了以后都觉得很难过！是什么事让你们觉得很难过呢？（幼儿讨论）那还有些什么事让我们觉得难过呢？让我们再来看一次！

2. 第二次观看前半段。（幼儿边看，教师边讲述重点段）

（1）自主讨论：蜗牛想做一件什么事？它为什么想要爬上大树？（爬上高高的大树，看得更远！）一路上发生了什么事？遇到了哪些困难？根据幼儿回答逐一出示相关图片，并提问讲述。

◆ 小动物超过它。（为什么它总是被小动物超过呢？）小蜗牛是怎么爬的，我们来学一学吧！（幼儿与教师表演爬得很慢、感觉很累）它的速度这么慢，想要爬上那么高的一棵大树，容易吗？那它有没有停下来呢？（虽然它总是被小动物超过，可它还是继续爬）

◆ 喝露珠。（它为什么只喝一点露珠？）小蜗牛连一点吃的东西都没有，多可怜呀！

◆ 写信。（小蜗牛在给谁写信？它会说些什么？如果你是小蜗牛，你会说些什么？你们在

① https://www.xiexiebang.com/a11/2019051322/ea008a0446e8f84d.html.

难过、伤心、一个人很孤单的时候，最想告诉谁？怎么说？）

- 用树叶当被子。（小蜗牛连被子都没有，可怜吗？）
- 被螳螂打落。（螳螂看起来是怎么样的？它把小蜗牛怎么样了？）

（2）点击课件，同时出现五幅图片，引发幼儿情感体验。

师：小蜗牛想为梦想努力，可是却碰到了这么多的困难，最后还被螳螂一掌打了下来，这时候，它的心情会是怎么样的？

（3）激发讨论：那它会继续下去吗？这样吧，我们和旁边小朋友互相讨论讨论！（教师参与幼儿的讨论）

师：讨论得怎么样了？谁愿意把你的想法告诉大家？你认为蜗牛会不会继续努力？为什么？

3. 在幼儿充分辩论的基础上，观看后半段录像。

（1）师：我们现在有两种不同的意见，小蜗牛到底继续下去还是放弃了呢？让我们接着看下去。

（2）提问：

- 小蜗牛被谁救上来了？小蜘蛛会对它说些什么？（如果你是小蜘蛛，你会对小蜗牛怎么说？）请个别幼儿上来学小蜘蛛，对小蜗牛说一说鼓励的话。
- 小蜗牛听了小蜘蛛的话，是怎么做的？（一边唱歌，一边前进）
- 原来小蜗牛选择了继续努力，最后怎么样了？（爬上了树顶，成功了！）

三、经验迁移，懂得坚持的重要，培养抗挫心理

师：你们看，小蜗牛遇到了这么多困难，都能坚持下去，那你们以后碰到困难，会怎么做呢？（不怕困难，坚持到底）

小结：对，做什么事只要我们坚持下去，就能像小蜗牛一样，获得成功！

四、体验成功的喜悦，为小蜗牛的成功祝贺

（点击课件，出现小蜗牛的笑脸）师：你们瞧，小蜗牛现在的心情变得怎么样了？（变好了！开心了！）你们的心情呢？（很高兴！）那就让我们带着好心情去给小蜗牛祝贺吧！

活动评析

社会情感教育是社会教育的内容之一，但是较之社会认知和社会行为技能等，社会情感的培养很容易在活动中缺失，如何在教育活动中培养幼儿良好、积极的社会情感就显得非常重要。这是一个很成功的幼儿社会情感教育活动设计。活动体现了《纲要》中"社会"部分的目标提出的要求：幼儿"能努力做好力所能及的事，不怕困难，有初步的责任感"。该活动中教师通过和幼儿一起分享小蜗牛的艰苦经历，让幼儿体会小蜗牛不怕困难、坚持到底的精神的同时，明白做什么事只要我们坚持下去，就能像小蜗牛一样，获得成功。活动设计以故事《小蜗牛》为线索，紧紧围绕小蜗牛的坚持、奋进的拼搏精神层层展开，通过请幼儿观看课件、分析讨论、经验迁移等活动方式，使幼儿懂得坚持的重要性，培养幼儿的抗挫心理。

• 关于"人际交往"的教育活动设计与评析

我爱爷爷奶奶（大班）①

活动目标

1. 知道爷爷奶奶年纪越来越大，生活有很多不便，需要关心、照顾。

---

① https://wenku.baidu.com/view/90080949ee630b1c59eef8c75fbfc77da3699716.html.

2. 感受爷爷奶奶对自己的爱，产生热爱爷爷奶奶的情感。

3. 能尊重、关心爷爷奶奶。

活动准备

物质准备：歌曲《好娃娃》《常回家看看》；课件（爷爷奶奶年轻时的照片、爷爷奶奶照顾"我"的图片和爷爷奶奶需要"我"照顾的图片，爷爷奶奶、姥姥姥爷和爸爸妈妈及小朋友的关系图）。

经验准备：幼儿观察、了解爷爷奶奶是怎样照顾自己的。

活动过程

一、感受爷爷奶奶是老年人

1. 欣赏歌曲《好娃娃》。提问：歌曲里小朋友怎样照顾爷爷奶奶？他为什么要照顾爷爷奶奶？除了没了牙，头发白了，你还从你的爷爷奶奶的什么地方看出他们老了？他们一直这么老吗？

2. 出示爷爷奶奶年轻时的照片，猜一猜这是谁的爷爷奶奶，感受年轻与年老的变化。

3. 讨论：爷爷奶奶为什么会变成现在这样？

4. 教师小结。

二、回忆爷爷奶奶照顾自己的过程

1. 幼儿讨论：生活中爷爷奶奶是怎样照顾你的？他们为你做了哪些事？

2. 出示图片，引导幼儿讨论，爷爷奶奶是怎样照顾小朋友的。

3. 幼儿回忆爷爷奶奶特别疼爱自己的事。

4. 教师小结。

三、生活中学习照顾爷爷奶奶

1. 小朋友平日可以为爷爷奶奶做些什么事？如何做个爷爷奶奶喜欢的孩子？爷爷奶奶生病时怎样照顾他们？

2. 案例引出、课件演示，讨论：爷爷奶奶不能照顾小朋友，是不爱小朋友吗？

3. 教师小结。

4. 不和爷爷奶奶住一起，该如何关心、照顾他们？

5. 欣赏歌曲《常回家看看》，结束活动。

活动评析

幼儿在与成人，特别是与家人的交往中，常常是被动接受家人的爱的，而且认为家人对自己的好是理所应当的。本活动从家庭成员入手，让幼儿通过照片的对比感知爷爷奶奶老了，又引导幼儿回忆爷爷奶奶平时怎么照顾我们，从而形成鲜明的对比，激发幼儿爱爷爷奶奶的情感。最后引导幼儿说说可以为爷爷奶奶做些什么事，将自己爱爷爷奶奶的情感升华到实际行动中。环节步步紧扣，层层递进。

大家合作才能赢（大班）

活动目标

1. 认识到很多事情需要大家合作才能做好。

2. 体会到合作、协调一致才是活动成功的保证。

3. 学习一些合作的方法和技能，培养合作的能力。

活动准备

1. 用一张大报纸，中间挖三个洞，做成"盔甲"。准备若干个"盔甲"。

2. 布置一个"小山头"，上面可插小红旗。

3. 平衡木或积木搭成的小桥2～3个，山洞2～3个，进行曲录音带或小鼓。

活动过程

一、组织"插红旗"游戏

1. 教师：我们小朋友都是聪明、勇敢的解放军战士，要一起攻占桥那边敌人占领的山头，把我们的红旗插上去。但是敌人还在反抗，他们要用枪射击我们，为了安全，我们要穿上盔甲。每三个人为一组，穿一个盔甲，前面的人拿小红旗。不能把盔甲弄破，哪组先插上红旗，又没有把盔甲弄破，哪组就取得了胜利。

让2～3组幼儿穿上盔甲，听到老师的击鼓声或音乐声开始走上小桥，钻过山洞，把红旗插上去。

2. 请幼儿看看谁的盔甲破了，想一想为什么会破，哪组盔甲没破，为什么没破。

使幼儿认识到三个人一组，必须商量好，步调一致，三个人要相互照应，不能自己行动。

3. 让每组的幼儿商量三个人怎样合作才能既不把盔甲弄破又能迅速抢占"小山头"。

4. 让幼儿再做一遍，然后总结。

5. 请获胜的小组讲一讲他们是怎么合作的。

二、请幼儿想一想，在我们生活、学习中有什么事情需要两个或两个以上的人合作完成，怎样做才能合作好

小结：我们生活中，有一些事情是一个人就可以做的，但很多事情需要大家一起做才能完成。学会和别人合作是非常重要的，小朋友要从小学习和别人一起做事情，和别人一起完成任务。

活动延伸

1. 户外活动时，可组织幼儿进行"两人三足跑""两人一前一后穿长木拖鞋竞走比赛"等，使幼儿进一步体验到合作、协调一致是活动成功的保证。

2. 可组织幼儿收集破旧的儿童图书，大家分工合作，剪贴、编制一本新书。

活动评析

合作是人重要的社会性品质，而培养合作意识对现在的幼儿尤其重要。该设计独具匠心，首先置幼儿于特定的情境中，一张报纸"盔甲"把幼儿连在了一起，他们必须学会合作。亲身的经历会让幼儿切实体验到只有合作才能取得胜利，而世界上有许多事情必须有人们的合作才行。整个活动设计通过游戏、讨论、再游戏，让幼儿体验合作、讨论合作、学会合作。从立意设计、活动结构、师幼互动等各个方面看，该设计不愧为一个有新意、有突破的好设计。

大家一起玩（小班）①

活动目标

1. 引导幼儿与同伴友好相处，学会主动道歉、善于原谅他人等交往技能。

2. 通过活动使幼儿体验大家一起玩的快乐。

活动准备

挂图、磁带、录音机、积木、玩具轮胎。

活动过程

一、开展音乐游戏，导入活动

师：宝宝们，我们一起听音乐做动作吧！（幼儿听歌曲《幸福拍手歌》做各种动作，如拍手、跺脚、拍肩等）我们做动作真开心呀。有个叫兰兰的小朋友也上幼儿园了，我们一起看看兰兰在幼儿园玩得开心吗。

---

① https://www.xiegaola.com/jiaoxuesheji/jiaoan/388384.html.

二、出示挂图，指导幼儿看图讲述故事

出示图一：这个小朋友叫兰兰，你们看她在干什么？（搭积木）她和谁在玩？你觉得兰兰一个人玩快乐吗？你喜欢怎样玩？那后来又发生了什么事呢？请看下图。

出示图二：兰兰怎么了？她为什么生气了？（鼓励幼儿想办法）你能不能想个办法让她快乐起来呢？（幼儿说自己的办法）小朋友想的办法真好，让我们看看兰兰的小伙伴是怎样做的。

出示图三：小伙伴哄她（对不起，我不是故意的，你别生气了），兰兰听到小伙伴的道歉还生气么？对，不生气了。那后来会怎么样呢？宝宝们，你们猜一下？（幼儿自己说）下面我们看一下你们猜得对不对。

出示图四：兰兰和小伙伴一起玩，真快乐呀！

三、通过谈话活动，引导幼儿掌握交往技能

你们觉得兰兰一个人玩快乐，还是大家一起玩快乐？你喜欢一个人玩还是和大家一起玩？当你和小朋友玩玩具或做游戏时，不小心碰到了别人或者碰坏了别人搭好的积木时，你该怎么办呢？（个别幼儿回答）对了，要说对不起，要向别人道歉，这样别人就不生气了。老师给你们准备了玩具，要大家一起玩，看看是不是很快乐呢？

四、幼儿玩玩具，体验大家一起玩的快乐

教师巡回指导幼儿，如发现一个人玩玩具，教师引导幼儿和大家一起玩。

五、表达大家一起玩的愉快情感

师：请小朋友说说，你刚才是怎样玩玩具的？大家一起玩快乐吗？大家一起玩玩具真快乐，以后大家有好吃的也要一块吃，现在大家都成了好朋友了，我们一起玩吧！

六、幼儿做"找朋友"的游戏

师：宝宝们都找到了自己的好朋友，现在，我们和好朋友手拉手一块出去做游戏吧。

活动评析

现在的孩子大多数是独生子女，在家中都是以自我为中心，离开了熟悉的家庭环境来到幼儿园，初次进入一个陌生的大集体，个别幼儿便出现了不合群现象，这样就会影响幼儿个性的发展。该活动意在根据这一现象，培养幼儿良好的同伴交往技能。由于小班幼儿年龄小，形象思维占主体地位，活动中运用了四幅幼儿喜爱的形象生动的挂图，并为幼儿准备了大量的、适合合作玩的玩具，让幼儿在玩中体验合作的快乐，并引导幼儿与同伴友好相处，培养幼儿合群、乐群的性格。

• 关于"社会环境与规范"的教育活动设计与评析

我的家乡美（大班）

活动目标

1. 通过说、看、讨论，设计旅游路线，让幼儿感受家乡的美好，进一步萌发幼儿热爱家乡的情感和立志建设家乡的愿望。

2. 通过做小导游的活动，培养幼儿语言表达能力和社会交往能力。

活动准备

1. 多媒体教学设备，家乡各旅游区的照片、录像。

2. 让幼儿带来自己曾经在景区的留影。

活动过程

一、通过观看录像、照片让幼儿感受家乡的美好

1. 幼儿观看家乡的景区录像，说一说这是哪里。

游戏：猜一猜。"小朋友看，我们来到哪里了？你是怎么看出来的？"录像结束后："你都看到哪些景点？你最喜欢哪个景点？为什么？"（逐一提问，让幼儿讲出更多的景点）

2. 幼儿互相介绍自己带来的景区留影照片，感受家乡美。

二、讨论：怎样当小导游，了解做导游的经验

1. 幼儿讨论怎样当一名小导游。

2. 通过评价活动使幼儿了解做导游的主要经验。

三、让幼儿设计自己的导游路线，学做小导游

1. 幼儿根据老师讲过的景区，设计旅游路线。

2. 分角色学做小导游，同游客讲解××旅游区。

"大家好！我是你们的导游×××，今天由我带大家游览×××……"

3. 大家一起歌唱《我爱我的家乡》。

4. 教师小结。（情感教育）

小朋友们玩得高兴吗？你都到哪里去玩了？是啊，家乡发展建设特别快，一座座高楼不断建成，一条条马路越来越宽敞，大大小小的广场到处都是，每一个地方都是一处风景，祖国各地游人不断，大家都在夸郑州！小朋友，你喜欢我们的家乡吗？

活动延伸

幼儿以小导游的形式给家人和朋友介绍自己的家乡。

活动评析

本活动避开说教式的讲解形式，采用活泼的"小导游"的形式展开，增加了活动的趣味，也充分调动了孩子的积极性和自主性；让孩子在活动中轻松地了解自己的家乡，产生对家乡的热爱；同时，也能让孩子充分地表现自己。

• 关于"社会文化"的教育活动设计与评析

快乐的中秋节（大班）

活动目标

1. 知道中秋节的来历及有关文化，进一步加深对传统节日的了解。

2. 能大胆讲述收集的信息，产生对传统文化的兴趣。

3. 乐于与同伴交流、分享，体验集体过节的快乐。

活动准备

1. 嫦娥奔月的动画故事、中秋节的相关环境创设。

2. 教师与幼儿一起准备的月饼、中秋节相关信息和各地过中秋节的文化。

活动过程

一、欣赏动画——引出主题

幼儿观看嫦娥奔月的动画故事。通过观看动画故事，唤起幼儿对中秋佳节的遐想，进而引出主题。

二、师幼交流——丰富经验

1. 请幼儿讲述收集到的中秋节来历和相关故事，以及中秋节有关的古诗、民谣等。

教师补充：每年的八月十五是我国传统的中秋佳节，这时是一年秋季的中期，因而被称为"中秋"。这天晚上月亮通常特别圆，特别亮。人们看到圆月就会联想到一家人的团聚，希望生活像月亮一样团团圆圆、和和美美，因而又把"中秋节"称为"团圆节"。（目的：使幼儿更加明确中秋节的来历）

2. 引导幼儿讨论身边的庆祝方式。

师：过中秋节了，我们班上有什么变化？大街上都有什么变化？你和爸爸妈妈一起过中秋节时都干些什么？

3. 引导幼儿讨论其他地方的庆祝方式。

师：你们还知道其他地方的人都会用什么方式来庆祝中秋节吗？

幼儿向大家展示和讲解他们收集到的信息。教师补充小结：除了赏月、祭月、吃月饼外，还有香港的舞火龙、安徽的堆宝塔、广州的树中秋等。

三、品尝月饼——分享快乐

1.（观察月饼的形状）小朋友们看一下我们带的月饼都是什么形状的？和老师的月饼有什么一样的地方？（发现月饼通常是圆的，知道月饼的圆代表团团圆圆，代表生活幸福美满）

2. 请幼儿向大家介绍一下他们的月饼，丰富幼儿对中秋节月饼种类的了解。

3. 欣赏歌曲《爷爷为我打月饼》，活跃节日气氛，让幼儿边听音乐边与同伴互相分享月饼，体验与同伴、老师一起过节的快乐。

四、许下心愿——祝福团圆

1. 引导幼儿闭上眼睛许愿："中秋节快要过完了，让我们一起许下中秋节的心愿吧。"

2. 鼓励幼儿把心愿说给大家听听，给幼儿表达心愿的机会。

活动延伸

活动结束后，鼓励幼儿回家和家人一起制作中秋节贺卡，并与同伴互送，体验浓厚的亲情和友情。

活动评析

本节活动，改变了以往单纯说教的方式，通过环境的创设、幼儿的大胆表现及品尝月饼、许中秋心愿等方式，让幼儿运用多种感官感受到过节的快乐。又通过看、说、尝等分享活动，进一步加深幼儿对中秋节这一传统节日的认识和热爱。

十二生肖（大班）[①]

活动目标

1. 感知十二生肖是中国人所特有的，并为自己是中国人而感到自豪。

2. 通过讨论活动，初步了解十二生肖与人的年龄之间的关系。

活动准备

布制十二生肖一套，大转盘一个，幼儿已调查过自己家人的生肖。

活动过程

一、幼儿回忆已有经验

1. 从十二生肖的故事导入。（目的：帮助幼儿回顾有关十二生肖的认知经验）

2. 个别幼儿练习生肖排序，师生共同检查幼儿操作情况。（目的：训练幼儿思维的敏捷性）

提问：鼠的后面是谁？马的前面和后面分别是谁？

小结：现在我们知道十二生肖是按一定顺序排列的，谁排在前、谁排在后是按顺序的。

① 黄瑾.幼儿园教育活动设计与指导［M］.上海：华东师范大学出版社，2007：253-254.

3. 了解各自的生肖。（目的：激发幼儿为自己是中国人而感到自豪）

每年都有一个生肖，今年是什么年，出生的宝宝属什么？你属什么，是什么年生的？

小结：原来生肖和年有关，狗年出生的属狗，龙年出生的属龙……

二、幼儿操作统计活动

1. 交流并实践操作各自的家庭生肖调查表。

每个人都有一个生肖，是不是家里有几口人，就有几种生肖？请幼儿统计。

2. 汇总幼儿统计情况。

三、集体讨论和交流

1. 家里的人数和生肖不一样多，这是怎么回事？

（1）年龄相同，生肖相同。原来，有两个人的年龄相同，所以生肖也相同，家里有五口人，只有四个生肖。

（2）年龄不同，生肖相同。家里六个人，但生肖不是六个，是因为他们不同的年龄轮到相同的属相，生肖就相同了。

2. 今年是什么年？按照一年一个生肖，你知道明年过春节时是什么年？去年是什么年？

3. 分享体验。属蛇的小朋友今年6岁，属龙的小朋友是几岁？你能猜出来吗？

活动评析

《纲要》中"社会"部分的目标明确提出，要培养幼儿"……爱集体、爱家乡、爱祖国"的情感。爱祖国是幼儿社会教育的重要内容，而传统文化就是其中重要一部分。十二生肖作为传统文化的一个体现，又贴近幼儿的生活经验，很有教育意义。该活动通过幼儿回忆已有经验、操作统计等方式让幼儿把对十二生肖的认识从浅显、零散化提升到深刻和系统性，感受到十二生肖是中国人所特有的，并为自己是中国人而感到自豪。

二、学前儿童社会教育教学活动设计的注意事项

（一）不同类型教学活动设计侧重点不同

社会教育培养幼儿社会认知、社会情感和社会行为技能，针对这三个方面的不同，教师应结合其特点加以设计。

1. 社会认知教学活动设计注意事项

社会认知是学前儿童在参与社会活动中发展的，认知所获得的经验影响其社会行为，因此要帮助学前儿童得到积极的社会知识经验。教师在设计社会认知这一类型活动时应注意以下四点。首先，要结合幼儿的生活。社会规范、原则、道理这些知识对幼儿很有用，但对幼儿来说却又是深奥的，教师在设计时应有效地结合生活，使幼儿能真实地感受并掌握。其次，使认知内容形象、简单化。鉴于社会认知内容的深奥，教师在设计时应使其形象化，如让幼儿认识10月1日是国庆节，告诉幼儿"10月1日国庆节是祖国妈妈的生日"要比"10月1日国庆节是中华人民共和国成立的日子"更能令幼儿接受。因为"生日"是儿童原有认知结构中已有的，儿童可以借同化概念来理解"国庆节"。再次，注重认知的循序渐进性，新的认知需要在原有经验的基础上加以理解，所以教师要注重幼儿前期经验的积累。最后，要使幼儿在活动或情境中理解。认知的内容相对来说比较枯燥，教师应将其放入活动或真实情境中，便于幼儿理解。

2. 社会情感教学活动设计注意事项

社会情感是人们在社会活动中因自己的需要能否满足而产生的主观感受。由于幼儿的情绪情感识别能力、表达能力及调控能力较弱，教师在设计情感类教学活动时要注意：一是注重情感的体验，尽量设计一些情境、游戏等，让幼儿在活动中体验各种情感；二是激发幼儿的情感共鸣，教师可以通过拟人化的设计来激发幼儿，如图书找不到家了，见不到妈妈了，来激发幼儿产生同情心，帮助图书回

家；三是引导幼儿的情感表达，教师应注意创造多种机会引导幼儿进行情感表达。

3. 社会行为技能教学活动设计注意事项

社会能力指人们在交往等社会活动中对周围环境的人或事情做出的态度、言语和行为反应。社会行为技能的掌握在于练习和参与，所以教师设计的活动应注意：一方面，注重实践环节的设计。活动的开展若只停留在"教师讲，学前儿童听""教师演示，学前儿童看"的基础上，对学前儿童社会行为技能的发展起不到太大的作用，应尽量给学前儿童动手参与的机会，让幼儿在活动中操作和练习。另一方面，提供多种正面的榜样供幼儿进行行为模仿。教师可以通过伟人、英雄、同伴等给幼儿树立好的榜样，使其学习正确的行为。

（二）设计注意"渗透"的教育思想

《纲要》在社会领域中强调，社会领域的教育具有潜移默化的特点。幼儿社会态度和社会情感的培养尤应渗透在多种活动和一日生活的各个环节之中。所以在设计教学活动时，应融入新的教育理念，注重"渗透"的教育思想，即各领域渗透、生活中渗透、环境中渗透、家庭中渗透，"注重综合性、趣味性、活动性，寓教育于生活、游戏之中"。

首先，注意各领域渗透。当设计社会领域的活动内容时，要考虑与其他领域的联系和配合。它的理论依据是：一方面，幼儿本身是一个有机整体，其各个方面的发展是相互联系、相互影响的；另一方面，解决问题时需要的知识和能力是综合的。因此，为幼儿提供的各领域的课程内容不应该是彼此孤立的，相反应该是相互渗透、有机联系的。设计活动时要充分考虑各领域之间的相互联系和相互配合。

其次，注意一日生活中渗透。在生活中渗透是基于学前教育与中小学教育的重要区别，即教学时间不限于"课堂"。中小学每天6～7节课，抓好了课的质量，就基本保证了每天的质量。幼儿园则不然，集体教学活动的时间最多1小时，绝大多数时间是游戏和生活环节，因此，如果把教养任务仅限于用集体教学的时间来完成是不可能的。所以幼儿园一定要体现生活即教育的思想：一方面，要体现生活中时时、事事、处处有教育；另一方面，要充分利用生活时间完成相联系的课程内容。以往，虽然生活中渗透教育的思想也很明确，但由于设计活动时未考虑这一环节，所以，渗透的目的性不够强，从而使渗透成为随意的、偶发的行为。一旦设计活动时加入这一环节，就会大大提高生活中渗透的自觉性、目的性和有效性。

最后，注意环境中渗透。它的理论依据是环境对人，尤其是对婴幼儿具有很强的影响作用，充分利用环境的教育功能，可以大大提高教育的效果和效率。《纲要》中强调幼儿园要为幼儿"创设一个能使幼儿感到接纳、关爱和支持的良好的环境"，包括"幼儿园的空间、设施、活动材料和常规要求""幼儿同伴群体及教师""教师的态度和管理方式""家庭""自然环境和社区的教育资源"等环境。要将这一思想落到实处，设计每一个教育活动都要考虑环境创设和利用问题，活动要顺利进行，就需要环境的密切配合。

总之，注重"渗透"的教育思想，均应通过具体的活动落到实处。

（三）设计注意提问的要求

1. 教师的提问应有导向作用

教师的提问不够清晰、偏难或偏易，都会影响幼儿参与活动的积极性。教师在设计问题时，应十分熟悉幼儿语言的表达特点、表达水平等，给出适当的提问。同时教师的提问应尽量引导幼儿发散思维，问题的答案多样性可使更多的幼儿有回答的机会，使幼儿的能力得到锻炼。而如果教师的问题只需要幼儿回答"是"或"不是"，那幼儿的答案就只能是一种想法，而且是被动、依赖的。

2. 避免使用成人化语言

成人化语言使教师无法和幼儿进行有效的沟通，影响教育效果。如一位教师提出："请小朋友把这个故事的内容概括地说出来。"小朋友茫然不知所措地看着她，在她的一再催促下，幼儿小声说："老师，什么是概括呀？"在该例子中幼儿对"概括"一词不理解，所以答非所问，影响了幼儿的学习。

3. 多引出启发性、开放性的问题

幼儿是教育活动的主体，教师的指导作用很大程度上反映在对幼儿活动主动性、积极性和创造性的激发和引导上。因此，教师应注意在恰当的时机提出有价值的问题。这就需要教师对幼儿的问题和兴趣做出及时的判断和把握，准确地筛选出既满足大多数幼儿的学习兴趣又能够对幼儿产生认知或能力上挑战的内容和问题，再通过提问的方式不断推动幼儿的探索和思考活动的进行，引导幼儿自己去尝试解决问题。例如在"我长大了"活动中，教师巧妙地根据幼儿的探索兴趣适时地抛出了一连串问题："你知道自己的身高、体重吗？"→"你怎么知道自己长大了？"→"光凭一张记录纸上的结果就能知道你长大了吗？"→"两张记录比较下来的结果是怎样的？"→"要知道我们班所有孩子的身高、体重，我们用什么好办法来告诉保健医生？"→"你们小组还有什么不一样的记录办法吗？"层层推进的问题为幼儿提供了一个开放的思考平台。

三、学前儿童社会教育教学活动组织实施案例展示

学前儿童社会教育教学活动的设计是为了在组织实施活动时做到心中有数，而活动的组织实施则是将活动设计真实地呈现出来，最终完成活动目标。下面呈现一线幼儿园教师的教学活动设计与组织实施的整个过程。

二维码里的郑州（大班）[1]

设计意图

随着信息技术的发展，郑州的信息化建设也在完善。很多电子信息技术应运而生，二维码就是活跃在人们生活中、为人们提供便利的一种技术。孩子们在实际生活中常常接触到手机二维码，如买东西刷二维码、吃饭刷二维码等。虽然二维码在日常生活中应用非常广泛，但孩子们对它的认知仍然有限。二维码作为社会交际的一种现代技术，有必要让幼儿认识和了解。同时，可通过为祖国设计二维码使幼儿感受家乡的强大和高速发展，在他们幼小的心灵中播种一颗爱祖国、爱家乡的种子，激发幼儿身为郑州人的自豪感。

大班社会活动"二维码里的郑州"

活动目标

1. 了解郑州的"厉害之处"，感受这座城市的伟大以及迅速发展。
2. 尝试使用移动终端扫码功能观看视频资料并记录。
3. 为自己成为一名郑州人感到幸福和自豪。

活动准备

经验准备：幼儿了解二维码的特征和作用，和家长一起搜集郑州的中国之最资料。

物质准备：教师利用交互式学习软件制作有关中国之最的交互游戏，准备平板电脑、手机、各种二维码、记号笔、记录表等。

活动过程

一、谈谈家乡，引出主题

1. 参观画展——我的家乡。
2. 幼儿介绍自己的画作，以及城市周边的变化和美好之处。

小结：我们是河南省郑州市的居民，我们的城市日新月异，我们现在的生活非常美好。

---

[1] 郑州市二七区第二实验幼儿园刘亚兰老师供稿及展示示范课。

二、探索操作，尝试扫码

1. 初步体验二维码的作用。

师：今天我们要用一种特别的方式来认识我们的郑州市，你们看，这是什么？如何使用？这个二维码里面藏了什么秘密呢？我们用手机扫一扫，一起来看一看吧。

在课件上出示二维码，教师用手机扫码，投屏到大屏幕上，师幼一起欣赏郑州市宣传片。

师：原来二维码里有我们美丽的郑州市呀，看完这段视频，你有什么样的感受？你想对我们的城市说些什么呢？（幼儿自由发言，教师引导幼儿完整表达）

2. 了解中原福塔是中国之最。

师：小朋友们看，这是什么？关于中原福塔你们都知道些什么呢？

在课件上出示中原福塔的图片，幼儿观察图片，分享自己搜集到的相关知识，教师引导幼儿准确表达。

小结：郑州的中原福塔位于管城回族区，是全中国乃至全世界最高的全钢结构发射塔，是集办公、餐饮、旅游为一体的标志性建筑。

3. 扫码了解郑州的中国之最。

师：后面操作台上有许多二维码，每个二维码中都藏了一个有关郑州的中国之最。请小朋友们分成小组，扫一扫、看一看、记一记，比一比哪一组了解得最多。

（1）提出要求：使用平板电脑上的扫码功能识别二维码，欣赏郑州的全国之最短视频；小组内幼儿轮流进行扫码操作，遇到困难时其他小组成员提供帮助，共同解决问题；认真观看视频资源，集体讨论如何记录，规范填写记录表。

（2）幼儿分组扫码操作，教师巡视，重点发现幼儿在探索中出现的问题，观察幼儿的解决方法和过程，帮助幼儿解决移动终端出现的问题，并引导每组幼儿合理分工，通力合作。

三、提出质疑，分享收获

1. 提出扫码中出现的问题。

师：刚才在扫码的过程中你遇到问题了吗？都有哪些问题呢？

（1）鼓励幼儿大胆提出扫码中出现的问题。例如：找不到扫码标识，二维码扫描不上，扫码后不出现画面，等等。

（2）引导幼儿一起参与讨论，找出解决问题的办法。例如：针对找不到扫码标识，一起再次认识扫码标识；如果二维码扫描不上，可以把二维码放到扫码标识内维持5秒左右，保持移动终端的稳定，尽量不晃动；如果长时间不出现画面，可以尝试退出重新扫码。

小结：扫码时，用扫码标识稳定地对准二维码，维持5秒左右，就可看到二维码背后藏着的秘密。

2. 以小组为单位分享收获。

师：小朋友刚刚学会了扫码，那么展示台上的二维码中藏了郑州的哪些全国之最？你和小伙伴是如何记录的？请大家来分享你们的收获吧！

（1）幼儿手持记录表，教师将记录表投屏到大屏幕上，幼儿逐一进行分享，要说清楚二维码中地点的名称、特点和功能等。

（2）以小组为单位，每组选派代表，参照记录表分享自己小组看到的郑州的全国之最。

小结：小朋友的分享很精彩，让我们了解到郑州的伟大，我们为自己是一名郑州人感到自豪。

四、交互游戏，强化爱祖国、爱家乡的情感

师：刚才小朋友认识了六处郑州的"厉害"的地方，都有哪些呢？请两位小朋友一组操作、表达，比比谁知道得多。哪个小朋友愿意先来挑战呢？

幼儿两人一组玩有关"厉害郑州"的交互游戏，进一步巩固知识难点。

五、拓展延伸，联系生活

师：除了刚才我们说到的，郑州还有很多"厉害"的地方，比如：宇通客车公司是全国最大的客车生产公司，三全食品厂是全国最大的冷冻食品生产基地。还有更多的二维码藏在了我们外面的各个角落里，等待着我们去发现和探索，让我们一起再去找找吧！

活动评析

在本节教学活动中，首先通过幼儿的作品介绍，从幼儿身边常见、常去的标志建筑入手，引导幼儿回想已有经验，再通过扫码投屏的方式，观看一段宣传片，同幼儿一起"云游"郑州市。在观看的过程中，幼儿时不时发出赞叹和惊讶声，对家乡的变化和发展赞不绝口，自豪感和荣誉感油然而生。

在分组扫码的过程中，幼儿分组尝试使用移动终端扫码功能观看视频资料并记录家乡的厉害之处，在轮流使用平板的过程中，幼儿相互讨论，分享收获，直接感知，实际操作，最终获得情感体验。当然，在自主探索中，幼儿扫码时也遇到了问题，如对不准二维码、扫描过快未能显示等情况，他们通过再尝试、讨论、互助等形式，获得了学习经验和情感体验。

最后，通过一个交互游戏，让幼儿操作和游戏。幼儿热情高涨，能准确找到选项。虽然由于不熟悉操作方法，因此分数并不高，但是在最后的讲解中，绝大多数幼儿基本掌握，并且对家乡产生了热爱之情，还对祖国的大好河山充满向往。

我的课间十分钟（大班）①

设计意图

《3—6岁儿童学习与发展指南》的教育建议中指出，"带领大班幼儿参观小学，讲讲小学的有趣活动，唤起他们对小学生活的好奇和向往，为入学做好心理准备"，使我们进一步理解了幼小衔接的重要性。"课间十分钟"是"我要上小学"活动里的一个集体活动，其主要目标是"模拟小学生的生活，初步感受小学生的学习活动"。在这十分钟里可以做什么？让孩子尝试计划、分享、安排十分钟活动，可使他们在了解这些活动后，了解什么是必须做的和可选择做的，以及更清晰、有条理、有目的地学会安排自己的时间，乃至合理、有序地安排自己的生活，为终身学习和提高生活品质打下基础。

大班社会活动"我的课间十分钟"

活动目标

1. 了解小学生的作息制度。

2. 尝试合理安排课间十分钟，并能用图画的方式记录下来。

3. 懂得课间活动的意义所在，增强时间观念。

活动准备

经验准备：幼儿听过绘本故事《课间十分钟》。

物质准备：记录纸、笔、图片。

活动过程

一、出示图片，引出主题

1. 请听一段声音，猜一猜这是什么铃声，它的作用是什么。

2. 下课可以休息几分钟？

3. 观察钟表，知道长针走两大格就是十分钟。

二、课间十分钟做什么

1. 欣赏课件，了解课间十分钟里必须做的事情。（上厕所、喝水、准备下节课的书）

---

① 郑州市二七区第二实验幼儿园刘妍老师供稿及展示示范课。

2. 集体讨论，了解课间十分钟里可以选择做的事情。（运动、打篮球、跳绳、踢毽子、散步、聊天、看书）

三、填写"课间十分钟记录单"

（一）第一次记录：记录课间十分钟想做的事情

1. 教师介绍记录单的记录方法。在课间十分钟里，你想做什么事？请画在记录单上。

2. 幼儿记录。

3. 幼儿介绍自己在课间十分钟想做哪些事情。

（二）第二次记录：给事件排序，分配时间

1. 师：请你把这些事情排一个先后顺序，给每件事情标上序号，写上需要用的时间。

2. 师：标记完之后，请你把所有时间加起来，看一看是否超过了十分钟，如果超过了十分钟，那你就要做出调整。

3. 幼儿分享自己的排序以及时间划分。

4. 总结：课间十分钟是有限的，必须要先做好下节课的准备工作和休息，这样十分钟才会过得有意义。

活动延伸

模拟课间十分钟。

活动评析

本次"我的课间十分钟"活动，在充分尊重幼儿年龄特点和身心发展规律的基础上，与小学"学习准备期"综合活动有机结合，充分体现科学性、整合性和趣味性，并对幼儿的后续学习奠定基础。整个活动设计环节流畅，层层推进。第一环节：下课铃声导入，引起兴趣，提出了课间可以做什么的疑问。第二环节：幼儿大胆表达自己的想法，做各件事情的时间规划，填写"课间十分钟记录单"。第三环节：幼儿分享自己的课间十分钟计划，检验计划的事情有没有超时，各件事情是否适合在课间做等。每个环节都紧紧围绕目标而设定。在活动中，教师扮演着幼儿的"支持者、引导者"的角色，将课间十分钟如何合理利用的问题抛给幼儿，引导幼儿大胆发言。幼儿不仅说出了课间十分钟可以做哪些事情，还能够分清事情的主次。接着，幼儿运用小组讨论、自主记录等方法填写"课间十分钟记录单"，并将自己的规划进行分享。在此过程中，幼儿的时间观念进一步加强，自主解决问题的能力得到提升。

园庆计划（大班）[①]

设计意图

《指南》中指出"人际交往和社会适应是幼儿社会学习的主要内容"，本次教学活动的设计重点基于大班幼儿这两方面的学情进行考虑。大班幼儿在与同伴交往的过程中，合作能力、解决问题的能力、协调人际关系的能力不断发展，活动的主动性、目的性有了明显提高。《幼儿园教育指导纲要（试行）》中明确指出："支持幼儿自主地选择和计划活动，并鼓励他们认真努力地完成任务。"因此，需要给予大班幼儿独立制订计划、执行计划的时间和机会，并保持对设定目标的专注度，提升主动性和自信心。

大班社会活动
"园庆计划"

好的习惯会让孩子受益终身，学会制订计划也是幼小衔接工作中关于建立良好学习习惯的一项非常重要的内容。因此，本次活动结合幼儿的生活经验，以生日宴会为主题引发幼儿的兴趣，通过集体讨论、小组合作与协商的方式引导幼儿初步尝试制订园庆计划，并能用清晰连贯的语言讲述自己的计划，让幼儿体验制订计划的意义和重要性。

---

① 郑州市二七区第二实验幼儿园徐梦真老师供稿及展示示范课。

活动目标

1. 结合已有的生活经验，知道生日庆祝要准备的物品。

2. 通过集体讨论、小组合作与协商的方式，初步尝试与同伴制订园庆计划。

3. 能够感受制订计划对生活的重要性。

活动准备

图片、园庆视频、背景音乐、策划表、画笔。

活动过程

一、谈话导入，分享生日里的趣事

师：过生日时你都做过哪些有趣的、有意义的事呢？（幼儿分享，教师出示图片）

小结：过生日真是令人愉快的事情，我们可以做很多有意思的事情，这些事情让我们很开心，并且记忆很深刻。我们也可以自己组织生日宴会。

二、结合自己的生活经验与同伴共同制订园庆计划，初步尝试安排自己的活动

1. 初步策划活动内容，为制订计划做铺垫。

师：我们幼儿园的生日是在每年的9月27日，你们可以共同参与组织一个有趣的生日会。幼儿园的生日，你会用什么方式庆祝呢？（幼儿说，教师画）

2. 观看视频，小组讨论，拓展经验。

师：视频里有这么多精彩的园庆活动，除了这些，你还能想到哪些不同的庆祝方式呢？

同组讨论、分享。

3. 引导幼儿用做计划的方式来表示活动内容。

师：有这么多有趣的活动，怎样才能方便我们记住？

小结：在准备生日会之前，我们要做许多活动方案，怕忘了可以制订一个计划帮助自己更好地组织活动。

师：时间9月27日怎样表示？地点是在幼儿园，爸爸妈妈怎样画？

小结：可以用简单的符号来表示，既清楚又明白。也可以用谐音的方式、标志物的方式来表示，画的图画要简单、清楚、便于记忆。这样，大家都能看懂你的计划书了。

4. 小组同伴互相协商、讨论，分工制订合理的生日会计划，感受与好朋友一起商量生日会的快乐。

要求：用简单清楚的图示来表征；注意书写姿势；小组分工商量。

三、分享交流制订的计划

1. 提问：谁来说说你的计划？有什么安排？

2. 观察、讨论并找出和其他小组不同的庆祝活动。

3. 交流讨论：你觉得有哪些不合理的地方？为什么？

小结：制订计划时可以加上注意事项，用简单清楚的符号来表示会更易让人看懂，你可以结合其他小朋友的计划继续充实自己的计划。

4. 找出每组精彩的活动并合并成一份计划。

活动延伸

引导幼儿按计划自主选择、搜集材料，为完成生日会做进一步的准备工作。

师：今天我们成功地为幼儿园策划了生日会，接下来我们要解决的问题是：制作生日礼物都需要用哪些材料？生日会中要表演哪些节目？说祝福语时要用哪些好听的词？请你们和小伙伴们共同想一想、说一说，下次活动时我们就要做召开生日会的进一步准备工作。

活动评析

本节课内容来源于幼儿生活，将幼儿对过生日的已有经验升华为为幼儿园过生日，因此幼儿的兴趣浓厚。活动从易到难，从回顾过生日重拾已有经验，到观看视频拓展新经验，再到与

同伴交流以及学习列计划，从而与幼小衔接系列活动相贯通。该活动让幼儿初步培养起学做计划的能力，并逐步迁移到日常生活，真正做到教育来源于生活，最终运用到生活中，为幼儿的后续学习和终身发展打下坚实的基础。

太空之旅（中班）①

设计意图

宇宙和太空，一直是孩子们感兴趣的话题。本次教学活动借助"中国航天日"向幼儿普及航天知识，正是幼儿园本月的教育教学主题。目的在于：加深幼儿对中国航天发展史的认识，感受中国航天精神，体验航天英雄的艰辛，学习他们坚忍不拔的精神。

中班社会活动
"太空之旅"

活动目标

1. 通过观看宇航服、火箭发射、飞船对接空间站等视频，探索航空知识，了解太空中生活、工作等方面的基本内容。

2. 借助丰富的音视频，模拟体验太空行，感知和体会航天英雄的艰辛。

3. 感受中国航天精神，为祖国的航天事业发展感到自豪，萌发崇尚科学、探索未知、勇于创新的热情。

活动重难点

活动重点：探索航空知识，了解太空生活、工作等方面的内容。

活动难点：感受中国航天坚忍不拔、忠诚爱国的精神。

活动准备

经验准备：对中国发射的载人飞船和航天知识有简单的了解。

物质准备："宇航员在太空"图片、"宇航服"动画视频、"火箭发射"动画视频、"出发去太空"组图、"飞船对接空间站"视频、"太空中的工作"音频及图片、"太空中的生活——吃饭和洗脸"组图及视频、"太空中的生活"动画视频、活动场地场景布置。

活动过程

一、情景创设："太空之旅"，引出活动主题

1. 观看视频，跟随宇航员一起感受神奇宇宙的魅力。

师：亲爱的小朋友们，今天有一个神秘的小嘉宾，邀请我们参加非常有趣的活动。让我们一起去看看这位神秘的小嘉宾是谁，他将邀请我们参加什么有趣的活动。

播放视频

师：有谁知道宇航员是怎么从地球来到太空的吗？

教师小结：原来宇航员是乘坐载人飞船通过火箭发射到太空中的。

2. 观看动画视频"宇航服""火箭发射"、组图"出发去太空"，了解宇航员到太空的过程。

（1）引导幼儿观看动画视频"宇航服"，知道宇航员上太空前要穿上宇航服。

师：上太空前，宇航员要做什么呢？一起去看看吧。

教师播放视频，然后提问：宇航服由哪几个部分组成呢？

教师小结：宇航服由头盔、面窗、电控台、安全系绳、背包、气密层、舱外手套、电脐带等组成，是专门为宇航员设计的服装，用来保障宇航员在太空中的安全。

（2）观看动画视频"火箭发射"，了解火箭发射的过程。

师：宇航员奇奇已经穿上宇航服，进入火箭，即将等待火箭发射。让我们一起瞪大眼睛仔细看，火箭是如何一步一步冲向宇宙的。

---

① 郑州市二七区第二实验幼儿园王娟老师供稿及展示示范课。

教师播放视频并小结：火箭由多节组成，在火箭发射的过程中，靠燃料助推，会经历3次脱节。最后，载人飞船脱离火箭到达宇宙。

（3）出示组图"出发去太空"，引导幼儿回顾宇航员去太空的过程。

师：到达宇宙可真不是一件容易的事呀！你还记得宇航员奇奇到达宇宙的整个过程吗？

看图片，教师小结：宇航员穿上宇航服→进入火箭→火箭发射→经历了3次脱节→载人飞船脱离火箭→到达目的地——太空空间站。

二、观看动画视频"太空中的生活"，了解宇航员在空间站的工作和生活

1. 出示图片"飞船对接空间站"，引导幼儿简单了解太空空间站。

师：你听过太空空间站吗？

师：你知道太空空间站是什么吗？

师：那我们来听听宇航员奇奇是怎么介绍的吧。

教师播放视频，然后小结：太空空间站也是一种航天器，它就像太空中的房子，是宇航员在太空中工作和生活的"家"。

2. 播放音频及组图"太空中的工作"，引导幼儿了解宇航员在太空中的工作。

师：到达太空空间站后，宇航员就要开始工作了，一起了解一下宇航员有哪些工作内容？

播放视频

提问：原来宇航员是带着任务进入太空的，通过刚才奇奇的讲解，他们的工作有哪些？

教师小结：宇航员的工作真特别，既要组装、测试空间站的各种设备，又要做实验、给地球上的小朋友讲解太空知识，同时要监测自己的健康状况，还要探索更多的宇宙奥秘。

3. 播放动画视频"太空中的生活"、出示组图"太空中的运动、睡觉、吃饭、洗脸"，引导幼儿了解宇航员在太空中是如何生活的。

师：我们已经了解了宇航员在太空的工作，那你们想不想知道他们在太空中的生活会发生哪些有趣的改变呢？一起来看看吧！

教师播放视频，提问：从刚才的视频中，你发现了宇航员与我们在地球上的生活，有什么不同吗？为什么？

教师小结：原来，他们处在失重的状态下，所以和我们不一样。虽然不一样，但是聪明的科学家们为宇航员想出了各种办法，因此宇航员在太空中也能正常生活。

三、玩"游戏"，模拟体验宇航员的不易

其实，想成为一名宇航员非常不容易，面对的第一关就是"失重"，想不想体验一下？

游戏：失重外太空

师：双手模仿大象的长鼻子，原地转10圈，安全回到自己的座位上。你敢挑战吗？

步骤：分组进行。

师：你感觉怎么样，现在？

游戏目标：这个游戏就是通过快速旋转，体验宇航员在"失重"的状态下头晕眼花，身体不适，还能保持清醒完成任务。并且，除了失重以外，他们还要面临许许多多挑战，却从来不放弃。

四、挑战、探索未知的航空知识

师：关于宇宙和载人飞船，还有很多知识，等着我们去探秘。比如，你知道"中国载人航天飞船"为什么取名叫"神舟"吗？你知道"火星探测器"叫什么吗？你知道"中国首辆火星车"叫什么吗？你知道我国自主研发的"卫星导航系统"叫什么吗？我们将在以后的学习中逐一地寻找答案，下面请把我们今天体验的这个游戏，去跟其他班的小朋友交流一下吧！

活动延伸

1. 区域活动。

（1）在建构区，投放各类建构材料，鼓励幼儿拼搭火箭、飞船、空间站。

（2）在美工区，投放手工材料纸筒、彩纸、胶水、剪刀等，鼓励幼儿制作纸筒火箭。

2. 家园共育。

（1）家长可在家中带领幼儿观看航天纪录片，拓展幼儿有关航天的认知。

（2）有条件的家长可带领幼儿参观航天馆、天文馆，进一步激发幼儿对太空的好奇和向往。

活动评析

这是一个有关科普航天知识的教育教学活动，巧妙地借助4月24日"中国航天日"，利用多媒体动画课件，以形象的视频资料让幼儿观看宇航服、火箭发射、飞船对接空间站等视频，了解与航天有关的基本信息，感受载人飞船升空的整个过程，以及模拟体验太空行，感知和体会航天英雄的艰辛，感受他们坚忍不拔、忠诚爱国的航天精神，为祖国航天事业的发展感到自豪，萌发崇尚科学、探索未知、勇于创新的热情。

结合中班幼儿的年龄特点，侧重"体验式学习方式"为主，活动的设计和实施层层递进、由浅入深。整个活动，幼儿的注意力被牢牢地吸引，教师在整个活动中成了组织者、引导者。教师在观察中发现问题，鼓励幼儿自己去想象，提出建议，让幼儿自由发挥。幼儿参与活动及游戏，能够积极思考、主动尝试、大胆猜测，激发了主动学习的积极性，锻炼了语言表达能力。

1. 社会领域应关注的目标。

该活动从4～5岁幼儿的年龄特点出发，依据《指南》有效达成了以下目标：《指南》社会领域目标3"具有初步的归属感"中，教育建议中提到"向幼儿介绍反映中国人聪明才智的发明和创造，激发幼儿的民族自豪感"，对应活动中"在'中国航天日'到来之际，向幼儿介绍有关航天知识，了解中国航天技术在国际中的地位"；《指南》目标中还提到"幼儿要有自尊、自信、自主的表现"，对应活动中"当幼儿看到火箭发射升空的视频时，他们口中的惊讶、自豪声"，正是民族自豪感建立的体现。

2. 活动目标达成。

活动目标达成度方面，整体来说达成度较好，目标里提到的在活动过程中都体现了。教师在活动中的目标具体明了，具有针对性。活动开始时，场地的布置已经让孩子们仿佛走进了太空的世界，教师又以邀请神秘嘉宾参与活动的形式导入，"太空之旅"情景创设自然形成。再通过播放相关视频来一步一步地带领幼儿了解载人火箭发射宇宙的整个过程。最后，了解宇航员在太空空间站的工作和生活，并亲自体验"失重"的感觉，体验航天英雄的艰辛，学习他们坚忍不拔的精神。

3. 课程设计环节、提问、理答。

（1）教师的整个活动设计环节流畅，层层推进。第一环节：情景创设导入，引起兴趣，详细了解宇航员到达宇宙的整个过程。第二环节：观看动画视频"太空中的生活"，了解宇航员在空间站的工作和生活。第三环节：玩"游戏"，模拟体验航天员的不易。大环节层层递进，每个小环节也是由浅入深，如"火箭是如何一步一步冲向宇宙的？"之后，进行猜测交流，每个环节都紧紧围绕目标而设定。

（2）在每个环节中，教师都提问不少于三名幼儿，将个人经验迁移到同班经验，从讨论中拓展了幼儿的认知经验。

（3）提问环节，教师在幼儿观看视频前把问题前置，并在幼儿回答后进行小结，丰富并拓展了幼儿的经验。

（4）教师的理答流畅自然，并将幼儿较为零散的经验，用系统化、规范化的语言进行了总结。

第二节　　学前儿童社会教育区域活动的设计

一、学前儿童社会教育区域活动的设计思路及实例分析

区域活动指教育者以幼儿感兴趣的活动类型为依据，将活动空间相对划分为不同区域，让他们自主选择活动区域，通过与材料、环境、同伴的充分互动而获得学习与发展。区域活动是幼儿园社会教育的途径之一，是集体教育活动的补充。在区域活动中，儿童可以自主选择，自发地活动，并且以小组活动的形式，有协商、有配合，精神上没有压力。而且活动区也给儿童提供了更多的自由交往和自由表现的机会，使儿童之间能够增进了解、增长知识。像角色游戏区、积木区、语言区、音乐区，以及"我有一双小巧手""娃娃家""饲养角"等活动区，都可以对儿童的社会性发展起到良好的促进作用。

区域活动的设计不同于其他类型教育活动的设计，教师设计的不是具体的活动，而是活动的材料、环境，将教育意图转化为活动材料和环境的创设上，透过创设的环境影响幼儿的活动，再通过幼儿的活动达到预期的发展，这是区域活动设计的基本思路。具体应该从以下四点着手。

（一）确定区域活动的类型

区域活动的设置需要考虑幼儿的年龄特点、长期和近阶段社会性发展需要、班级现实条件等，所以，教师应先全面考虑班级所有活动区的总体设置，然后确定各区的设置。比如，班级空间能容纳多少个活动区域，教师根据幼儿社会性需要应该设计哪些区域，是单独设置社会活动区域还是渗透整合到其他领域活动区域等。

（二）确定区域的空间位置

确定好区域活动类型后，教师要为各活动区寻找最佳位置，合理配置活动资源。一方面应考虑各活动区自身的需要，如图书区需要自然光线，最好选向阳的一面；积木区、娃娃家活动量大，最好有一块比较宽敞的地方。还要注意动静分开，避免相互干扰，有的区活动量小，需要安静，如图书区，有的则比较喧哗，如娃娃家、积木区等，应该把这两个区分开。另一方面要考虑区与区之间的交往，如把娃娃家和医院放置在靠近的位置，有利于幼儿开展两组的互动。

（三）设计投放、布置各区域的材料

在区域活动中，教师必须依靠材料的投放来对幼儿进行隐性的引导。因此，材料是区域活动中影响儿童社会性发展的重要手段。在娃娃家游戏中，如果教师为每个幼儿都准备一套玩具，幼儿就可能相对独立地游戏，如果教师为几个幼儿准备一套玩具，幼儿就能产生分工，从而模拟出多种社会角色。如在超市购物游戏中，如果教师仅仅投放商品来引导幼儿购物，幼儿就只能开展购物买卖的角色游戏，如果教师继续投放娃娃、婴儿车、拐杖等，就能引导幼儿创造出更多的角色，并能渗透尊老爱幼的品德教育。

在布置材料时，要考虑材料摆放，如摆放的高度应适合幼儿自由取放；要考虑材料营造的心理氛围，如图书区需要安静的同时，铺上几个小地毯、几个靠垫更有舒适温馨的效果；要考虑材料蕴含的规则教育，如书架上排列有序、整齐清洁的书籍能告诉幼儿要爱护图书、看完后放回原处，积木区入口处地板上贴几个小脚印，提醒幼儿积木区满园的人数等。

（四）拟订活动计划

区域活动虽然不像教学活动有严密的计划，但为了教师更好地掌握和了解幼儿区域活动中社会性

发展的现状和需要，教师还是需要对近阶段幼儿在区域活动中社会性发展拟订一个计划。比如，所设区域活动的内容和目标、投放的材料、幼儿活动情况、效果反思和改进措施等。

二、学前儿童社会教育区域活动设计的注意事项

不同的环境可以产生不同的社会行为，教师在设计区域活动时，应该注意以下五点。

（一）创设区域活动应考虑幼儿的需要

区域活动同样要以幼儿的发展为目的，给幼儿一个自由、宽松的学习环境，促进幼儿身心和谐发展。所以，在创设区域类型时，应考虑幼儿认知、情感、社会行为技能等多方面的需要。这也就要求教师既要对各类活动区的功能有清楚的认识，也需要教师对本班幼儿兴趣、水平和需要有准确的把握。

（二）创设区域活动应考虑空间和时间要求

从空间的角度来讲，幼儿活动室的面积要足够大，应保证每个幼儿的平均室内占地面积不少于2平方米。如果活动室面积比较小，应有较为宽敞的院子做补充活动场地。在活动室中，除了幼儿使用的桌子和椅子以外，应有大片的场地是供幼儿活动用的，这些活动场地可根据孩子的愿望开辟成娃娃家、小餐厅、积木区、图书区等各种活动区（角）。一般来说，每个活动区域最佳容纳量为5～7人，这样，按活动室面积60平方米，班额30～35人计算，需要设置6～7个活动区域为宜。

从时间的角度来讲，教师要把相当一部分时间留给幼儿，让幼儿自选游戏主题、自找游戏材料或玩具、自结游戏伙伴，在游戏过程中发展交往技能，而不要把所有时间都置于教师的控制之下。同时，留给幼儿的时间应是比较大块的，不应被分成几小段，如上午一小时被分成早餐后20分钟，做操后20分钟，午餐后20分钟，就会造成幼儿刚刚商量好玩什么内容，教师就让收拾玩具了，幼儿的交往被打断。长此以往，表面上看起来幼儿有自主游戏的时间，可实际上幼儿没有得到应有的锻炼，没有进行真正的学习，只是形式而已。

（三）创设区域活动应选择适合的材料

材料是教育意图的物质载体，活动确定下来之后，教师要选择、收集适当的活动材料。除了材料要安全，如家具要平稳外，还要考虑选择的材料是否合适，即幼儿通过材料可能获得什么样的学习经验，获得哪些方面的发展。一般来说，各活动区都有一些基本、相对稳定的材料。例如，角色游戏区可放置一些服装、家具等，语言区可放置一些幼儿需要的图书、录音机等。这些材料也不是绝对一成不变的，特别是角色游戏区，可根据幼儿扮演活动的需要及时更换游戏材料。同时，教师务必给孩子提供多层次的游戏材料，充分支持幼儿的自由自主的活动。游戏材料既可以是现成的玩具，也可以是真正意义上的"材料"，如以物代物。从发展幼儿的想象力、提高幼儿以物代物的能力角度看，更提倡为幼儿准备各种半成品、替代品材料玩游戏。当然，也要考虑不同年龄段的幼儿，如小班多设置几个娃娃家以免幼儿游戏时出现拥挤现象，满足幼儿平行游戏的需要；大班在投放角色区材料时，注意区与区之间的沟通与交流等，在材料上尽量丰富，接近现实生活，模仿真实的生活情境。另外，应注意提供的材料数量要充足。研究表明，在活动面积较大、活动材料丰富的情况下，儿童的竞争性、侵犯性和破坏性都低于活动空间小、活动材料缺乏的情况。

（四）创设区域活动应考虑区域目标和任务

区域活动虽然体现了幼儿自主性，但并不排斥教师可以巧妙地施加影响，因此教师在给幼儿自由的同时，应加以适当的引导，促进他们的学习和发展。所以，教师在设定活动区域的同时，根据幼儿现有发展水平、阶段性的教育目标和任务，思考各区域活动内容和具体目标，每隔一段时间，随机调整活动目标，完成教育任务。

（五）创设区域活动应倡导幼儿积极参与

从一定意义上来说，教师在区域活动环境的创设、材料的提供方面占了相当大的主动权，弱化了幼儿参与的作用。区域环境作为幼儿活动的"小天地"，作为一个小团体的"小社会环境"，应充分听取幼儿的意见，幼儿在参与环境创设的过程中，其社会性认知才会获得不断的提高。例如：在进行"交通工具"为主题的区域环境设置时，环境布置当然要体现有关交通工具的知识，环境的创设完全可以引导幼儿自己来完成。幼儿可以走到街头，认识交通信号灯、观察车辆的通行，同时认识汽车的种类，自己向有关人员咨询交通方面的知识，或与家长交流，还能从中发现路段车流量的问题等。最后，将自己所获得的知识作用于环境的创设。其实，幼儿了解知识的过程，就是一个社会化参与的过程、关注社会的过程。与此同时，幼儿的社会认知系统也得到了丰富与提升。

阅读资料 1

当前幼儿园社会领域教育活动存在的问题[①]
——以两个社会活动为例

幼儿社会教育是教幼儿做人的教育，是形成和完善幼儿人格的教育，也是幼儿全面发展教育的重要组成部分。但长期以来，在我国幼儿园社会领域教育实践中，关于如何选择恰当的内容、适宜的方式，对儿童进行社会态度、社会情感和社会行为的培养，还存在一些亟待解决的问题。请看下面两个案例。

活动一：无声的爱（大班）

活动目标

1. 引导幼儿了解听障人士的交流方式，学习简单的手语。

2. 引导幼儿平等地看待听障人士，激发幼儿关爱残疾人的情感。

活动过程

1. 游戏：教师做手语，请幼儿猜。

2. 引导幼儿尝试用手势来表达（请个别幼儿展示）。

3. 提问：你们知道，生活中什么人主要依靠手语来和别人交流？

4. 观看关于听障学生学习的课件。

提问：画面中的学生在干什么？你们能听懂他们在说什么吗？为什么？他们用什么方式和老师、同学交流？

5. 教师小结。

6. 学习简单的手语：你好、早上好、我爱你、谢谢等。

7. 用学到的手语和同伴、老师交流。

8. 看课件，引导幼儿进一步了解听障人士的生活，激发幼儿关爱听障人士的情感。

9. 提问：社会上这么多善良的人都在关心听障人士，那我们小朋友想怎样关心他们呢？

10. 鼓励幼儿把自己的想法通过手工活动表现出来。

为什么要选择"无声的爱"这一活动主题，教师在文本设计和课后反思中谈到，现在的教育对象都是独生子女，在他们的成长过程中，总是过多地接受来自各方面的关爱，却缺乏对他人关爱的体验。而在一个和谐社会里，需要每个人在接受关爱的同时，更应关爱身边的人。因此，教师试图从引导幼儿了解听障人士入手，通过了解听障人士的交流方式，激发关爱残疾人

---

① 王冬兰. 当前幼儿园社会领域教育活动存在的问题——以两个社会活动为例［J］. 学前课程研究，2007（2）：17-20.

的情感，平等地看待听障人士。

　　应该说这个立意是好的，出发点也没错，但问题是，为什么一定要选择这个内容作为教育活动的主题？这个问题到底是从哪里来的？通过对此次活动的整个过程的了解，笔者发现，整个教育活动自始至终都是由教师自己"想"出来的。即该教育活动所要解决的问题是"教师"的问题，而不是幼儿的问题。

　　从幼儿的学习来看，以听障人士为切入点教幼儿学会关爱，学会关心，既不符合幼儿的需要，也未能关注到幼儿的兴趣。其一，听障人士作为社会的特殊群体，他们的生活与幼儿的生活相去甚远，幼儿很少有机会接触他们。倡导一个弱势群体去关心另一个弱势群体其实是成人对幼儿不切实际的要求。成人一厢情愿地赋予幼儿过高的道德期望，而忽视了幼儿本身发展的特点和成长的需要。其二，就幼儿自身的生活经验而言，他们几乎没有与听障人士亲密接触的机会，缺乏相关经验。而且，笔者通过对该班幼儿的观察与了解发现，这个主题也不在幼儿的兴趣范围之内。对于这样一个幼儿既没有相关经验又没有多少兴趣的主题来说，教师即便是用尽了心思，拼命地引导他们去学习，其结果又会怎样呢？

　　"幼儿园社会教育是一门关于人和社会、文化的课程，离开了社会现实，离开了幼儿熟悉的社会生活，远离了幼儿已有经验，这一课程也就失去了其存在的根基。"大量事实表明，与幼儿现实生活联系越紧密的内容越容易引起幼儿的兴趣，并容易为幼儿所理解和掌握。幼儿所拥有的生活经验非常有限，主要涉及家庭、幼儿园及常见社会机构的生活经验，因此，社会教育内容的选择应以幼儿的发展为依据，应建立在儿童已有的经验基础上，并以各种可感知的方式呈现以扩展幼儿的经验，使教育内容真正被幼儿所理解、接受并内化为自己的知识，继而产生特定的情感和行为。"活动一"中的教师尽管采用了看课件的方式展示听障人士的困难，但当教师提问"你们想怎样帮助他们"时，幼儿面对这个远离自己生活的群体和课件中展示的不知所云的内容，很难理解教师的问题。在教师的不断启发和追问下，幼儿的回答是"帮助他们、关心他们、爱他们"。当教师期望幼儿回答得再具体些时，幼儿只能不切实际地表示帮他们"洗衣服、洗碗、做饭"。常言道："儿童自己能够理会，原本很好，如借此去教修身的大道理，便不免背谬了。"因为"理解是在'前理解'的基础上进行的。前理解是指以往的知识储备和情感经验；理解是指一个人知识和经验的表达方式，它包含情感、体验以及愿望，对所理解的人与事采取一种同情的态度，一种感情上的介入。理解也是一种再体验"。脱离幼儿的生活而进行的社会教育往往会适得其反，会培养伪君子，带来假道德或不道德的恶果，对童年造成危害。

活动二：爱心手语（大班）

活动目标

1. 了解听障人士的困难，乐于去关爱听障人士。

2. 通过手的不同动作表达多种情感，感知听障人士的非语言交往和表达方式。

3. 初步学习简单的手语，并尝试用手语与听障人士交流。

活动过程

1. 教师引导幼儿欣赏故事，引出活动。

2. 教师引导幼儿讨论听障人士会遇到的困难及手语的作用并提问：

（1）听障人士在生活中会遇到什么困难？他们是怎样进行交流的呢？

（2）手语有什么用？（使幼儿明白：听障人士打手语，就和我们说话一样，能表达自己的意思，能互相交流）

　　3. 幼儿尝试用手语交流，体验听障人士不能用语言表达带来的困难，讨论如何关爱听障人士。

（1）教师分别请几名幼儿单独看图片，用手语表达图片的内容，要求不能说话，只能用手势表达，其他幼儿猜一猜图片中画的是什么。

（2）教师引导幼儿讨论：你们觉得是说话交流方便还是用手语交流方便？听障人士听不到声音也不能说话，会遇到很多的困难，我们应该怎样帮助他们？

4. 教师引导幼儿学习手语动作。

（1）教师做几个手语动作，请幼儿猜是什么意思。（我、你哭了、别着急）

（2）幼儿观看课件，学习简单的手语短句。（你好、对不起、我会一点点手语、你需要帮助吗、别着急、你家有电话吗）

5. 师幼观看舞蹈《千手观音》，感受听障人士的自强不息。

6. 在手语歌《感恩的心》中结束活动。

"活动一"和"活动二"选择了相同的教育主题，都以关爱听障人士为切入点，教学内容中都有手语的学习，教学形式都采用了多媒体教学。所不同的是，"活动一"通过展示聋哑学校学生的学习片段，试图引导幼儿进一步了解听障人士的生活，激发幼儿关爱听障人士的情感。"活动二"则通过"幼儿看图片、做手势、猜意思""教师教手语""播放动画、学手语""观看舞蹈《千手观音》""欣赏MV《感恩的心》"等多种形式达成活动目标。

直观的教学方法在幼儿园教学活动中占很重要的地位，该方法的使用有利于幼儿思维的发展。现代教学媒体的使用，为教学信息便捷、高效地传递提供了可能，为教学质量的提高奠定了物质基础。问题是，教学形式是为教学对象、教学目标和教学内容服务的，在选择媒体时除了考虑形式的恰当与否，更应考虑其中的内容是否符合学习对象的年龄特点和实际需要，是否有利于达成特定的教学目标，是否符合具体教学任务的实际需要，是否切合教学内容的性质和特点，从而最充分地利用媒体的优势激发儿童的学习兴趣，发展他们的学习潜能。舞蹈《千手观音》、MV《感恩的心》确实很美，但在本活动中的播放完全游离了活动主题，缺乏与活动的内在联系，形式的翻新并不能弥补活动内容的先天不足。一味追求形式的多样化，却忽视潜移默化的教育特点；呆板的言语说教无法深入幼儿心灵，也难以起到润物细无声的效果。并非我们给予幼儿好的东西，幼儿就一定会有良性的感受反应，事实常常相反。因为"情感的本质就是一种感受，'自我的感受'是情感的核心"。过分追求形式的丰富多样，常常使得观摩教学活动成为教师个人的才艺展示。从某种意义而言，幼儿更多情况下是教师手中的提线木偶，在活动过程中更多体现的是教师教的主动性、创造性，而不是幼儿的主动发现与主动学习。因此，许多教学活动常常表现出"内容是教师'想'出来的，方法是教师'做'出来的，结果是教师'说'出来的"，而不是幼儿发展所需要的学习，必然会浪费幼儿许多美好的童年时光。

反思幼儿园社会领域的教育，应该认真思考：如何选择社会领域教育活动的内容？以何种形式呈现内容更加适合幼儿的学习？

第一，要选择适宜贴切的内容；第二，与目标无关或关系不大的内容必须删除；第三，所选内容应在幼儿的最近发展区内，既以幼儿的心理水平为基础，又有发展性；第四，所选内容要有启发性，能锻炼幼儿的思维，启迪幼儿的心灵。笔者认为，在组织内容时要把逻辑顺序和心理顺序相结合。逻辑顺序即知识系统的内在逻辑体系，心理顺序即幼儿学习活动内在的认知规律。因此，适合幼儿发展水平的课程内容应当以幼儿为中心，以幼儿的特点和需要为出发点来制定。"有效教学始于学习者的现有知识，他们的文化实践、他们的信仰以及他们对学科内容的掌握程度。"最后，以适宜幼儿的发展的方式来呈现教学内容。

同样是关注残疾人，同样是爱的教育，请看瑞吉欧教育中的一个案例。一个盲孩子，因为自身的生理缺陷成为同班孩子的嘲讽和捉弄对象，教师没有简单地斥责和教训孩子，也没有苦口婆心地灌输大道理，而是请孩子们戴上眼罩生活一天。这些正常的孩子们在亲身体验的过程中，深刻体会到盲人的艰难和坚强，发自内心地感受到自己没有任何理由去嘲笑这个盲孩子。

在"活动一"和"活动二"中，教师强拉硬拽地让孩子们去关注听障人士，要求他们学会关爱。社会学习是一个漫长的积累过程，不是一蹴而就的，应该特别珍视人通过体验获得的生活经验。正如苏联心理学家鲁克所言："个人的情绪经验愈是多样化，就愈容易体会、了解、想象别人的精神世界，甚至会有'密切的情感交流'。"在教育中抓住一切社会教育的契机是对幼儿园教师的基本要求。"社会教育是与现实生活紧密关联的教育，通过真实的生活事件和生活情境，培养幼儿的基本社会生活能力和技能，并增进幼儿的相关知识，激发幼儿的社会情感。充分利用现实生活，在生活事件、生活活动中利用一切可以利用的机会，让幼儿练习、实践，只有这种结合现实生活的社会教育才能真正取得成效。社会教育强调幼儿在做中学，通过真实的体验来学习。"

阅读资料2

1＋1在什么情况下不等于2[①]

1＋1在什么情况下不等于2？一个最为常见的判断就是——算错了的时候！不过，即便如此，还是有很多人以求证1＋1不等于2的合理性为乐趣。人们尝试着从不同的角度来说明1＋1为什么可以不等于2。例如，1＋1等于1，因为一堆沙加一堆沙等于一堆沙，一滴水加一滴水等于一滴水；再如，1＋1等于3，因为一个爸爸加上一个妈妈，他们如果生育了一个宝宝，就成了3个人；此外，1＋1还可以等于11，因为把两个1摆在一起就是11；还有人认为1加1就是"王"，把"王"字横过来，就可以看到它是由两个阿拉伯数字1和一个加号组成的，等等，不一而足。以上均为人们在茶余饭后所做的智力游戏。其实，解答1＋1不等于2的诀窍，就在于跳出数学的逻辑思维框架。如果把这道题放到幼儿园去，从教育的角度来分析，1＋1不等于2是否有解呢？

可以有解。1＋1不等于2对于某一特定年龄阶段的儿童（如两三岁的儿童）或某个特殊的儿童（如某个数概念发展比同龄儿童迟缓的儿童）而言，是可以被允许的。成人对幼儿发展的帮助犹如果农伺候果木。在苹果还没有成熟的时候，它的滋味是酸涩的。而期望未成熟的苹果具有成熟苹果的香甜滋味，无疑是可笑的。假如我们认可未成熟的苹果与成熟的苹果滋味不一样，那么，我们也应该能够理解未成熟的儿童不能用地道的数学思维方式来解答1＋1等于2的问题了。

但是，现实中，教师总是期望儿童能够正确地回答问题，这本也无可厚非。不过，教师需要反思的是：正确是对谁而言的？儿童所认为的正确和成人所认为的正确一定要一致吗？

我们常常说，儿童不是小大人，儿童的思维方式和精神生活不同于成人。如果教师总是以成人的思维方式来判断儿童的行为，那么他就会不断地发现儿童在日常生活、学习、游戏活动中存在的诸多不足。事实上，既然儿童与教师的年龄不同，思维方式和能力差异很大，那么，儿童得出的结论不同于成人是再正常不过的事了。因为这可能是儿童在自己现有水平上作出的最佳推理。因此，如果教师能够放弃成人中心的立场，以儿童的眼光来看待这个世界，就会发现许多我们原以为错误的事情其实是有另解的。所以，在海伊斯科普课程中，当儿童用积木搭建一个农场时说"我不能把任何动物放到牲畜棚里，只放马和牛"，教师并不纠正儿童的观点；当儿童看到图书上画的车只有两个轮子的时候，教师并不急于告诉儿童在车的另一面还有两个轮子；当儿童使用四支画笔同时画画的时候，教师认为儿童的举动是合理的；当儿童用胶水去粘石头的时候，教师认为儿童的这种行为应该被认可……

我儿子在3周岁前一直不能够正确回答1个添上1个是几个。他常常把2个苹果数作3个，或者是用手比画说"有那么多"，有时还答非所问。每当他这样毫无章法地回答我的提问时，我

---

① 彭俊英.1＋1在什么情况下不等于2［J］.幼儿教育（教育教学），2010（1）：1.

总是不置可否，一笑置之。我很希望，在幼儿园，许多和他一样的孩子的这些所谓的"错误"能被接纳。我希望，幼儿园不总是一个要求儿童不断发现自己错误和无知的地方，还应该是一个允许他们犯错误，期待他们在自己的成长过程中慢慢去修正错误的地方。

思考与练习

一、填空题

1. 学前儿童社会教育教学活动的设计主要包括活动名称的设计、_____、活动准备的设计、_____及活动延伸的设计。
2. 活动目标包括三个维度：_____维度、情感维度、_____维度。
3. 活动准备主要包括_____准备、物质准备和知识准备。
4. 活动延伸的形式可以是_____、领域渗透、区角活动、游戏等。
5. 一般来说，每个活动区域最佳容纳量为_____人。

二、单项选择题

1. 活动开始部分时间一般控制在（　　　）分钟为佳。
   A. 3～5　　　　　　　B. 1～3　　　　　　　C. 5～7　　　　　　　D. 10
2. 哪项不是教育活动中教师提问的要求？（　　　）
   A. 教师的提问应有导向作用　　　　B. 避免使用成人化语言
   C. 多引出启发性、开放性的问题　　D. 不能使用成人化语言
3. 区域活动中选择适合的材料主要看（　　　）。
   A. 幼儿通过材料可能获得什么样的学习经验，获得哪些方面的发展
   B. 材料颜色鲜艳
   C. 幼儿是否喜欢
   D. 是否能买到

三、简答题

1. 简述设计活动目标时的要求。
2. 简述学前儿童社会教育教学活动设计注意事项。
3. 简述学前儿童社会教育区域活动的设计注意事项。

四、案例分析题

案例

打开食品包装袋的秘密（大班）

活动目标
1. 引导幼儿在观察与记录中，掌握打开食品包装袋的方法。
2. 通过了解生活中包装袋的作用，提升幼儿的生活经验。

活动准备
食品包装袋及各种外出携带的食物，例如薯片、果冻、口香糖、瓶装饮料等；记录表、

记录笔人手一份。

活动过程

1. 出示幼儿搜集的各种包装袋，导入活动。

2. 认识包装袋。

（1）认识包装袋的外观。

（2）了解包装袋的用途。

3. 探索打开食品包装袋的方法。

（1）集体探索并记录打开薯片包装袋的方法。

（2）幼儿分组探索并记录打开其他食品包装袋的方法。

（3）集体分享并记录打开食品包装袋的方法。

4. 学习打开火腿肠（包装袋上没有打开标志）。

从活动目标、活动内容、活动过程、活动效果四个方面评析该活动，并提出相应的改进建议。

五、实践拓展训练

1.《纲要》中有"引导幼儿乐意与人交往，学习互助、合作和分享，有同情心"的目标，与这个教育目标对应的各个年龄班相应的要求有：小班"知道班级中同伴的姓名、性别，能使用礼貌用语和同伴打招呼，乐于和小伙伴游戏，会友好相处"；中班"主动关心、帮助同伴，遇到矛盾时会用语言商量"；大班"学习用语言、表情、动作、眼神等方法与同伴交往，会用轮流、合作、交换、等待等方法合作游戏，体验交往的快乐"。试分析小、中、大班的教育要求有什么特点？试以大班的教学要求，设计一个"好朋友"内容的社会教学活动。

2. 请从下面给出的目标中任选一条设计幼儿园社会教育活动，要求目标明确、方法恰当、过程完整。

（1）愿意做个勇敢的孩子，增强自我克制和忍耐能力。（中班）

（2）学习使用"您好""再见"等礼貌用语。（小班）

（3）知道资源再利用的道理，关注人们的活动方式与环境的关系。（大班）

» 岗课赛证

一、单项选择题

1. 活动过程不包括（　　）。

　A. 开始部分　　　　　B. 基本部分　　　　　C. 结束部分　　　　　D. 延伸部分

2. 活动名称的设计要注意（　　）。

　A. 童趣性　　　　　B. 突出活动内容　　　　　C. 反映活动目标　　　　　D. 以上都是

二、简答题

1. 简述社会认知教学活动设计的注意事项。

2. 简述学前儿童社会教育区域活动的设计基本思路。

三、材料分析题

下面是一位老师的教学记录材料，你觉得材料中园长解决幼儿同伴冲突的方法合适吗？为什么？

你觉得应该怎么做？

我看谁是会谦让的好孩子？

下午自由活动时间，两个小朋友争抢玩具。美美先拿到一个新投放的玩具，刚要玩，小明就走过来抢，两人相持不下。美美平时是一个比较乖巧胆小的孩子，以往，她的玩具别人一抢，她就松手。也许是她太喜欢这个新玩具了，所以没有让步！我在一旁观察，一边为美美的坚持高兴（这是一种进步），一边准备伺机介入。正在这时候，园长走了过来说："我看谁是好孩子，看谁知道谦让？"一听这话，美美就乖乖地把手松开，眼巴巴地看着小明把玩具拿走了……园长回过头来生气地对我说："都抢起来了，你怎么不管呢？你看，一句话不就把问题解决了吗？"我没说什么，可心里实在不舒服！

四、设计题

中班下学期，陈老师发现，班上仍有一些幼儿会抢别人的玩具，他们的理由是"我喜欢这玩具，我要玩"。

请设计一个教育活动，解决上述问题，要求写出活动名称、活动目标、活动准备及活动过程。

第六章
学前儿童社会教育评价

线上课堂

学前儿童社会
教育评价

学习目标

素养目标：树立科学、严谨的教育观和评价观。

知识目标：了解学前儿童社会教育评价的意义，掌握学前儿童社会教育评价的内容与方法。

能力目标：能客观、科学地评价与调查学前儿童社会教育。

知识框架

```
                学前儿童社会教育评价
                    │
        ┌───────────┴───────────┐
   学前儿童社会教育           学前儿童社会教育
     评价概述                 评价的内容与方法
        │                         │
   ┌────┴────┐          ┌──────────┼──────────┐
学前儿童社会  学前儿童社会   学前儿童社会性  学前儿童社会  学前儿童社会
教育评价的    教育评价原则   发展评价的      教育活动评价  教育评价的方法
内涵及意义                  内容
```

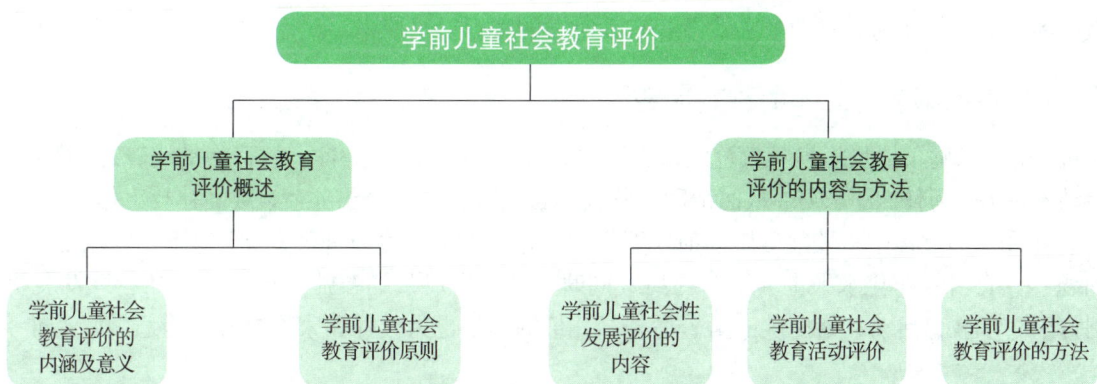

第一节　学前儿童社会教育评价概述

学前儿童社会教育评价是在《规程》和《纲要》精神的指导下，以科学、可操作的社会教育目标为依据，调控教师教育教学工作方向，保证幼儿教育活动质量的一种方法和手段。

一、学前儿童社会教育评价的内涵及意义

学前儿童社会教育评价是评价者根据学前儿童社会教育的目标，采用科学的评价技术和方法，对学前儿童的社会性及社会教育活动做出客观科学的价值判断的过程。

学前儿童社会教育评价必须明确学前儿童社会教育的目标是什么，《纲要》中关于幼儿园社会教育的目标是：

（1）能主动地参与各项活动，有自信心；

（2）乐意与人交往，学习互助、合作和分享，有同情心；

（3）理解并遵守日常生活中基本的社会行为规则；

（4）能努力做好力所能及的事，不怕困难，有初步的责任感；

（5）爱父母长辈、老师和同伴，爱集体、爱家乡、爱祖国。

这些社会性教育目标是进行评价的依据，为社会教育评价指明了正确的方向。《纲要》中明确指出："教育评价是幼儿园教育工作的重要组成部分，是了解教育的适宜性、有效性，调整和改进工作，促进每一个幼儿发展，提高教育质量的必要手段。"由此可见，社会教育活动评价的意义如下。

（一）调控学前儿童社会教育质量的手段

通过评价，教师可以对学前教育活动的整体质量、幼儿的发展情况、教育目标是否实现等教育活动的各个方面进行科学的鉴别，了解制定的社会教育目标、选择的内容是否符合学前儿童的年龄特点、已有的知识经验和现有的知识水平，幼儿园教师实施的教育是否达到了预期的效果等；同时，可以通过评价结果知道学前儿童社会教育的质量，教学过程中存在哪些问题，并对这些问题进行分析，使下一阶段的教育活动有的放矢，并加以改进，寻找科学的教育方法，选择最佳的社会教育方案和模式，从而提高学前儿童社会教育的质量。

（二）了解幼儿社会发展水平需要和个别教育的依据

通过评价，教师可以了解幼儿在活动中的表现状况、社会性发展程度和水平，从而判断和分析社会性教育过程的不同影响因素的作用，从而对幼儿的兴趣、需要、能力、态度等方面的发展进行科学鉴别，了解幼儿在活动中掌握了哪些知识，发展了哪些能力，存在哪些长处和弱点等；同时，可以指导教师根据幼儿社会性发展特点有计划、有目的地观察了解幼儿，如哪些幼儿掌握得比较好，哪些幼儿掌握得不够好，从而为教师的个别辅导和有针对性的教育提供依据。

（三）提高教师教育工作的重要途径

通过评价，教师可以反思自身教育效果，及时得到反馈信息，哪些社会教育活动比较好，哪些社会教育活动不够好，为什么不够好，从而帮助教师找到自己教育中的薄弱环节，做好补救工作，避免下次再出现；在评价的过程中，教师运用学前儿童发展理论、学前教育原理等专业知识审视教育活动中存在的问题，其自身专业化水平也会不断提高；同时，评价可以帮助教师了解幼儿的社会性发展状况，为其制订下一步教育活动计划提供依据；另外，评价的结果也为教师和家长更好的沟通做好了准备。

二、学前儿童社会教育评价原则

学前儿童社会教育评价原则是人们对幼儿社会性发展评价的客观规律的认识和反映，是指导、制约和规范评价行为的准则，以使评价活动顺利达到预期目的。

（一）目的性原则

目的性原则是指在进行幼儿社会教育活动评价时要有明确的目的。思想指导行动，评价者的教育目的不同，则使用的评价体系、采用的评价方法、解释和处理的评价结果就会不同，这将最终决定评价工作的实际效益。

学前儿童社会教育活动评价的根本目的是全面了解幼儿社会性发展，为了制订和调整教育计划，使教育更符合幼儿社会性发展需要，最终促进幼儿社会性发展。因此，强调目的性原则，就是要树立正确的评价目的，避免为了评价而评价，为了其他目的而评价。

（二）客观性原则

客观性原则是指在对幼儿进行社会性教育评价时应采取公正、科学的态度，依据客观标准评价幼儿，不能凭主观意愿或个人好恶，随心所欲地对幼儿进行社会性发展评价。

例如，2006年3月至5月，通过对武汉市洪山区五所幼儿园教师关于幼儿评价语进行随机收集，整理如表6-1所示。

表6-1　幼儿教师日常随机评价语

教育情境	调皮类幼儿评价语	乖巧类幼儿评价语
吃饭挑食	不吃也要吃，就你事多	不能不吃，不吃就长不高，来吃点！
午睡不能安静入睡	还不睡，再不睡就站着！	赶快闭上眼睛，乖乖睡
上课时做小动作	你什么时候才能老实点？	认真听老师讲课，好吗？
回答不上老师的提问	这么简单都不会，出歪点子你最多，回答问题就不会	坐下来想想，不要紧张

为遵循客观性原则，教师应该选择可靠的评价指标体系，即经过科学程序编制，并在实践中经过反复验证且被证明是有效的评价工具；采用客观科学的评价方法、途径收集评价信息，避免单一使用，或通过一次评价活动就对幼儿发展进行主观判断；使用统一的评价标准对所有幼儿进行评价，不能因评价对象的不同而改变；对所收集的评价信息，教师要公平、公正地进行分析。

（三）全面性原则

全面性原则指评价幼儿社会教育活动目标的全面性，即幼儿社会认知、社会情感和社会行为技能的协调统一。在以往的评价中，人们只注重社会认知，只在意幼儿获得了哪些知识。事实上，社会认知只是社会教育的基础，是其一部分，因此，评价的重点应放在上述三方面的协调统一上。同时，全面性原则也意味着对社会教育活动各因素进行全面评价，不但对幼儿在活动过程中的社会性发展进行评价，还要对教师在教育活动中的组织进行评价；既要对教育活动过程的教具、学具的选择和利用进行评价，又要对教师与儿童之间的言语和情感互动情况进行评价；既要对静态的活动因素进行评价，又要对动态的活动过程进行评价。

（四）发展性原则

发展性原则指评价幼儿社会性发展时，既要评价幼儿已达到的社会性发展水平，进行横向比较，发现幼儿在某一阶段是否达到了对该年龄幼儿发展的一般要求，也要评价幼儿的发展、变化状态，进行纵向比较，发现幼儿当前的发展较之过去的进步情况，以及今后的发展和趋势。发展性原则就是避免静态地评价幼儿，要用动态的眼光看待幼儿的社会性发展水平。

第二节　学前儿童社会教育评价的内容与方法

学前儿童社会教育评价包括对学前儿童社会性发展的评价和社会教育活动的评价两个部分，前者是为了了解儿童的社会性发展状况，以便为学前社会教育活动的下一步开展提供依据，后者是为了了解和监督所实施的社会领域教育活动的科学性、有效性等。

一、学前儿童社会性发展评价的内容

学前儿童社会性发展评价的内容，其实就是"评价幼儿什么的问题"。同样应该从儿童的认知、情感、社会行为三方面发展来看，既要有对自我认知发展的评价，如自我意识、自主性、自信心、独

立性等，也要有对情绪情感发展水平的评价，如表达情感、控制和调节情绪、爱他人、爱集体等，还要有对各种社会行为的评价，如交往行为、社会适应技能等。

学前儿童社会性发展评价的内容是根据学前儿童社会性发展目标来制定的。《纲要》中提出的学前儿童社会教育的目标，缺乏具体和细化，使得学前儿童社会性发展评价的内容也充满了弹性。不少学者依据不同的理论和教育价值观，从不同角度对学前儿童社会性发展的目标进行了研究，对学前儿童社会性发展的内容做了不同的分解。下面从《幼儿发展评价手册》[①]中选取社会性发展评价量表的内容供大家参考（见表6-2），本份量表在等级划分上有三个等级标准，分别对应幼儿园小、中、大班三个年龄段，由抽象到具体，层层细化。教师或家长可以根据本量表的各项指标来考察幼儿达到的标准的情况。教师在使用本量表时，可以根据本园的实际情况、本班教育计划和幼儿的实际情况进行选择和修改。

表6-2　幼儿社会性发展评价量表

项目	内容	等 级 标 准		
		一	二	三
自我系统	自我认识	知道自己的姓名、性别、年龄	知道自己的爱好	知道自己的优缺点
	自信心	完成简单事情或任务时有信心	完成稍有难度的任务时有信心	完成没有做过或有较大难度的任务时有信心
	独立性	在教师鼓励和要求下能独立做事	自己能做的事情不请求帮助	喜欢独立做事情和独立思考问题
	坚持性	能有始有终做完一件简单的事	能坚持一段时间完成稍有难度的任务	经常能在较长时间内主动克服困难，实现活动目的
	好胜心	在感兴趣的活动中努力做好	在竞赛情景及与他人同时进行的活动中，努力争取好成绩	做任何事都努力争取好结果
情绪情感	表达与控制情绪情感	情绪一般较稳定，经劝说能控制消极情绪	一般情绪状态较好，能用较平和的方式表达情感；一般能自己调节与控制消极情绪	一般情绪状态良好，能用恰当的方式对不同情景做出适宜的情绪反应
	爱周围人	热爱、尊敬父母	亲近班里的老师和小朋友	关心父母、老师和小朋友，喜欢帮助他们做力所能及的事
	爱集体	喜欢幼儿园，愿意参加集体活动	在教师引导下，能关心班里的事，为集体做好事	能主动关心班里的事，为集体做好事，维护集体荣誉
文明礼貌	礼貌	在成人的提醒下能使用礼貌用语	能主动使用礼貌用语	能在不同情景下主动使用礼貌用语，举止文明
	诚实	不说谎话，不随便拿别人东西	做错事能承认，拾到物品主动交还	做错事能承认，并努力改正，不背着成人做被禁止的事
	合作	能与小朋友一起游戏	喜欢与小朋友合作游戏和做事	能成功地与小朋友合作游戏和做事
	遵守规则	经提醒能遵守规则	能自觉遵守规则	能自觉遵守并维护规则

---

① 白爱宝.幼儿发展评价手册［M］.北京：教育科学出版社，1999：65-68.

（续 表）

项目	内 容	等 级 标 准		
		一	二	三
交往行为	与教师交往	对教师的主动交往能做出积极反应	有时能主动与教师交往	常主动发起与教师的交往
	与小朋友交往	对小朋友的主动交往能做出积极反应	有时能主动与小朋友交往	经常主动发起与小朋友的交往
	与客人交往	见到客人不害怕、不回避	对客人的主动交往有积极反应	能主动与客人交往
	解决冲突	与小朋友发生冲突时，经教师帮助能和解	能用适宜的方式自己解决与小朋友的冲突	能帮助解决其他小朋友之间的冲突

二、学前儿童社会教育活动评价

学前儿童社会教育活动评价就是对社会教育活动各个要素进行价值判断。从宏观角度看，无论是哪个领域的教育活动，其活动都应该包括教育目标、教育内容、教育环境和材料、教育过程、教育结果和价值等方面。如教育目标是否体现发展性、全面性；教育内容是否符合学前儿童的兴趣和需要；教育环境和材料是否具有启发性和暗示性；教育过程是否具有探究性；教育结果是否具有经验性；教育价值是否具有可持续性和多样性等。同时对教师和幼儿在活动中的情况，很多时候都是赋予在教育过程和教育结果中来评价。因此，学前儿童社会教育活动效果的具体评价应从活动本身、教师"教"、幼儿"学"三个方面来着手。

（一）教育活动本身的评价

1. 评价活动名称
活动名称不可缺少，提法可以多种多样，主要看能否引起幼儿的兴趣，能否反映活动内容等。

2. 评价活动目标
社会教育活动的目标应该包括知识、情感、能力三个维度，在面面俱到中做到重难点突出，同一条目标可以包含几个维度的内容。目标的表述应该清晰、准确，具有可操作性；目标的难度适中；目标的数量合适；目标表述的行为主体应该一致。活动结束时要逐条对照，目标是否落实在活动内容和活动过程中，是否都实现了。

在评价活动目标满足上述要求的同时，还应考虑：社会教育活动目标的制定是否依据《纲要》；是否遵循本班幼儿年龄特点、现有发展水平，是否结合幼儿的经验、兴趣及需要；能否从本地区、本园实际出发；是否注重长远的教育价值——有利于幼儿的终身学习和发展，特别是注重发展幼儿的各种能力，培养幼儿良好的行为习惯、有益兴趣及良好心理品质；是否体现全面发展幼儿社会性的要求。

例如，在大班社会教育活动"少数民族"的设计中，可将活动目标设计为：① 让幼儿知道我国是一个多民族的国家，各族人民勤劳勇敢，他们都是中国人；② 让幼儿从服装上尝试辨认蒙古族、藏族、维吾尔族、朝鲜族四个民族，了解他们的主要生活习惯及居住地；③ 培养幼儿热爱少数民族的情感，进行爱国主义教育。

这一活动目标的设计包含了知识、情感、能力三方面，目标具体、难度适中，同时我们可以知道：大班幼儿对中国地图已有认识，设计"少数民族"体现了从幼儿已有经验出发；从热爱少数民族的角度进行爱国主义教育符合《纲要》的要求，具有长远的教育价值。教师将认识少数民族、进行爱国主义教育设计为此次教育活动的方向，重点让幼儿知道除了汉族外，其他的各个民族都是少数民族，使幼儿理解民族大团结。在符合上述要求的同时，教师在评价一个活动目标是否合理完善时，还有非常重要的一点，就是看是否真正在具体的活动过程中得以实现，所谓"说得好，不如做得好"。

3. 评价活动准备

评价教育活动的准备包括评价教师的物质、环境创设准备和学前儿童的物质、知识经验准备。因此，评价者主要评价活动开展前教师的教育材料是否准备充分，种类是否丰富，并且材料的利用率是否很高；教育活动环境的创设是否完善，是否具有暗示性，能否引起幼儿学习的兴趣；教师对于社会教育活动的知识结构的准备是否到位，以及幼儿该方面社会性知识的掌握情况是否达到一定水平。

教育活动的物质准备是社会教育活动能否顺利进行的一个关键因素，因此教师在进行教育活动之前要认真、细致地将活动材料准备充分并考虑利用率。例如，在大班社会教育活动"十二生肖"的活动中，教师提前为幼儿准备的教具有自制生肖钟，山洞、大山、脚印、标尺等标记小图片；学具有蛋糕盒制作的钟面、十二生肖动物图片、固体胶若干，同时创设具有暗示性的教育活动环境——十二生肖的儿歌或生肖图。同时，教师还要具备相应如"生肖排序""属相""轮回"等知识，以便在活动中对幼儿进行清晰的讲解。此外，幼儿应具有一定知识准备，如认识时钟及基本的制作技能。只有这些准备都做好了，才能保证该活动各个环节的顺利进行。

4. 评价活动过程

活动过程的评价是学前儿童社会教育活动评价的最重要内容，也是活动质量和教师教育能力的体现。评价者在评价活动过程时首先考虑活动过程是否完整，包括开始部分（导入）、基本过程、结束部分三个环节。

在满足以上三点要求后，再逐一评价。其中导入部分要最先出现，可评价导入的形式是否合理新颖，吸引幼儿的注意。在基本过程中，评价主要看：教育过程中是否面向全体幼儿，是否尊重幼儿的个别差异；是否尊重和考虑了幼儿的意愿，是否得到幼儿的信任和依恋；教育方法是否生动多样；教师教育的基本技能及社会教育的能力如何；幼儿在整个活动中是否处于主体地位，是否有机会自主考察、体验、表达和操作；是否寓教于游戏；整个活动的开展是否有层次性和条理性，是否基本遵循由易到难、循序渐进的规律。在结束部分的评价中，首先看教师是否进行总结，再看教师是否引导幼儿总结，引导得如何。

例如，大班社会教育活动"生活中的标志"的活动过程。

导入部分通过游戏"开汽车"的形式，引发幼儿的思考，激发幼儿的学习兴趣。引导幼儿思考："老师没有说话，你们为什么一会停车，一会开车呢？红绿灯告诉我们什么？"

基本过程包括三部分。首先组织幼儿自由交流，认识标志。教师采用小小解说员的形式对幼儿进行教学。先引导幼儿观看《标志图片展览》，让幼儿说出自己不认识的标志："请收集此图片的幼儿当小小解说员，讲解收集的标志上面画的是什么？表示什么意思？你在什么地方见过这种标志？"接下来，组织幼儿自由讨论："你还在哪儿见过这些标志？为什么设这些标志呢？"（鼓励和支持幼儿自由讨论，发表自己的见解）幼儿通过观察、讨论，对标志的意义和在生活中的作用有了进一步的了解，丰富幼儿已有的社会经验。

其次，激发幼儿为幼儿园设计标志的愿望。幼儿园是幼儿生活中特别熟悉的地方，借助幼儿已有的生活经验让他们为幼儿园设计标志，既巩固了幼儿对标志的认识和理解，又发展了幼儿动手动脑及创造想象的能力。教师采用讨论法，并逐一出示幼儿生活的一些场景：幼儿的寝室、盥洗室等，引导幼儿观察这些图片，并提问幼儿这是什么地方？应该设计什么标志？引导幼儿发现自己身边存在的问题，激发幼儿的想象力及设计标志的意愿，为幼儿下一步学习做好铺垫。

最后，组织幼儿当设计师，为幼儿园设计标志："小朋友们，今天老师请你们当设计师，给咱们的幼儿园设计标志，为我们幼儿园的小朋友和老师提供方便。"然后让幼儿用水彩笔和画纸设计标志。

活动结束时，请个别幼儿讲一讲自己设计的是什么标志，要把它贴在哪里。

在该活动过程中，教师把幼儿放在活动的主体地位，以提问的方式引发幼儿思考，通过角色扮演的方法让幼儿了解标志的意义和作用，调动了幼儿参与的积极性，并创造平等、宽松的讨论氛围，请幼儿找出幼儿园中需要做标志的地方，鼓励他们动手设计标志来规范自己和同伴的社会行为，在看、听、画、讲中发展了幼儿的观察力，同时也培养了幼儿发现问题、解决问题的能力。

5. 评价活动延伸

活动结束后，首先要评价教师是否想到了还需要活动延伸，再评价教师使用的活动延伸的方法，是否具有可操作性，是否对该活动长期的发展起到积极的作用。需要提醒的是，并不是每个活动都必须有延伸部分，根据活动本身的需要而定。

6. 评价活动效果

社会教育活动的优劣关键在活动效果如何。评价者可以对活动的总体印象进行分析、总结：目标是否达成，幼儿参与活动的程度，是否有积极愉快的情感体验，其行为习惯、社会性品质是否符合目标要求等。评价者也可以具体地对活动设计和组织中的不足及其原因进行分析，提出更好的改进建议，为教师以后的活动设计和组织提供参考。

（二）对教师"教"的评价

在教育活动中，关注幼儿的学习方式也就是关注教师的教学方式，关注教师的教育活动设计、设置的教学内容和创设的环境以及采用的组织指导策略等。因此，在社会教育活动中，还应对教师的"教"进行评价。幼儿园教师专业标准对幼儿教师作了明确的要求，我们可以以此为依据，从教师指导行为（专业能力）和教师素质（专业理念和专业知识）两方面来评价。

1. 指导行为评价

教师指导行为的评价指直接针对教师教学过程的各个步骤进行评价，即教师专业能力的评价。如教师的活动组织是否有序，层次清晰、重点突出，时间安排合理；能否在活动中引导幼儿积极思考，给予幼儿充分发挥主动性、参与性和操作性的机会；能否顾及并尊重全体幼儿又注重个体差异；是否注意观察幼儿，并根据实际情况作出恰当的反馈；方法手段是否合理、恰当有效，能否针对教学目标，确保幼儿的主体性，有较高的效益；课堂气氛是否活跃，幼儿学得是否轻松愉悦等。

2. 教师素质评价

教师素质评价是指对教师专业发展所需的相关素质进行评价，包括专业理念和专业知识[①]。专业理念体现在对幼儿的态度与行为、幼儿保育和教育的态度与行为、个人修养与行为；专业知识体现在幼儿发展知识、幼儿保育和教育知识、通识性知识。

在具体的社会教育活动组织中评价教师所需的素质，体现在如：是否具有社会教育相关知识的储备；是否具有一定的自然科学和人文社会科学知识；是否掌握幼儿园社会领域教育的特点与基本知识，是否具有教育活动组织的能力；是否尊重幼儿人格，维护幼儿合法权益，平等对待每一个幼儿，不讽刺、挖苦、歧视幼儿，不体罚或变相体罚幼儿，信任幼儿，尊重个体差异，主动了解和满足有益于幼儿身心发展的不同需求等；是否注重保教结合，培育幼儿良好的意志品质，帮助幼儿形成良好的社会行为习惯；是否富有爱心、责任心、耐心和细心，乐观向上有亲和力，善于自我调节情绪，语言具有亲和力、简练规范、生动，易于幼儿理解，举止文明礼貌；是否掌握不同年龄幼儿身心发展特点、规律和促进幼儿全面发展的策略与方法，了解幼儿在社会发展水平方面的个体差异，掌握对应的策略与方法；是否熟悉幼儿园社会教育的目标、任务、内容、要求和基本原则，掌握幼儿社会环境创设、一日生活安排、游戏与教育活动、保育和班级管理的知识与方法；教态是否自然大方；教具制作是否恰当、实用，演示操作是否准确熟练；是否有较强的沟通能力与教学机智等。

（三）对幼儿"学"的评价

教育活动的最终目的是促进幼儿的发展和提高，而幼儿作为教育活动中的每一个活生生的、带有自主意识和愿望的个体才是最需要关注的，"从幼儿出发""以幼儿发展为本"正是教育实践者需要在教育活动的设计、实施以及评价等方面用真真切切的理念和活动去付诸实践的。教师与幼儿的双主体角色是教育活动评价要素中的一个重要方面，教师是教育活动过程中的实施主体，从教师出发的评价只是一个方面，幼儿是教育活动过程中的学习主体。因此，评价必须关注幼儿如何"学"，关注幼儿在学习活动中多方面潜能的发展过程，体现"以学评教"。因此社会教育活动中，幼儿参与程度的状况，认知、情感和行为的发展，是构成对幼儿评价的基本要素，主要包括以下三个方面。

---

① 中华人民共和国教育部.幼儿园教师专业标准（试行）[Z].教师〔2012〕1号.

1. 幼儿参与程度的评价

这是在活动进行过程中，教师或评价者及时了解幼儿参与活动状况的评价，有利于教师及时发现组织教学活动时幼儿的自主性发挥情况，及时改进教育方法，激发幼儿的活动积极性、主动性。幼儿参与程度的评价包括幼儿的积极性、主动性，注意力集中情况，思维活跃程度等。

2. 幼儿活动效果情况的评价

对幼儿在活动过程中的社会认知、社会情感、社会行为技能等方面的发展情况进行评价，包括是否掌握相关社会知识、是否与同伴积极友好互动及产生积极情感。这种活动目标的实现与否成为评价指标体系中的重要组成部分。

3. 幼儿整体社会性发展状况的评价

这是在一个阶段的社会教育后，对幼儿的社会性发展总体水平进行评价，有利于教师整体把握幼儿的发展水平，对活动的效果有明确的了解，并对下一阶段的社会教育教学做出调整和计划。

三、学前儿童社会教育评价的方法

学前儿童社会教育评价是对学前儿童社会教育效果进行价值判断，评价时最重要的就是收集和处理评价资料的环节。其中收集评价资料常用的方法主要有谈话法、观察法、问卷法。由于学前儿童社会教育内容广泛，可针对不同的情况，选用不同的评价方法。

（一）谈话法

谈话法就是评价者通过口头形式，根据被询问者的答复收集所需资料的一种评价方法。在幼儿社会性发展中，谈话法主要用于了解幼儿的社会认知、态度情感、道德认识等方面的发展。

当教师要评价学前儿童的社会认知发展水平时，可采用谈话方法。如在幼儿游戏的过程中，教师想了解幼儿对规则的认识时就可以向幼儿提出问题："丢手绢"这个游戏的规则是什么？游戏的规则是不是总这样？可不可以改变它？若幼儿认为游戏规则具有可变性，则表明该幼儿的发展水平较高。在讲故事的教学过程中，教师可以向他们提出有关道德的难题，要求幼儿作答以考察他们道德发展水平。如教师讲"明明在开门时，不知门后有5只碗，一开门，就把5只碗都摔碎了。聪聪因为想偷吃巧克力不小心打碎了一只碗"。故事讲完后，教师可问幼儿："如果你是爸爸妈妈，你觉得更应该批评谁？"从他们的回答中，教师可判断幼儿的道德水平处于客观阶段，还是主观阶段；属于他律水平还是自律水平。

当教师要评价学前儿童的社会情感发展水平时，可选用移情测试法，如小花猫贪玩自己跑出去迷路了，向幼儿提问如果你是小花猫你心情会怎么样？若幼儿回答的情感体验是如"很伤心难过""很着急，想妈妈"等，就表明该儿童具有同情心。还可以用故事续讲法，即教师在给学前儿童讲故事时，当讲述主人公的行为后，请学前儿童接着讲故事结局的一种方法。如教师讲故事《老夫妇》：乡村有一对清贫的老夫妇，有一天他们想把家中唯一值点钱的一匹马拉到市场上去换点更有用的东西。老爷爷牵着马去赶集了，他先与人换得一头母牛，又用母牛去换了一只羊，再用羊换来一只肥鹅，又用鹅换了母鸡，最后用母鸡换了别人的一大袋烂苹果。当他扛着大袋子来到一家小酒店歇气时，遇上两个英国人，他们听了老爷爷赶集的经过后哈哈大笑，说他回去准得挨老奶奶一顿揍。如果你是那位老奶奶，你会怎么对老爷爷呢？请你把它继续编下去，编完整，想个跟别人不一样的结局……以此来推断幼儿宽容心的发展状况。

运用谈话法收集评价资料时，应注意争取谈话对象的配合，提前合理地设计和使用访谈题目和问题，并在访谈过程中准确把握访谈的资料。

（二）观察法

观察法是指评价者有目的、有计划地通过感官或仪器对教师或幼儿的表现进行考察的一种评价方法。由于观察法更直接、便捷地收集评价资料，适用范围广，因而是教育评价中最常用的一种收集评价信息的方法。观察法主要分为自然观察和情境观察两种。在幼儿社会性发展中，观察法主要用于了解幼儿的社会行为发展的评价。当教师要评价学前儿童的社会行为发展水平时，可运用以下观察方法。

1. 自然观察法

指教师在自然环境中，观察学前儿童自然发生的社会行为的一种方法。如教师想了解某一幼儿的交往行为，可在自由游戏活动中，对该幼儿进行现场观察、记录，评价他在这段时间内的交往表现。在记录自然观察的内容时，最常见的有时间抽样观察记录方式和事件抽样观察记录方式。

时间抽样观察记录就是在整个时间段内每隔一段时间做一次记录。如果一个儿童具有攻击性，或表现不太合群，可以对其进行一上午或一整天的自然观察。这个时候你的观察间隔可以定为20～30分钟，你的观察记录可以是如下这样。

观察：

上午9：00进入教室，回头看站在门口的妈妈。老师和他说话，他走进教室并坐在地板上。另一个儿童和他说话，他没有做出反应。

上午9：30与一组儿童（6个）一起做数数活动。一个儿童要求他递一个铅笔盒，他没有反应。对方提高声音再次要求，他把铅笔盒推到桌子对面，但没有任何视线接触。

上午10：00他在另一个儿童旁边画了一幅画，看了旁边儿童的图画几眼，并稍微向该儿童靠近。老师靠近他："真是有趣的图画，你能告诉我你画的是什么吗？"他微笑，但没有说话。"是辆公交车吗？"他点头，没有说话。

上午10：30户外活动室，他站在操场的墙边。然后他慢慢挪动，站到带户外活动的老师旁边，但没有说话。一个儿童踢了一个球到他面前，他踢了它一脚，并跟在后面走了几步。儿童问他："你想玩儿吗？"他点头，加入游戏，但没有说话。

……

事件抽样观察记录常用于观察有反社会行为倾向的儿童，如脾气暴躁、欺凌他人等，这时记录下所有事件，包括事件发生之前和之后有什么现象，进行分析评价。

观察：

观察日期：××××年××月××日　　　　时间：全天

成人数量：2　　　儿童数量：全班

儿童姓名：Ben　　　年龄：5岁4个月

环境：小班教室

目的：观察Ben全天在教室的行为。

目标：记录所有反社会行为事件；识别事件之前发生了什么；记录事件之后发生了什么。

观察记录如表6-3所示。

表6-3　观察记录（日期：××××年××月××日）

时间	事件	之前发生的事	在场的人	之后发生的事	评论
11：20	Ben抢James的橡皮，James又抢了回来	Ben在书写一则故事	桌边另有3个幼儿，教师在办公桌边	Ben骂了James一句并打了下他的胳膊，James大叫，教师出来干预	Ben应该先礼貌地询问，如果做不到可请教师及时干预，Ben应该控制他的怒气
11：35	前一事件再度发生	继续在桌边写	只有Ben和James在桌边，教师在图书角	James叫老师来干预，Ben换位子单独坐下	再次提醒Ben，在拿东西前要先询问对方

（续 表）

时间	事 件	之前发生的事	在场的人	之后发生的事	评 论
13：20	Elliot从背后推Ben，Ben摔倒了	幼儿正在换上体育课用的衣服	所有幼儿在一起换衣服，教师协助他们	Ben跳起来，拉了Elliot的上衣，Elliot大叫，教师来干预	Ben并非此次事件的肇事者
13：50	Ben尖叫，因为他认为别人拿走了他的领结	体育课后，幼儿正换回自己的装束	所有幼儿在一起	几位幼儿似乎被吓着了，倒退几步离Ben远些，教师出面干预，找到了领结	Ben需要学会用一种他人能接受的方式来表达自己

结论：

如果别人侵犯到Ben，Ben的反应是非常迅速的。他试图不询问他人意见就拿走他想要的东西。在一天之中，Ben并不总是挑起事端的人。

评价：

4岁儿童社会性发展中已经懂得使用语言而非暴力行动解决问题。Ben 5岁了，但当他遇到阻碍或事情的发展让他不称心时，他仍然倾向于使用"武力"解决，而非语言。而其他孩子看来已熟知这一点，并会激怒Ben，诱使他"报复"。

建议：

鼓励Ben以他人能接受的方式来表达自己的感受；事件发生后，老师要倾听双方的解释，奖励正确的行为。

2. 情境观察法

指教师在一个设计好的情境中，对所要研究的学前儿童的某种行为加以诱导，并进行观察、记录与分析的一种方法。例如，为了评价学前儿童能否与同伴分享，教师创设这样一个情境。先在活动室内给中（1）班的每个孩子发放5个五角星，告诉他们可用这些五角星到储藏室的玩具柜上，换取自己所喜欢的几个玩具（有的玩具只要用1个五角星换，有的玩具则要2个或3～5个五角星换）。接着对孩子说：中（2）班的小朋友因为没有五角星，所以，他们得不到任何玩具，要是你愿意的话，你就往储藏室里的小碟子上放进五角星（碟中已有数个五角星，这样幼儿会以为教师不知道自己放未放）。然后教师分别让每个幼儿去换玩具。当幼儿从储藏室回来以后，教师进去数一数碟子上的五角星数量，就知道某个幼儿放了没有，放了几个。

运用观察法收集评价资料时，应注意不论是自然观察还是情境观察都应创造自然的氛围，避免被评价者察觉，观察过程中应有明确的计划性和目的性，并在观察中客观记录观察结果。

（三）问卷法

问卷法是评价者设计若干问题，变成书面试卷，请被调查者书面回答，然后对答卷统计分析得出结论的一种评价方法。采用问卷法收集评价资料的优点在于：能同时调查很多人，简单易行。

家长问卷调查：

可以请家长在表6-4中，在符合实际情况的答案上画"√"。

表6-4 幼儿责任感调查表

1. 玩完玩具后能自己主动收好。
   A. 很少　　　　　　　　B. 有时　　　　　　　　C. 经常

2. 家长让幼儿做的事情，如帮助扫地、收碗等，能认真做好。
   A. 很少　　　　　　　　B. 有时　　　　　　　　C. 经常

（续　表）

3.幼儿园教师布置幼儿回家做的事能认真做好。
　　A. 很少　　　　　　　　　　　B. 有时　　　　　　　　　　　C. 经常

4.如果幼儿无意中弄坏了家里的东西，如碰翻桌椅、弄脏家具等，会感到不安而尽力弥补。
　　A. 很少　　　　　　　　　　　B. 有时　　　　　　　　　　　C. 经常

　　运用问卷法收集评价资料时，应注意问卷法一般适用于老师和家长；不能太长，题量半小时左右；问卷的题目要清楚、简明。

　　调查问卷法虽然可以在较短的时间里获得大量的评价信息，但是由于被评价者有时可能不能正确理解问卷中的问题，或者带有一些心理顾虑，使得到的信息可信度偏低，甚至不真实。

阅读资料1

幼儿园社会教学活动基本流程及指导策略的实践研究 [①]

一、幼儿园社会教学活动的基本流程

1. 环节一——创设情境，感知理解

　　幼儿园社会教学立足于幼儿真实的社会生活，创设真实（或拟真）的情境，将幼儿带入自己熟悉的生活状态中，通过多种形式让幼儿理解社会、认识社会、尊重社会中的人与环境。因此，在教学活动的第一个流程中，教师应利用多种方式、创设多种情境（如故事、儿歌、表演、文学作品等），将幼儿引入即将学习的情境中，让幼儿对学习的内容产生体验，从而去感知、理解某些行为和情感，为产生亲社会行为做铺垫。

　　在该环节中，教师可组织的素材有很多：文学作品、某种行为表现（看图书的方法、争抢、礼貌交往等）、社会认知活动（超市购物、交通规则、人们的劳动）等。例如：我们在中班设计的活动"小老鼠打电话"，主要目标是让幼儿了解110、119、120这三个特殊的电话号码，由于拨打电话号码所表现的情节，不容易在课上体现，为此我们编写了一个有趣的故事，通过小老鼠打错电话这一情节引出谈话主题，既生动有趣又突出主题。当然社会课中的故事和语言教学中的故事在讲述时应有所不同，只讲主要情节，不讲细节，这样更能突出活动目标。

　　教学素材展示的方式有：情景表演、看录像、欣赏作品、看图片、调查表等。

　　在运用教学素材和选择展示方式时，教师要注意幼儿的年龄特点，如小班幼儿多用故事、情景表演、桌面表演等方式，中大班幼儿多用录像、参观等方式。同时注意正面行为的演示多用现场表演，负面行为的矫正多用录像。如中班抢椅子情景的回放、争抢图书等。可以将表演拍成录像播放，会增强真实性，减少表演中的负面影响。

2. 环节二——组织交流讨论，寻求答案

　　当教师将幼儿引入学习情境中，并帮助幼儿形成一种初步的体验之后，进行"讨论分析、达成共识"尤为关键。幼儿在上一流程中的初步体验有可能是模糊的，甚至会产生与学习目标相斥的想法。此时，需要教师不断地引领幼儿结合情境进行师生（或生生）讨论，并分析、判断行为的对错及缘由，引导幼儿真正理解、内化某些行为，产生正确的观念。

3. 环节三——开展行为实践，获得体验

　　经过第二个流程，幼儿已经基本形成了相对正确的观念，观念应落实在行动中。"开展行为实践，操作运用"是社会教学中必不可少的环节。只有不断地练习、模仿，才能让幼儿真正理解某些行为，并强化转变为一种习惯性的正向行为。教学活动中的实际训练，是引导幼儿按正

[①]　节选自南京教研网"幼儿园社会教学活动基本流程及指导策略的实践研究"课题结题报告。

确的社会行为规范去实践，是对所学知识点的复习与练习，也是让孩子在玩的过程中练习掌握本活动的要求。

二、社会教学活动行为实践环节的教学指导策略

课堂上的"行为实践"虽然没有日常行为练习经常和方便，却能通过课堂特意创设的环境的新异刺激和教师的指导给幼儿留下深刻的印象，同时有效地避免了社会教学中的单一说教。

策略一：根据教学内容和年龄特点选取相宜的行为实践方式

在教学活动的全过程中贯穿行为实践活动，这种形式我们在小年龄班用得比较多。因为小班幼儿年龄特点决定了我们的活动设计游戏化、行为化特点。当然是否采用这种方式还取决于具体的教学内容。如大班"今天我当家"活动中，三个孩子分别扮演爸爸、妈妈、宝宝，组合为一个小家庭，通过参加一日游、为10元经费做计划、游公园消费等环节，孩子们真实地在教学中当了一回家，体会到当"父母"的责任、当家的不易，同时他们能为省钱和合理花钱动了一番脑筋。整个教学活动中，孩子在真实的情景中边学边玩，非常愉快。

在教学活动最后环节进行行为的实践活动，是指幼儿把教学中获得的社会认知、技能及情感，在这个环节用自己的实际行动来感受、来练习，从而得到感性认识和强化。

策略二：强调行为实践活动的趣味性、适宜性、挑战性

趣味性：社会实践练习的趣味性有特殊的作用。很多时候我们要给孩子的社会认知（比如规则的建立）本身是缺乏趣味性的事，如我们在进行规则教育时，设计了"猴子过河"这样一个教学内容来指导小班孩子学习排队。排队不是什么有趣的事，但是幼儿日常生活中几乎每天都涉及，是小班幼儿入园后规则教育的重要内容。我们在教学的行为实践环节中，通过设计有趣的活动"去摸箱取礼物"调动小班幼儿动起来的热情，积极学习、体验排队，还着重感受了"排队"这个规则带来的好处和便捷，巩固了对"排队"这个规则的良好认知。

适宜性：就是指行为实践活动内容要和课堂前半部的教学活动内容相辅相成，让幼儿既能理解教学所讲，又能把认知的道理进一步感性化。例如，我们设计的中班学习乘车规则的"文明小乘客"教学活动，课堂前半部分通过故事、谈论等知道做文明小乘客的方法和意义，最后我们设计了两个行为实践内容。第一，请幼儿通过操作填卡片来辨别正误，幼儿马上就联系到用前面的认知进行一个价值判断"这样做文明还是不文明"。第二，我们现场把小朋友的小椅子动几张，用一根包装绳一围，幼儿就开始玩乘汽车游戏了。这中间有幼儿扮演抱小孩的，有扮演老人的。游戏帮助幼儿把刚学到的乘车规则通过操作更加感性化和深刻化。

挑战性：是指行为实践活动不仅帮助幼儿理解教育内容，还让幼儿大胆进行变通的、有所创造的尝试，从而更好地得以理解和运用。如我们在设计大班"多彩的广告"的教学活动时，行为实践活动是让幼儿为班级的区域设计、表演广告，幼儿此时就要借助前面对广告的认识和模仿，创造性地进行广告设计和表演，这样的行为实践活动不仅激发幼儿创造欲望而且加深了幼儿对"广告"的理解。

策略三：明确行为实践目的，巧妙借助游戏、角色扮演、操作、互动等方式

在行为实践环节中，我们常常借助游戏、角色扮演、操作活动、互动活动等活动形式，多样的活动形式更好地体现了行为实践活动的运用效果。但是这些活动形式不是拿来就用的，而是要充分考虑社会教学的目标如何体现并成为活动重点的问题。如在大班"我俩交朋友"活动中，我们将体育游戏"踩报纸"作为最后的实践活动，要求好朋友想办法让四只脚不离开报纸，随着报纸的对折变小，难度也越来越大，为了让自己和朋友赢得比赛的胜利，有的孩子抱起了对方，有的让对方的脚踩在自己的脚上……这些身体的拥抱、动作的协调都让孩子进一步体验到朋友的亲密、合作的快乐。

策略四：激发幼儿对实践行为产生情感，避免简单、机械地模仿

在教学中我们发现，幼儿对社会认知内容（道理）能很快接受和复述，但是往往在行为实

践中，并不能言行一致，甚至是只会说不会做。这就要求我们注重实践活动中幼儿对行为产生情感，而不是一味地模仿。教师要学会做观察者和引导者，当孩子的实践出现错误行为时，不要急着干预，可以借助录像、照片等形式现场记录让幼儿及时反思。

阅读资料2

幼儿教师日常评价行为及其类型特征[①]

一、幼儿教师的日常评价行为及其特征

幼儿教师的日常评价行为是指在幼儿园日常活动中，幼儿教师对幼儿行为所做的即时性的言语和非言语的评价行为。其特征如下。

（一）自然而即时

一些正式的、有目的、有计划进行的评价，如过程评价、结果评价、发展性评价、档案袋评价等，往往需要系统地收集资料并进行深入的分析判断，最终进行教学和发展的监控和调节。与这些专门的、正式的评价活动不同，幼儿教师的日常教学评价行为是在真实自然的情境中进行的，它没有周密的计划，没有预先的控制设定，也不必进行客观的资料收集，教师凭着自我的感觉和经验，下意识或有目的地对幼儿进行评价，"你真行！""怎么又是你！"这样的评价自然、随意、即时，是教师的主观判断，也受到教师当时心态、情绪的影响。因此，这种评价又称为非正式评价（informal evaluation）或即时评价。

（二）融于教学

这种评价是师幼互动的方式，来自教学双方中的教师，属于内部评价，教师的评价语言是教学语言也是班级管理语言。首先，幼儿教师的日常评价行为不是一套孤立于教学之外的评价"工具"，其本身就是教学的一部分，是一种发生在师幼之间的"内部评价"，通过这种内部评价达成教学目的。其次，这种内部评价所用的语言均为教学语言，评价与教学是同步发生的，对幼儿的言语和非言语评价，如点头摇头、赞赏批评皆是教学不可分割的一部分。再次，幼儿教师的日常教学评价行为也是班级管理的方式，通过这种评价，维持正常的教学秩序，帮助幼儿建立规则意识进行个人管理。最后，幼儿教师的日常评价行为也是师幼互动的方式，幼儿的表现引起幼儿教师的关注和反馈，这些关注和反馈又反过来影响幼儿的反应和发展，然后再作用于教师的评价行为，这种师幼之间的互动推动着教学过程也影响着幼儿的发展，其间的情感性、互动性贯穿整个教学过程。

（三）言语与非言语兼备

已有研究多从言语评价行为方面进行研究，但非言语评价行为对幼儿的影响可能更大。有研究表明，互动双方的互动效果有55%来自非言语行为。所以，常被忽视的非言语评价行为也许对幼儿产生着巨大和决定性影响。教师的举手投足、一颦一笑、一个抚摸、一个摇头都可能激励或摧残着幼儿。因此，在认识幼儿教师的评价行为时，必须从言语和非言语两个方面去认识，单纯关注言语性评价是片面而难以奏效的。已有研究认为，教师日常评价行为的特点是非正式性、主观性、即时性、真实性、个人性和波动性，在方法方面具有去规范性，在标准方面具有多重性等。笔者认为，这种描述是有失妥当的，因为像"结论的模糊性"等并非这种评价行为的必然的特点，如果能够着力改善教师的日常评价行为，结论的模糊性是可以避免的。

[①] 叶平枝，陈立秋．幼儿教师日常评价行为及其类型特征［J］．教育导刊，2011（8）：11-15.

二、幼儿教师日常评价行为类型分析及问题探究

将积极-消极、具体-泛泛作为幼儿教师日常评价行为划分的主要维度，将幼儿教师日常教学评价行为划分为具体-肯定型（具肯型）、泛泛-肯定型（泛肯型）、具体-否定型（具否型）、泛泛-否定型（泛否型）四种类型。发现：① 幼儿教师日常评价行为尽管表现各异，但仍存在着四种不同类型，即"具肯型""具否型""泛肯型""泛否型"；② 幼儿教师的评价类型是以泛泛评价为主流的，"泛否型"评价行为最多，"泛肯型"评价行为次之，"具肯型"和"具否型"评价行为比较少见；③ 除类型差别以外，幼儿教师日常评价行为具有一些共性，即以言语评价为主，评价是当众、远离评价对象进行的，评价时情感投入严重不足。这些研究表明，幼儿教师的日常评价行为存在诸多问题，值得警醒和改善。

第一，"泛否型"评价居多。泛泛评价成为主流并不意外，例如，提及幼儿教师的日常评价，熟悉幼教实践的人都会回想"你最棒！""嘿嘿，你真行！"的声音，浮现出教师像天女散花一样分发贴纸和小红花的情景。但意外的结果是，"泛否型"评价远远多于"泛肯型"评价。如果说泛泛评价对幼儿发展的利弊尚可讨论，泛泛再加上否定，其利弊关系却是毋庸置疑的。其一，泛泛评价看起来可以增强幼儿的自信，表现教师的关注，但容易让幼儿感到困惑："我棒在哪里？""老师是不是在敷衍我？"研究表明，具体评价比泛泛评价更有利于幼儿的发展。同时，程式化的泛泛评价会逐渐变成口号，失去其反馈调节的应有效力。像"谁最聪明？""谁最能干？"之类的横向比较型泛泛评价还经常会伤及大多数幼儿。其二，否定性评价对幼儿的危害更大，由于幼儿自我概念尚未得到很好发展，其自我概念的建立需要外界尤其是幼儿教师的反馈。如果他们经常接收到的是否定之类的负面评价，这不仅会影响他们的发展和幼儿园适应，还会给他们的自信和积极自我概念的发展带来负面影响。其三，泛泛而否定的评价兼具泛泛评价和否定评价的弊端，两者结合更可能放大两种评价的缺陷。

第二，情感投入严重不足。研究表明，幼儿教师的日常教学评价行为大多是不投入感情的。其原因很多，比如，幼教工作压力大任务重收入低，师幼比不合理，教师疲于应付，秩序和管理成为教学关注的重点等。但是，这种情感淡漠的评价行为却具有诸多的危害。

第三，评价的程式化。幼儿教师的日常教育行为呈现出单调、程式化的共同特点。其程式化表现有二。其一，评价语言的程式化。幼儿教师日常教学的评价行为频繁发生于幼儿在园的一日生活，但其评价的言语和非言语行为却单调重复，教师有"以不变应万变"的评价倾向，表现为整齐划一、单调僵化的程式化特点。其二，评价场合的程式化。观察发现，所有观察对象均是以当众评价的方式进行评价的，大部分教师的评价是远距离进行的。如此一致的评价特点，说明教师还没有走进幼儿的心灵，评价的主要目的不是发展而是控制。其实，同样的泛泛评价，当众的"你真棒！"和私下给幼儿说的"你真棒！"对幼儿是截然不同的感觉，私下近距离的评价更能体现教师的真诚和实实在在的关注。

阅读资料3

幼儿园保育教育质量评估指南

为深入贯彻全国教育大会精神，加快建立健全教育评价制度，促进学前教育高质量发展，根据中共中央、国务院《关于学前教育深化改革规范发展的若干意见》和《深化新时代教育评价改革总体方案》精神，制定本指南。

一、总体要求

（一）指导思想

以习近平新时代中国特色社会主义思想为指导，全面贯彻党的教育方针，落实立德树人根

本任务，遵循幼儿发展规律和教育规律，完善以促进幼儿身心健康发展为导向的学前教育质量评估体系，切实扭转不科学的评估导向，强化评估结果运用，推动树立科学保育教育理念，全面提高幼儿园保育教育水平，为培养德智体美劳全面发展的社会主义建设者和接班人奠定坚实基础。

（二）基本原则

1. 坚持正确方向。坚持社会主义办园方向，践行为党育人、为国育才使命，树立科学评价导向，推动构建科学保育教育体系，整体提升幼儿园办园水平和保育教育质量。

2. 坚持儿童为本。尊重幼儿年龄特点和成长规律，注重幼儿发展的整体性和连续性，坚持保教结合，以游戏为基本活动，有效促进幼儿身心健康发展。

3. 坚持科学评估。完善评估内容，突出评估重点，改进评估方式，切实扭转"重结果轻过程、重硬件轻内涵、重他评轻自评"等倾向。

4. 坚持以评促建。充分发挥评估的引导、诊断、改进和激励功能，注重过程性、发展性评估，引导办好每一所幼儿园，促进幼儿园安全优质发展。

二、评估内容

坚持以促进幼儿身心健康发展为导向，聚焦幼儿园保育教育过程质量，评估内容主要包括办园方向、保育与安全、教育过程、环境创设、教师队伍等5个方面，共15项关键指标和48个考查要点。

（一）办园方向。包括党建工作、品德启蒙和科学理念等3项关键指标，旨在促进幼儿园全面贯彻党的教育方针，落实立德树人根本任务，强化党组织战斗堡垒作用，树立科学保育教育理念，确保正确办园方向。

（二）保育与安全。包括卫生保健、生活照料、安全防护等3项关键指标，旨在促进幼儿园加强膳食营养、疾病预防、健康检查等工作，建立合理的生活常规，强化医护保健人员配备、安全保障和制度落实，确保幼儿生命安全和身心健康。

（三）教育过程。包括活动组织、师幼互动和家园共育等3项关键指标，旨在促进幼儿园坚持以游戏为基本活动，理解尊重幼儿并支持其有意义地学习，强化家园协同育人，不断提高保育教育质量。

（四）环境创设。包括空间设施、玩具材料等2项关键指标，旨在促进幼儿园积极创设丰富适宜、富有童趣、有利于支持幼儿学习探索的教育环境，配备数量充足、种类多样的玩教具和图画书，有效支持保育教育工作科学实施。

（五）教师队伍。包括师德师风、人员配备、专业发展和激励机制等4项关键指标，旨在促进幼儿园加强教师师德工作，注重教师专业能力建设，提高园长专业领导力，采取有效措施激励教师爱岗敬业、潜心育人。

三、评估方式

（一）注重过程评估。重点关注保育教育过程质量，关注幼儿园提升保教水平的努力程度和改进过程，严禁用直接测查幼儿能力和发展水平的方式评估幼儿园保育教育质量。

（二）强化自我评估。幼儿园应建立常态化的自我评估机制，促进教职工主动参与，通过集体诊断，反思自身教育行为，提出改进措施。同时，有效发挥外部评估的导向、激励作用，有针对性地引导幼儿园不断完善自我评估，改进保育教育工作。

（三）聚焦班级观察。通过不少于半日的连续自然观察，了解教师与幼儿互动情况，准确判断教师对促进幼儿学习与发展所做的努力与支持，全面、客观、真实地了解幼儿园保育教育过程和质量。外部评估的班级观察采取随机抽取的方式，覆盖面不少于各年龄班级总数的三分之一。

四、组织实施

（一）加强组织领导。各地要高度重视幼儿园保育教育质量评估工作，将其作为促进学前教育高质量发展、办好人民满意教育的重要举措，纳入本地深化教育评价改革重要内容，建立党委领导、政府教育督导部门牵头、部门协同、多方参与的组织实施机制。各省（区、市）要结合实际，完善本地质量评估具体标准，编制幼儿园保育教育质量自评指导手册，增强质量评估的操作性，确保评估工作有效实施。要逐步将幼儿园保育教育质量评估工作与已经开展的对地方政府履行教育职责评价、学前教育普及普惠督导评估、幼儿园办园行为督导评估等工作统筹实施，避免重复评估，切实减轻基层和幼儿园迎检负担。

（二）明确评估周期。幼儿园每学期开展一次自我评估，教育部门要加强对幼儿园保育教育工作和自评的指导。县级督导评估依据所辖园数和工作需要，原则上每3～5年为一个周期，确保每个周期内覆盖所有幼儿园。省、市结合实际适当开展抽查，具体抽查比例由各省（区、市）自行确定。

（三）强化评估保障。各地要为幼儿园保育教育质量评估提供必要的经费保障，支持开展评估研究。要切实加强评估队伍建设，建立一支尊重学前教育规律、熟悉幼儿园保育教育实践、事业心责任感强、相对稳定的专业化评估队伍，评估人员主要由督学、学前教育行政人员、教研人员、园长、骨干教师等组成，强化评估人员专业能力建设。加强对本指南的学习培训，推动幼儿园园长、教师自觉运用对本指南自我反思改进，不断提高保育教育水平。

（四）注重激励引导。各地要将幼儿园保育教育质量评估结果作为对幼儿园表彰奖励、政策支持、资源配置、园长考核以及民办园年检、普惠性民办园认定扶持等方面工作的重要依据。对履职不到位、违反有关政策规定、违背幼儿身心发展规律、保教质量持续下滑的幼儿园，要及时督促整改，并视情况依法依规追究责任。要通过幼儿园保育教育质量评估工作，积极推动地方政府履行相应教育职责，为办好学前教育提供充分的条件保障和良好的政策环境。

（五）营造良好氛围。要广泛宣传国家关于学前教育改革发展的政策措施，深入解读幼儿园保育教育质量评估的重要意义、内容要求和指标体系，认真总结推广质量评估工作先进典型经验，有效发挥示范引领作用，积极开展国际交流与合作，营造有利于促进学前教育高质量发展的良好氛围。

思考与练习

一、填空题

1. 学前儿童社会教育评价是评价者根据_____，对学前儿童的社会性及_____做出客观科学的价值判断的过程。

2. 学前儿童社会性发展评价的内容，其实就是_____。

3. 学前儿童社会性发展评价的内容是根据_____来制定的。

4. 学前儿童社会教育活动效果的具体评价应从活动本身、教师"教"、_____三个方面来着手。

二、单项选择题

1. 下列哪方面不是学前儿童社会教育活动效果评价应考虑的因素？（　　　）

　　A. 教育活动　　　　　　　　　　　　B. 教师教学质量

　　C. 幼儿的"学"　　　　　　　　　　　D. 幼儿的品德

2. 下列哪项不构成对幼儿评价的基本要素？（　　　）

　　A. 幼儿参与程度的状况　　　　　　　B. 认知的发展

　　C. 情感的发展　　　　　　　　　　　D. 行为的发展

3. 下列哪种方法最适合用于评价学前儿童的社会行为发展水平？（　　　）

A. 观察法
B. 问卷法

C. 谈话法
D. 测验法

4. 观察法主要适用于哪种情况？（   ）

    A. 了解幼儿的社会认知
B. 态度情感

    C. 道德认识
D. 社会行为

三、简答题

1. 学前儿童社会教育评价的意义。

2. 学前儿童社会教育评价应遵循的原则。

3. 学前儿童社会教育评价的方法有哪些？

四、实践拓展训练

1. 在幼儿园观摩一节社会活动，试着从社会教育活动本身、教师"教"、幼儿"学"三个方面来进行评价。

2. 教学活动评析

活动一：

在一次大班社会活动"夸夸我的好爸爸"中，老师提问幼儿："你的爸爸是如何能干的呢？"有的幼儿这样回答："我爸爸是大老板！""我的爸爸是局长！""我的爸爸开宝马。""我的爸爸是大力士。"……在幼儿的积极回答中，老师做出这样的评价："你的爸爸很棒！""你的爸爸很能干！"……

你认为这位老师对幼儿答案的评价是否恰当、合理？如果你是老师，你怎样理解"能干"，如何帮助幼儿理解"爸爸的能干"？

活动二：

大班社会领域教案——我是从哪里来的

活动目标

1. 通过活动，让幼儿初步了解"我是从哪里来的"。

2. 鼓励幼儿大胆提问和回答。

活动重难点

重点：通过活动，让幼儿初步了解"我是从哪里来的"。

难点：了解"我是从哪里来的"，大胆表达自己的想法。

活动准备

自编故事《小天使的故事》，相关图片。

活动过程实录

1. 教师讲述《小天使的故事》（附后），并提问：小朋友知道自己是从哪里来的？（是妈妈生出来的，是妈妈和爸爸的种子长大的，是从子宫里来的）宝宝在子宫里是什么样的？（用管子吸收营养，还听音乐）爸爸妈妈在做什么？（每天说"长大一点，再长大一点儿"，给我讲故事、放音乐）

教师引导：爸爸妈妈非常爱你，说你是他们的小天使。你应该怎样做？（更爱爸爸妈妈）（活动前，我们曾通过个别谈话的形式了解幼儿对于"我是从哪里来的"这一问题的认识，答案有以下几种：不知道、妈妈生的、石头缝里蹦出来的、妈妈不让问。因此，我们把"精子""卵子"和"子宫"等词汇编到了故事当中，也增加了对爸爸在幼儿成长过程中的重要性的描写，让孩子们从正面了解了"我是从哪里来的"。在讲述故事的过程中，幼儿的情绪感染了我，消除了我开始还有的一些顾虑。幼儿听得很认真，就像听一个普通故事一样，而且比听普通故事更感兴趣，更认真）

2. 教师出示图片"怀孕的阿姨"，请幼儿观察。孩子们很高兴地说：阿姨怀孕了，阿姨的肚子里有小宝宝了。

3. 教师请幼儿说一说自己是从哪里来的。幼儿完成主题绘画"我从哪里来"。

4. 幼儿向大家介绍自己的画，教师逐一记录。

活动延伸

幼儿作品展览。

（我们将幼儿的作品向家长展出，引起了强烈的反响，陆续有家长写出了自己的感受。家园联系栏也开辟了"老问题新回答"等栏目，增强了家园互动作用）

附：小天使的故事

妈妈的肚子里有一颗小种子，我们叫它"卵子"，小卵子渐渐长大了，这时爸爸觉得妈妈的这颗小卵子太孤单了，就送给了妈妈一颗小种子，我们叫它"精子"。小卵子碰到了小精子特别高兴，就决定生活在一起。于是，它们开始寻找一个家，找呀找呀，终于找到了一个温暖的地方——子宫。它们在子宫里安了家，快乐地成长着。后来，它们渐渐地长大了，变成了一个有眼睛、有嘴巴、有小脚、有小手的小天使。这个小天使每天都从妈妈那里用一根吸管吸取营养，爸爸也特别关心这个小天使，每天和妈妈一起让他听音乐，给他讲故事。爸爸还经常呼唤他、抚摸他，关注他的成长……"长大点儿，再长大点儿！"爸爸妈妈每天都这么说。就这样，这个小天使过了十个月的幸福生活。这时，小天使觉得子宫太小了，决定离开这里，找一个更广阔、更美丽的地方。于是，他经历了许多的磨难，终于来到了我们中间。

小朋友们，和小天使一样，你们都是这样来到这个世界上的，你们就是爸爸妈妈疼爱的那个小天使！

根据所学知识，请试着评析这一活动案例。

岗课赛证

一、单项选择题

1. 幼儿社会教育活动评价的原则不包括下列哪一项？（　　　）
   A. 目的性原则　　　　B. 全面性原则　　　　C. 可行性原则　　　　D. 发展性原则

2. （　　　）是教育评价中最常用的一种收集评价信息的方法。
   A. 谈话法　　　　B. 调查法　　　　C. 观察法　　　　D. 问卷法

3. （　　　）是指在进行幼儿社会性教育评价时，要采用实事求是的科学态度、依据客观标准评价教师与幼儿。
   A. 客观性原则　　　　B. 目的性原则　　　　C. 全面性原则　　　　D. 发展性原则

4. 社会教育活动评价的目的不包括（　　　）。
   A. 促进幼儿社会性的发展　　　　　　　　B. 帮助教师社会教育能力的提升
   C. 甄别教师水平　　　　　　　　　　　　D. 提升教育质量

5. 《3—6岁儿童学习与发展指南》中有关幼儿社会性发展的部分在幼儿社会性评价中的作用，正确的说法是（　　　）。
   A. 评价的尺子　　　　　　　　　　　　　B. 评价测量表
   C. 幼儿社会性学习与发展的方向　　　　　D. 评价的指标

二、论述题

教师应该如何评价幼儿社会教育活动的各个环节？

三、材料分析题

下面是一个老师开展的社会活动，请评析老师的活动，分析小朋友注意力不集中的原因。

认 识 国 旗

某教师在大班幼儿中开展教育活动"认识国旗"时，选择的内容是观察国旗，讲解五星红旗诞生的过程，介绍开国大典等。在实施活动过程中发现，当教师讲解五星红旗诞生的过程或介绍开国大典时，大部分小朋友的注意力不能集中，许多小朋友对教师所介绍的内容表现出不感兴趣。

第七章

学前儿童问题行为与矫正

》》 学习目标

素养目标：正确看待学前儿童社会性问题行为，初步树立正确的儿童观。
知识目标：了解学前儿童常见社会性问题行为的成因及应对方法。
能力目标：能够正确处理学前儿童常见社会性问题行为，促进其健康发展。

PPT 线上课堂

学前儿童问题
行为与矫正

》》 知识框架

```
                    学前儿童问题行为与矫正
                    /                    \
        学前儿童常见社会性              学前儿童问题
        问题行为的表现与成因            行为的矫正
        /            \              /    |    |    \
   学前儿童      学前儿童常见      自然后果法  强化法  代币法  模仿法
   问题行为      社会性问题行为
   的界定        的表现与成因
```

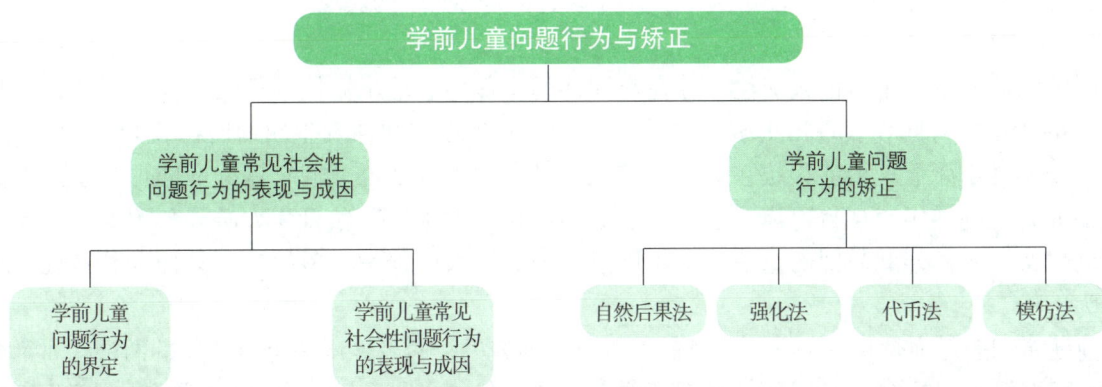

　　社会性发展是幼儿心理发展的重要方面，然而，很多幼儿在社会性发展方面存在着问题。尤其是在同情心、责任感、自制力、交往主动性、自信心、独立自主性，以及面对困难和挫折的勇气等方面，问题相当普遍、突出。这些问题如果不能及时受到重视和矫正，不仅会阻碍他们正常的心理发育和发展，影响他们的生活和学习，而且也有可能是成年期心理障碍和社会适应不良的先兆，所以正确看待学前儿童出现的问题行为，并对其行为的根源作出正确的判断，从而进行教育或行为纠正，对幼儿今后的成长有着十分重要的意义。

第一节　学前儿童常见社会性问题行为的表现与成因

一、学前儿童问题行为的界定

　　学前儿童的问题行为指妨碍学前儿童身心健康发展和良好品德的形成，给家庭、幼儿园乃至社会带来麻烦的行为。它具有一定的常见性和扰乱性，同该年龄阶段儿童的正常行为表现差距较大。

问题行为包含了以下三个基本特征：① 行为表现，在频率和强度上或高或低地偏离同龄儿童的表现；② 行为效果，不利于自己的身心发展或对他人产生不利影响；③ 行为发展，不符合社会规范和教育的期望，不为人们所接受。

（一）正常行为的一般标准

一般说来，正常行为的标准主要有以下四方面。

1. 儿童的行为必须与年龄相符

儿童是一个正在发展中的个体，对于儿童行为正常与否的判断，必须要考虑到儿童的年龄因素。如一个1岁儿童尿床是正常现象，而一个10岁的孩子还尿床就是有问题了。

2. 儿童的行为要与社会文化背景相适应

不同的社会文化背景对于儿童的行为评价各异。如在中国传统的社会文化中，多认为女孩应该文静、内向、被动，男孩应该粗犷、外向、主动。这些性别期望观念反映出社会成员的比较一致的看法。哪位女孩从小显得粗犷、主动，或是男孩表现得太柔弱、被动，就会被认为是发展的异常。

3. 情绪反应适度

积极的情绪是学前儿童心理健康的核心和重要的表现形式。良好的情绪和情绪反应适度表现为学前儿童能够在不同的情境中表现出适当的情绪；能够经常有积极的情绪体验；能够准确识别自己和他人的表情和情绪，有恰当的移情反应；能逐渐控制自己的情绪，其情绪表现与环境是较为一致的。例如，当幼儿发现自己处于陌生环境中时，会大哭大叫，妈妈一出现，很快就会平静。如果此时仍惊恐不已，或完全相反，对陌生环境毫无反应，无动于衷，都是不正常的表现。

4. 同伴关系和谐

健康的学前儿童乐于与他人交往，并在与同伴的交往中表现出愉快的情绪，能恰当地处理与同伴发生的矛盾，对同伴表现出更多的亲社会行为，避免在与同伴发生纠纷时出现攻击性行为；虽然偶尔与同伴有矛盾，但能很快在教师、家长、其他同伴的劝说下恢复良好的同伴关系。不健康的学前儿童在同伴中表现得冷漠，漠不关心；在群体活动中往往独自一人游戏，不参与其他同伴的活动，甚至在同伴和教师的邀请下也不愿意参与；当与同伴发生争执时容易冲动，表现出攻击性行为。

学前儿童问题行为是相对于学前儿童的正常行为而言的，两者处于一个连续体的两端。而绝大多数儿童行为都居于两者之间，因此，大部分学前儿童都存在一些行为问题，只是严重的程度不同而已。如正常幼儿刚入园时都有哭闹现象，但两三周便好了，而问题行为是指一直哭闹不止，从早哭到晚，甚至影响身体健康。有些问题行为的幼儿在许多方面的行为是正常的，而只是在一两个方面存在问题行为。

（二）问题行为的一般表现

行为不足：指人们所期望的行为很少发生或从不发生。如平时很少讲话或不愿和同伴接触、交往，不会自己吃饭和穿衣服等，都是行为不足的表现。

行为过度：指某一类行为发生次数太多或持续时间过长，反应过于强烈。如上课时经常思想不集中，做小动作，随便走动；常为一点小事就大喊大叫，吵闹不休。

不适当行为：指期望的行为在不适宜的情景中产生，但在适宜的条件下却不发生。如将玩具放在垃圾堆里；或在悲伤时大笑，在欢乐时大哭等。

二、学前儿童常见社会性问题行为的表现与成因

学前儿童在社会性发展方面的问题行为有多种表现形式，其成因也复杂多样。

（一）认知性的不成熟行为

认知性的不成熟行为主要是由于儿童认知发展不成熟引起的，主要有以下四种表现。

1. 违规

在儿童的社会化过程中，违规行为是一种常见的现象，因为儿童生活经验比较缺乏，还未形成稳定的规则意识，其遵守规则的行为也未能很好地表现出来。同时，他们自我控制能力较差，有时候也可能出现无意违反社会规则的现象。

儿童的违规行为可以相应地概括为以下三种：道德违规、社会习俗违规和谨慎违规。道德违规是指违反文化价值观或对他人有害的行为（如偷别人的玩具、攻击、说谎等）；社会习俗违规，即违反社会习俗规则或社会习俗准则的行为（如对客人粗鲁、用手抓饭等）；谨慎违规是指对儿童的安全构成威胁的行为（如玩火柴、闯红灯等）或对儿童自身健康有害的行为（如拒绝吃药等）。

皮亚杰对幼儿实践规则的研究表明，处于学前期的儿童还没有形成对规则的较稳定的理解，多数时候他们会认为规则怎么样都行。帮助幼儿建立规则意识需要通过自然的后果体验来慢慢建立。

> **案例**
>
> 在开汽车游戏中，一些小司机车速太快违反了交通规则，幼儿提出超速会有电子警察拍照，处以罚款或吊销驾驶执照的处分；严重的交通事故还要被拘留、赔偿钱物给对方等。在开始游戏前教师和幼儿共同回忆了这个规则，提醒幼儿在游戏中必须自觉遵守。在游戏进行过程中，个别司机仍然超速行驶撞倒了同伴，教师就和一些幼儿扮演交通警察，将他扣留押送到拘留所进行学习，剥夺他自由游戏活动的权利。

当孩子们有了没有遵守游戏规则给自己带来不愉快的亲身体验之后，他们才会理解什么是规则，为什么要遵守规则。

2. 自私

自私是幼儿常见的问题行为。自私的幼儿除了具有"食物不肯给别人吃""玩具或学习用品不愿借给别人用"的最直接特点外，还具有如下主要特征：占有欲强，不仅极力保护自己的物品，还常抢夺、拿走不属于自己的物品；缺乏同情心和集体意识；不善交际，不太合群，孤僻、多疑等。

幼儿思维的自我中心特点，使他们不会站在别人的角度思考，意识不到别人的感受，常常不愿与他人分享，从而经常表现出自私或无理行为。这种行为特点是孩子发展中的一个自然阶段，它和成人的自私是不一样的。当幼儿理解他人观点的智力得到发展以后，他们的社会性发展也会提高。

> **案例**
>
> "老师！杭杭抢我的积木。""老师，杭杭又抢我的娃娃了。"短短一会儿时间馨怡的"告状声"接连不断。很快，老师就走向他们，了解争吵的情况，老师先问了告状的孩子馨怡："你们怎么了？"她皱着眉头，指着旁边的杭杭，苦恼地说："他抢我的积木。"而一旁的杭杭也不甘示弱："她先抢我的。"此时，老师拿起他们手中争吵的玩具问其他的孩子："这些玩具是谁的呀？""幼儿园的。"可渝小朋友还大声说道："我们不能抢的。""可渝真懂事，这些玩具是我们幼儿园的，我们应该一起玩。抢玩具的小朋友不是个乖宝宝哦。你们看，可渝和佳佳她们玩得真不错，她们一个拎篮子，一个跟在后面，一起去买菜，本领真大。"杭杭先看了看老师，又看了看馨怡。然后老师问杭杭："应该怎么办呀？"他低着头不情愿地说了句："那我们一起玩吧。""我们一起玩吧。"馨怡接受了这个建议。之后，娃娃家不再有争吵声，大家一起玩得很开心。

学前阶段的儿童，对外界事物的最初认识，基本都是从"自我"出发，所以大都以自我为中心去认识他所接触的外界事物。因而，他们经常会出现"争抢玩具"这样的情况。当问题发生时，老师没有马上去批评被告状争抢玩具的孩子，而是利用同伴的影响，引导幼儿懂得互相谦让。

3. 说谎

幼儿说谎原因很多，一般有以下三种情况。

（1）他人的影响

有些幼儿说谎，往往与他人的影响有关，特别是幼儿家长的说谎行为，常是造成幼儿说谎的直接原因。例如，邻居来借东西说没有；教师对幼儿说的话不兑现，也往往被幼儿视为"骗人"。父母和教师是幼儿心目中的权威人物，如果在孩子面前说谎，就会使孩子产生"说谎不为错"的错觉。如：老师带领幼儿布置室内环境时，看到孩子们很积极，老师高兴地说："下一节我们搞评小红花活动，看哪些小朋友最能干！"可是，老师只是一时高兴说说而已，下一节却在室外组织起了游戏活动，这使很多孩子认为老师在"骗人"。成人要做好表率，在孩子面前不要轻易许诺，一旦许诺就要兑现。如果成人因事不能履行对孩子的诺言，就要及时跟孩子解释原因并道歉，以挽回不良的影响。

（2）幼儿自身心理发展的特点

幼儿的记忆不精确，在回忆时往往歪曲事实，还经常把想象和现实混淆起来，把想象的东西当作现实中已经发生的事进行描述。例如，圆圆看见爸爸开车，到了幼儿园就兴高采烈地告诉小朋友自己会开车。其实，圆圆并不理解开车的真正含义，只不过是模仿大人开车的样子，想象自己非常能干。

（3）害怕指责批评、逃避惩罚

幼儿做了错事，怕受到惩罚，于是编造谎言，以掩盖自己的过失，这时，说谎成了幼儿免遭惩罚的自卫手段。例如，游戏活动中，有两个幼儿在"医院"当"医生"，有一个"病人"去看病，两个"医生"都想给"病人"诊断病情，为了这件事，两个当"医生"的幼儿发生了争吵，在争吵的过程中不小心把"听诊器"扯断了。老师知道这件事后，过去询问是谁把"听诊器"扯断的，可是问了半天，那两个幼儿都不肯承认是自己扯断的，还说是对方扯坏的。

教育幼儿不说谎，教师要对幼儿进行诚实教育。教师在进行诚实教育的时候，要根据幼儿的年龄特点，逐步加深。小、中班重在教育幼儿分清自己的、别人的或幼儿园的东西，不经别人允许不去拿，学会自我控制，不说谎话。一旦发现幼儿说谎，教师要在不损害孩子自尊心的前提下进行个别教育，帮助他分辨是非。到了大班则重在教育"做错了事要勇于承认"，并向其说明"做错事不要紧，重要的是如何改正"，让幼儿感到改正了说谎的缺点依然能得到成人的信任。

教育幼儿不说谎，教师要从实际出发，运用榜样的力量，以讲故事、做游戏的形式贯穿于一日活动之中。如故事《诚实的列宁》，让幼儿懂得知错能改就是好孩子；故事《狼来了》，重在教育幼儿不要说谎，说谎骗人，于人于己都无益。

4. 偷拿

有的幼儿到亲戚朋友家里玩，回家时总爱悄悄把自己喜欢吃的东西藏到口袋里，或者从幼儿园把喜欢的玩具带回家。幼儿偷拿行为的背后有以下四方面原因。

（1）强烈的占有欲

有些幼儿对某一物品产生了强烈的占有欲望，但是通过正当的手段满足不了这种强烈的心理需要。比如，看到别人有令人羡慕的新玩具或其他物品，自己想向别人索取却遭到拒绝，家长也不能满足自己的要求，于是就采取了这种令人不能接受的手段，以达到心理的满足。

（2）缺乏关注

有的幼儿由于平时缺乏别人的关注和感情，为了取得别人的注意，便拿了不属于自己的东西，以此向其他人炫耀、吹嘘，或送给别人，以换取感情或注意。

（3）自制力差

四五岁的幼儿之所以把不属于自己的东西归为己有，是因为他们还不懂得什么是自己的，什么是别人的，还不懂得别人的东西未经许可不能随便拿的道理。即使他们已经意识到了这样做是不对的，但还不能很好地控制自己的欲望。

（4）成人教育不当

家长教育不当也是导致幼儿产生偷拿行为的原因之一。其主要表现在两个方面。一是放任自流。有些父母把幼儿拿别人的东西看作小孩还不懂事，没有必要大惊小怪，等将来长大了以后自然会好的。还有些父母在家里往往将钱随意乱放，当幼儿发现后未征得父母的同意就拿去买好吃的、好玩的，事后也没有告诉父母。父母发现钱少了以后并没有去追究，幼儿就自以为这是被允许的行为，并不属于偷窃行为，最终发展到随便拿别人的东西。二是管教过严。有些家长一旦发现幼儿出现了偷拿东西的行为，就大动肝火，责备、羞辱、体罚。这种过于严厉的态度和反应，给幼儿心理上带来了难以承受的压力，使幼儿的自尊心受到严重的伤害，结果往往产生怨恨、自卑甚至反抗的心理，反而有意通过偷窃来发泄内心的不满。

对待幼儿的偷拿行为，首先应该听听幼儿对事情的解释，了解他们偷拿行为的原因，并根据具体的原因选择相应的对策。例如，幼儿是由于"自我中心"导致物权概念不清楚，从而产生"偷窃"行为时，就应该帮助幼儿培养物权意识。

当幼儿出现"偷拿"行为，并分析出该行为的原因以后，最重要的就是选择合理的处理方法。成人必须讲究教育策略，既不能大动肝火、责骂、羞辱、体罚，也不能放任自流，不了了之。而必须根据产生该行为的原因，采取正面教育，既让幼儿认识到这种行为不对，同时也要让他们感觉到温暖，有改正错误的机会。

归还孩子所拿的物品。通过对幼儿进行合理教育后，使他们明白没有经过别人的允许而私自拿别人的东西是不对的，所以应该主动把东西还给别人。要注意的是，在归还之前成人应该先和失主沟通，使双方保持一致的态度。当幼儿把东西还给失主时，失主必须表现出宽容并原谅幼儿的过失，并且告诉他，知错能改仍然是好孩子。这样既可以使孩子受到教育，又可以使幼儿免受羞辱，使孩子认识到自己错误的同时，又有力量积极地去改正错误。

对待幼儿的"偷拿"行为，成人必须有足够的耐心与爱心来引导，使幼儿从"自我为中心"以及缺乏是非判断的世界良好地过渡到一个成熟的有是非观念的世界。切忌过早地给儿童贴上"小偷"的标签。

案例

有一段时间，班里的橡皮泥经常失踪，而孩子们也多次告诉老师"飞飞把橡皮泥拿回了家"。飞飞是一个男孩，最喜欢橡皮泥了，他用橡皮泥捏的小鸭小鸡非常逼真。老师经过多次"侦察"，并没发现"可疑"情况。那天离园时间已过，有几个孩子没有被接走，飞飞也在其中，老师就和他们整理美工区域。老师拿着几个分量很轻的橡皮泥盒子说："盒子妈妈好难过，因为它的橡皮泥宝宝不见了。"观察飞飞的表情，发现他脸上掠过一丝不安。于是老师继续说道："就像你们的妈妈一样，如果找不到你们，妈妈是多么伤心啊。"飞飞一听，马上从口袋里掏出一大团橡皮泥说："老师，我把它送回家吧。"老师激动地抱住他说："好孩子，谢谢你。"第二天，老师当着全班孩子表扬了飞飞，没有说橡皮泥是飞飞拿了，而说是飞飞帮助盒子妈妈找到了它的宝宝。事后，老师和飞飞约定：如果想把橡皮泥带回家玩，就和老师说一声，第二天再带来。从此以后，班里的橡皮泥再也没有失踪过。

（二）焦虑

焦虑是人在面临当前的或可能出现的某种威胁、危险时产生的紧张、不安、焦急、忧虑、痛苦的情绪体验。许多人以为焦虑是成人的"专利"，其实不然，幼儿也有焦虑的时候。他们虽然具有单纯的独立思维能力，但因年龄小，遇到突然发生的挫折和打击，往往会承受不了，使幼小的心灵失去平衡，由此极易产生焦虑情绪。

1. 焦虑的分类

（1）素质性焦虑

这类儿童的神经系统往往发育不健全，对外界细微的变化过于敏感。有的则是父母本身具有焦虑表现，使幼儿受到影响。如果父母对幼儿出现的焦虑情绪不能正确引导，反而自己亦产生焦虑感，就可能使幼儿沉溺于低谷情绪中不得解脱，逐步恶化。

（2）境遇性焦虑

对突发事件，儿童的心理难以承受，因此整天担心灾害再次降临头上，惶惶不可终日。但这一类儿童的症状随着时间的推移会逐渐自然消失。

（3）分离性焦虑

当幼儿与亲属特别是父母分离时，会出现明显的焦虑情绪，甚至多数幼儿常无根据地担心亲人会离开自己发生危险，或将会发生意外的事故，会有大祸临头使自己与亲人失散，或自己被拐骗等，因此不愿意去幼儿园，即使勉强送去，也表现出哭闹、挣扎。

案例

早晨，妈妈送楠楠来上幼儿园，她站在门口不肯进来。老师走过去从妈妈手中接过楠楠时，她就立刻哭了起来："我不要上幼儿园，我要回家去！"妈妈看着孩子哭，觉得心疼，又抱着孩子在门口说了一会悄悄话："妈妈保证第一个接你回家，乖。"可是楠楠还是哭得很厉害，紧紧钩着妈妈不放。妈妈没办法，就决定先陪她一会，并带她进活动室玩玩具。这时楠楠不哭闹了，还能愉快地玩，不过她会经常回头看看妈妈是否还在。看到妈妈还在，又放心地继续玩。妈妈趁她玩得正起劲，悄悄地走了。没过多久，楠楠发现妈妈不在了，就立即哭喊起来，并把手里的玩具全都扔了。接下来的一天，楠楠都一直郁郁寡欢，不愿和同伴做游戏。

（4）期待性焦虑

家长对孩子期望过高，孩子怕达不到家长预期的要求，担心受到父母的责备而焦虑不安。

（5）环境性焦虑

有的家庭经常爆发争吵甚至大打出手，使孩子生活在矛盾重重的环境中，失去了他们应有的欢乐，由此便产生胆小、孤僻、不合群、易紧张等焦虑现象。焦虑往往严重影响儿童的智力发展，并且容易诱发抑郁、孤僻、自卑等心理疾病。因此，成人发现孩子的不良情绪后，应分析原因，予以科学引导，以尽早让孩子摆脱困扰。

2. 焦虑的原因

引起焦虑的刺激多数是外在的，但也有内在的，幼儿焦虑产生的影响因素更是多种多样。下面，主要从家庭、幼儿园和幼儿自身等方面来分析幼儿焦虑形成的原因。

（1）家庭不良的教养方式

现在有很多家庭溺爱孩子，对孩子一味迁就、满足、百依百顺，只注重满足孩子的物质需求，而忽略孩子的情感需要。在这种环境下长大的孩子往往比较自私、任性、依赖性强，他们的情绪不稳定、过度自傲或自卑、意志薄弱、缺乏自信、交际困难以及软弱无能。这些孩子进入幼儿园后容易出现焦虑情绪，因为从家庭进入幼儿园，他们的中心地位丧失，心理上就会产生一种失落感，会感到恐惧和不安。而他们的自私或者自卑的性格，使得他们不容易融入其他幼儿中间，缺少朋友，加上生活自理能力的缺乏，容易产生挫折感。在这些内外因素的刺激下，焦虑情绪自然产生。

（2）幼儿教师焦虑情绪的影响

幼儿教师的焦虑问题正日益受到人们的关注。幼儿教师的焦虑水平对幼儿焦虑的产生有着直接的影响。如果幼儿教师焦虑水平过高，他们对幼儿可能表现出不耐烦、攻击性强，如讽刺、谩骂幼儿，缺乏宽容等。有时候，教师为了减轻心理压力，避免焦虑，往往会对幼儿要求过分严厉，严格限制他们的活动，不允许幼儿有丝毫的过失和错误。这些容易造成幼儿情绪低落和急躁，形成对他人的敌意、逆反、自卑、反抗，最终影响幼儿的人际交往。教师的焦虑情绪还容易传染给幼儿，使幼儿同样也出现焦虑状况。

（3）家园教育不一致导致幼儿规则混乱

一方面，由于家园教育不一致，会使幼儿感到无所适从，从而产生焦虑。例如，小中班的孩子在经历了一个假期之后，对幼儿园也有了陌生感，许多行为习惯又恢复到上幼儿园以前的状态，甚至在家中又养成一些新的不良习惯。而一旦回到幼儿园，他们又必须重新遵守幼儿园的规则，改掉不良的行为习惯，这对他们来说本身就是一项挑战。另一方面，升班之后，很多教师会调换，幼儿要面对陌生的老师。这样，教师和幼儿之间又需要经历新的磨合与适应过程。这样，各年龄班的孩子不同程度上都会存在焦虑，教师也会产生不同程度的紧张。

（4）幼儿自身因素

幼儿的先天气质、认知水平等都会影响幼儿焦虑的形成。这里，我们着重探讨幼儿认知因素对其焦虑的影响。幼儿离开亲人，进入到幼儿园中，开始集体生活。表面看来，这只是日常生活环境的简单变迁，可是对幼儿而言，却非同小可。幼儿从小在家庭中长大，家庭是幼儿可以依赖的、安全的、自由的生活环境，幼儿在家中可以毫无心理负担地很投入地玩游戏。在家中，幼儿与环境是融为一体的，他能够感受到自己是环境的主人。可是，幼儿园是一个全然陌生的环境，幼儿在这里缺乏熟悉的人和熟悉的玩具，难以迅速融入这个新环境。有些比较敏感的幼儿很容易认为这些陌生的环境是不安全的，是存在危险的。如此一来，他们就会拒绝这样的环境，并企图逃离，寻求父母亲人的保护。这种对新环境的恐惧感，通常存在于刚入园的幼儿身上，有些刚升班或者转园的孩子也同样会存在这种现象。

幼儿自理能力的欠缺是导致焦虑的又一个原因，例如，午睡时不能自己穿、脱外套，不能独立用餐，盥洗、如厕时不能自己整理衣裤等，所有这些，使幼儿难以面对当前的许多行为。此时，幼儿往往会表现出无奈和焦虑。而幼儿自身内向的性格也是造成焦虑的另一个原因。性格内向的幼儿，不太愿意亲近教师和同伴，不愿参与各类活动，这样，依恋的情绪情感就更强烈，幼儿会变得沉默寡言、偶尔还会出现攻击性行为，其社会性焦虑表现得更为强烈。

3. 焦虑情绪的应对

（1）重视家庭教养方式

父母对待孩子的态度和行为，会影响儿童对父母的依恋关系。如果父母总是对孩子的需求非常敏感、反应迅速，能够给孩子一种"无条件的爱"，就会让他们产生一种安全感。幼儿知道，如果自己有了困扰或危险，父母一定会及时地给予帮助。对父母有安全感的幼儿，大多不会惧怕陌生的环境和人。即使遇到必须和父母分离的情况，他们也只是会出现适度的、短暂的分离焦虑，经过旁人的安抚，他们很快就会安静下来，把注意力转移到其他事情上。同时，他们比较容易信任别人，接受别人，乐于帮助别人，容易获得他人的喜爱，形成良好的人际关系。而对父母有不安全感的孩子往往害怕陌生人，到了新环境会显得很胆怯、畏缩。这些孩子在必须要和妈妈分离的时候，会表现出过度的焦虑不安和气恼，长时间大哭大闹，胆小、怯弱或攻击、自残等。

（2）积极评价和悦纳幼儿

儿童有积极关系的需要，即儿童有对诸如温暖、爱、同情、关怀、尊重以及被人承认、接纳的需要。只有在给予儿童积极关注的基础上，儿童才会产生安全感，才会产生"自我关注"。也就是说，儿童只有得到别人的肯定之后，才会肯定自己。而父母的陪伴，老师的关爱和亲近，小伙伴的主动交往，都会让幼儿感到温暖和支持。用体态语言可以向孩子提供积极的信息支持，比如，时常对幼儿进行拥抱、爱抚、拍拍他的背、摸摸他的手等。幼儿能从爱抚中感受到爱和力量。作为父母和教师，在评价孩子的时候注意多用肯定语句，比如，"你真行""你真能干""我相信你"之类的话，让孩子真正感受到支持与肯定、尊重和爱护，这样，孩子就会变得自信和有安全感，容易克服焦虑。

（3）保持家园教育一致性

家庭和幼儿园是幼儿生活的主要场所，幼儿许多焦虑问题的产生与两者密切相关。比如，幼儿从家庭到幼儿园，周围的环境和交往对象都发生了变化，幼儿对此容易产生恐慌；幼儿园与家庭不同的规则让幼儿感到不适应；家园教育的不一致让幼儿感到困惑；等等。解决这些问题的关键在于家庭和幼儿园必须加强交流和合作，两者之间形成良好的合作关系。家长和教师应该就幼儿的教育问题达成共识。为此，教师应该及时向家长传递自己的教育目标、教育思想和教育行为，并就某些问题征求家长的意见，同时对家长提出要求。家长也应该积极配合幼儿教师的活动，在家庭中进一步巩固教师的教育成果。

（4）提高幼儿的认知水平

幼儿的焦虑有时源于错误的认知。为了提高幼儿的认知水平，父母和教师在日常的生活中应多教给幼儿一些科学的知识，帮助他们正确认识自然界的各种现象，不断积累生活经验。有的幼儿经常被自己的想象给吓着，如鬼、死亡、闪电等。通常，孩子会对自己的想法感到忧虑。他们担忧自己的想象可能变为现实。父母应告诉幼儿，这只是一种奇怪的想法，没有什么可怕的。成人应对幼儿表示深刻的同情与理解，要设身处地去聆听幼儿。如果幼儿仍旧无法消除忧虑的情绪，可以用事实消除恐惧，即用事实来证明，幼儿的担心根本是不必要的，很多事情并不像他想象的那样。

（三）攻击性行为

案例

佳佳和莎莎正在画画，佳佳缺一支红色的蜡笔，看见莎莎笔盒里正好有一支红蜡笔，伸手就去拿，嘴里还说："这是我的。"莎莎也正想要，不肯给佳佳，佳佳气得把莎莎画画的东西全扔掉，并把莎莎推倒在地上，还用小脚去踢莎莎。

佳佳表现出来的行为在儿童心理学上被称为攻击性行为。攻击性行为也称侵犯行为，是指个体有意伤害他人身体与精神且不为社会规范所许可的行为。对于学前儿童来说，它主要表现在两个方面：一是身体侵犯，即利用身体的一些部位或武器踢、打他人；二是言语攻击，如通过讥笑、讽刺、诽谤、谩骂等方式对他人进行欺侮。儿童的攻击性行为容易造成人际冲突，不利于形成良好的人际关系，阻碍儿童个性和社会化的顺利形成。

1. 攻击性行为的分类

（1）根据攻击性行为的表现形式分类

根据攻击性行为的表现形式，研究者通常将其分为三种类型：直接身体攻击、直接言语攻击和间接攻击。直接身体攻击指攻击者一方利用身体动作直接对受攻击者实施的攻击，如打、踢、推搡、碰撞、抓、咬他人，或损坏、抢夺他人财物等；直接言语攻击指攻击者一方通过口头言语形式直接对受攻击者实施的攻击，如骂人、羞辱、讽刺、起外号等；间接攻击指攻击者一方借助第三方对受攻击者实施的攻击，如造谣离间或聚集他人排斥对方等。

（2）根据攻击性行为的目的分类

根据攻击性行为的目的不同，攻击性行为可以分为敌意性攻击和工具性攻击。敌意性攻击指攻击目的是打击、报复或伤害他人，又称以人为指向的攻击；而工具性攻击是为达到一定的非攻击性目的而伤害他人的行为，把攻击行为作为一种达到目的的手段，又称以物为指向的攻击。在幼儿园里，一个男孩子故意打一个女孩子，惹她哭，这是敌意性攻击；但如果男孩子只是为了争夺女孩子手中的玩具而打她，则属于工具性攻击。

（3）根据攻击性行为的功能分类

根据攻击性行为的功能不同，攻击性行为可以分为反应性攻击和主动性攻击。反应性攻击是由于个体感知到他人的敌意挑衅而引起的，是对外界威胁性刺激的一种防御反应，旨在缓解来自外界的威胁感受，因而带有强烈的情绪因素，如愤怒、发脾气或失去控制等；主动性攻击是个体并没有受到直接的挑衅或恐吓，而是将攻击作为达到理想目标的有效办法，如通过强制、控制、威吓同伴以达到目的。反应性攻击与主动性攻击可出现于同一个体，通常是以一种为主，辅以另一种共同存在。

2. 攻击性行为产生的原因

（1）生物因素

研究表明，攻击性行为倾向与雄性激素的水平有关。雄性动物在受到威胁或被激怒时，比雌性更容易发生攻击性反应。这可以在一定程度上解释男女儿童在攻击性上的性别差异。另外，儿童的气质对攻击性行为的表现有一定的影响，某些气质特点，如活跃、易被激怒等，要比相对安静的气质特点更容易产生攻击性行为。

（2）环境因素

① 家庭。多数研究发现，儿童早期的依恋模式与攻击性行为有密切关系。儿童的养育者，特别是母亲，对儿童的基本情感态度与儿童的行为发展有重要影响。负面的情感态度，如缺乏温暖、对儿童的需要和要求漠不关心等，将增加儿童发展成为对他人具有攻击性和敌意的可能性。

有研究表明，儿童的攻击性与家庭教育方式有关。攻击性儿童大多数来自专制型和溺爱型的家庭，这两类家庭的共同特征是对儿童限制的失当。专制型的父母过于控制儿童的自主性，容易使其产生逆反心理，产生对抗的要求，并常常从父母的言行中学会攻击。溺爱型父母则完全放弃对幼儿的限制，当儿童对同伴和亲友甚至成人表现出攻击性行为时不予以明确的制止，则有可能增加儿童的攻击性行为。有些父母对儿童经常采用体罚的教育方式，在这种环境下成长的儿童极易具有攻击性。

② 同伴关系。具有攻击性行为的儿童往往会遭到同伴的拒绝，长此以往，同伴会很难改变对他们的看法，而且有时被攻击的儿童对攻击性的儿童持躲避、畏缩的态度，这就更加强化了儿童的攻击性。

③ 媒体影响。电视、网络等现代传媒以直观形象的方式教给儿童一些攻击行为方式，使儿童放松了对攻击性行为的抑制，因此常观看具有暴力性质的电视节目的儿童表现出更多的攻击性行为。调查发现，看电视时间长、喜欢看奥特曼或怪兽等动画片是引发学龄前儿童攻击性行为的危险因素。

（3）社会认知因素

幼儿攻击性行为多与其认知水平较低有着直接的关系，幼儿往往对来自同伴的信息以自我为中心作出判断。如果一个儿童对别人的行为判断是敌意的，他的行为就会表现出攻击性；如果他对别人的行为判断为善意的，他的攻击性行为不会产生。攻击性儿童容易把他人行为判断为具有攻击性意图，即使是别人无意的过失行为，他们仍更多地解释为具有敌意，并据此进行反应，表现出攻击性行为。而非攻击性儿童则能作出较客观的判断。

攻击性儿童的问题解决策略水平偏低。与非攻击性儿童相比，在涉及物品的归属和获得友谊的问题上，他们所能提出的策略数量较少，且多是通过贿赂或发动攻击来解决社交问题。在面临与同伴的冲突问题时，攻击性儿童立即想到的是采取攻击行为而不是通过协商、寻求帮助等方法去解决问题。攻击性儿童由于问题解决能力的限制，找不到有效的正常解决问题的策略，在一些问题情境中，易做出攻击性行为而不是通过其他方式来解决问题。

3. 攻击性行为的应对与矫正

（1）创设良好的生活环境

美国心理学家的研究表明了游戏室中儿童人数增多会导致儿童攻击性行为的增加，因此为孩子创设一个适宜的空间就显得十分重要。在室内设置活动区域时应考虑幼儿的机动空间，将活动区域间隔摆放，尽可能为幼儿创设更多的空间，在指导时也有意引导有攻击性行为的孩子到人数较少的区域去活动。例如：提供给幼儿足够的活动材料，避免提供有攻击性倾向的玩具（如：刀枪、棍棒等），选择富有教育意义的健康的影视节目；在投放材料时数量要充足，以减少孩子彼此为争抢一个玩具而产生的矛盾。

（2）提高幼儿的认知水平

幼儿中很多攻击现象的产生都是因为彼此间没有搞清楚行为的动机是什么，而一个攻击性强的儿童往往用敌意的动机去判断别人的动机，这样他攻击的次数和被攻击的次数就增加。另外，同伴间也产生行为上的相互模仿，一个不善攻击的幼儿在一个相互攻击的群体中，很快也会以攻击的形式对付其他幼儿。因此，我们必须帮助幼儿正确认识和同伴的关系，教育幼儿学会用宽容的态度对待同伴。在儿童出现攻击性行为后，可以心平气和地让他说出事情发生的全过程，这样会避免全盘否定他而导致其心里不服，因为儿童在攻击他人时总是自认为有理的。我们可以肯定其合理的部分，然后及时分析纠正其不合理部分。

幼儿辨别是非的能力差，教师应教会幼儿识别好与坏，知道哪些行为是对的、受人欢迎的，哪些行为是错的、被人讨厌的。如：看到幼儿抢玩具，就可以在班内组织幼儿讨论该行为的对与错，当玩具被抢后该怎么办等。在此基础上，引导幼儿掌握正确的行为规范，当发生纠纷和矛盾时，要注意培养幼儿解决问题的多元性思维能力，学会用协商、转换等多种形式来解决纠纷和矛盾。

（3）培养移情能力

移情能力是指在人际交往中，个体感受、理解和体验他人需求与情绪的能力。移情能力与攻击性行为之间存在负相关，即移情能力越高，攻击性越低。家长和教师可针对儿童的心理特点，加大对幼儿的移情能力培养，培养移情能力可以采取以下三种方法：①情绪追忆，让幼儿回忆自己亲身经历过的情绪情感体验，可以向别人描述自己当时的感受；②情感换位，为幼儿设定一个情感事件，让幼儿转换到别人的位置去体验这些事件，可以鼓励幼儿展开讨论，让他们认识到"如果是我，我会……"；③通过讲述故事或角色扮演，比如浩浩常攻击宝宝，而宝宝常被吓哭，我们就可以通过一个作品"狼和小羊"，让宝宝扮演"狼"，让浩浩扮演"小羊"，当狼扑向小羊时，小羊害怕极了，一动也不动，这样，浩浩也体会到宝宝在受到欺负时是怎样的心情了，从而产生怜悯同情。

（4）给予榜样示范

社会学习理论认为，儿童攻击性行为主要是通过观察性的学习和模仿形成的。父母、教师是儿童直接模仿学习的榜样，这就要求，一方面成人要加强自身修养，尽量避免在孩子面前吵架或恶意攻击；另一方面，应及时对孩子的攻击性行为进行矫正。矫正的重点不在于训斥、批评幼儿的攻击性行为，而在于及时使幼儿明确非攻击性行为的方式和方法。因为成人的呵斥或一怒之下的简单体罚本身就具有较强的攻击性倾向，有可能强化幼儿的不良模仿，而且最终也不可能使幼儿明白正确的方法是什么。

幼儿有可能以攻击性行为来引起他人的注意，因此，成人可以用不予理睬其攻击性行为和言语的方法使其达不到目的，同时用温柔、亲切的态度去安抚被攻击对象，成人这种一冷一热的不同态度，实际上也为有攻击性行为的幼儿提供了非攻击性行为的榜样。

（5）适时奖惩

对儿童的攻击性行为，如打骂别人、无理取闹等，应及时制止并给予批评教育，使儿童认识到攻击行为是不能被接受的；客观地指出其错误，让他懂得自己的过失带来的后果。容忍实际上是一种强化。研究表明，当周围的人采取容忍态度时，儿童做出攻击行为的次数和强度都明显增多，因此，惩罚必须要及时。必要时可以采取某些强制手段，比如取消他们的某些权利或适当地给予某些限制，如限制他们参加某项活动等，但这个力度一定要掌握好，而且不应该一味采取这种手段。对儿童进行惩罚要注意两点：一是惩罚要与说理教育相结合；二是禁用体罚，如果采用体罚方法就给孩子树立了一个攻击性的榜样。

儿童一旦做出了亲社会行为如谦让、帮助、分享、合作等，教师、家长都应及时予以肯定。这种正面强化能使儿童的亲社会行为逐渐巩固形成。鼓励儿童的亲社会行为，是从更积极的角度防范和矫正儿童攻击性行为的好办法。成人对儿童的一般性攻击性行为"视而不见"，有意予以忽略和不加惩罚，而只奖励那些亲社会行为，会有效地减少儿童之间的身体攻击和语言攻击行为，降低攻击行为发生的频率。奖励形式可多种多样，最主要的是口头表扬。

第二节　学前儿童问题行为的矫正

学前儿童的问题行为会不同程度地影响到他们今后在社会交往等各方面的正常发展，严重的还可能引发违法犯罪，所以，必须选择恰当有效的方法进行干预和矫正，以促进儿童健康成长。下面介绍四种常用的矫正方法。

一、自然后果法

幼儿是在体验中长大的，当幼儿在行为上发生过失或者犯了错误时，成人不给幼儿过多的批评，而是让幼儿自己承受行为过失或者错误直接造成的后果，使他们在承受后果的同时感受到不愉快甚至是痛苦的心理惩罚，从而引起他们的自我悔恨，自觉弥补过失，纠正错误。这是法国教育家卢梭提出的一种教育方法，卢梭说："我们不能为了惩罚孩子而惩罚孩子，应当使他们觉得这些惩罚正是他们不良行为的自然后果。"[①]

> **案例**
>
> 　　小敏在户外活动时总喜欢把体育玩具从楼上往下扔，老师常常一边顺手再给她一样玩具，一边对她说："你应该爱护玩具，不然的话玩具就不愿意和你做朋友了。"可教育往往不见效。一天，她又一次把玩具扔到楼下后，老师不给她玩具，小敏只能一个人眼睁睁地在旁边看其他幼儿玩。过了一会儿，小敏走过来满脸诚恳地说："老师，我再也不往下扔玩具了。"看来她已经意识到扔玩具所造成的后果了。

在运用自然后果法的过程中，需注意以下四点。

（1）让儿童对自己的行为负责。学会对自己的行为负责，是每个幼儿成长过程中重要的一步。"自然后果法"的目的是让幼儿体会到他们的行为所带来的自然后果，从而知道要对自己的行为负责任。在这种方法运用的过程中，成人要尽量减少对幼儿行为的干涉，让他自己选择，他会在实践中尝到自己选择的后果；成人要避免唠叨、埋怨。

（2）成人可以提醒幼儿，但不要教训幼儿。成人可以和幼儿讲清道理，让幼儿懂得某种行为可能带来的后果。当幼儿出现某种不良行为的时候，成人可以提醒他，但不要教训他，因为过失所造成的后果将会给孩子适当的教训。

（3）成人要态度坚决，同时又要充满爱心。有的父母和教师在运用这种方法的时候，只记得要惩罚幼儿，因此常常放弃了爱心。当幼儿没有按照事先说好的去做时，成人不是让自然后果去惩罚幼儿，而是过于严厉，对孩子大声斥骂。这样的教育，不再是自然惩罚法，而变成了成人对幼儿的惩罚行为。

（4）"自然后果法"并不是对幼儿的所有行为都适用。一般来说，只有当过失后果不会损害幼儿身心健康的时候，成人才可以让幼儿尝尝这种后果带来的惩罚，如幼儿挑食，父母可以让他尝尝挨饿的滋味；幼儿不好好穿衣服，父母可以让他尝尝受冻的滋味。如果过失造成的后果可能给幼儿带来心理上的折磨，成人最好不要用，因为幼儿的自尊、自信比什么都重要。

二、强化法

强化是指有机体做出某一行为反应的结果提高了该行为以后发生概率的过程。强化可以分为正强化和负强化，正强化与负强化的目的都是提高反应发生的概率，但正强化是通过呈现愉快刺激的方式来达到这一目的，而负强化则是通过撤销厌恶刺激的方式达到这一目的。

1. 正强化

正强化法是每当儿童出现所期望的心理与目标行为，或者在一种符合要求的良好行为之后，采取奖励办法，立刻强化，以增强此种行为出现的频率，故又称奖励强化法。

---

① 卢梭.爱弥儿［M］.李平沤，译.北京：商务印书馆，1996：109.

2. 负强化

负强化法是指当个体表现出所期望的良好行为时，减少或消除他不喜欢的刺激或情境，以促进他以后此种良好行为的出现。

> **案例**
>
> 强强一家人正在吃晚饭。强强不好好吃饭，妈妈命令他到一边站着，不许吃饭。全家人没有过多地关注他，继续吃饭。一会儿，强强说："妈妈我不闹了，以后好好吃饭还不行吗？"于是，妈妈答应了他，让他重新坐回到原来的座位吃饭。这里，强强站在一边看全家人吃饭是负强化物，强强的正确表态是认可的行为，于是，撤去负强化物——不让站着了。

在强化法中，作为产生行为后果的强化物具有重要作用，它能满足儿童的需要，并能使某种行为产生的概率升高。强化物种类多样，大致可分为以下五类：

（1）消费性强化物，如糖果、糕点、饮料、水果等；

（2）活动性强化物，如室内外的活动，看电影、电视，看画册，郊游等；

（3）操作性强化物，如拍球、跳绳、骑车、画画、玩彩泥、游戏、剪纸、小制作等幼儿自己爱反复玩弄的物品；

（4）拥有性强化物，如小狗玩具、小猫玩具、漂亮的衣服等孩子在一段时间内可以拥有享受的物品；

（5）社会性强化物，如拥抱、抚摸、微笑、奖状、注视、讲故事、口头夸奖等属于精神层面的奖赏。

强化对于幼儿的社会性教育是非常重要的。我们都知道，幼儿的整个心理发展都处于较低的发展阶段，成人、外界对他们言行的态度直接影响他们的行为。幼儿常常通过他人的评价来评价、修正自己的行为，他人的评价直接影响他们的行为动机。在他们做出某种行为之后，如得到成人或同伴的肯定、赞赏，则幼儿随后更愿发出相应行为，该行为也会因积极、愉快的情感体验和结果而得到巩固、保持；如他们做出一定行为后，受到他人的否定、批评，甚至惩罚，则幼儿随后就会减弱，甚至失去该行为动机，减少甚至抑制发出该行为。

强化对幼儿行为影响很大，但不一定都能起到应有的、积极的效果，关键在于恰当运用。

第一，要针对幼儿不同性质的行为，采取明确、适宜的强化方式。对幼儿良好的行为，教师需要明确地表明自己的赞许、肯定和高兴；而对那些不适宜的行为，教师应明显地表示出自己的不满意与不认可；对消极、不良的行为，更应明确表示自己很不满意甚至很生气。需要指出的是，强化的效果或力度不在于言辞的激烈或情绪的强度，而在于其隐含的内在效力。强化时，教师的态度必须鲜明，是非对错，肯定否定，必须明确，不可含糊，以使幼儿接收到明确、适宜的或赞许或否定的信息，以达到所期望的调控其行为（或增强或削弱）的目的。但表面形式不见得激烈。有时，亲切、温柔的目光与抚摸比大声表扬更使幼儿感到愉快与强化；而伤心、无声的目光、摇头比厉声训斥更使幼儿感到愧疚。

第二，强化应重在促进幼儿发出积极社会行为的内在动机。强化不是为了让幼儿偶尔做出某种特定行为，而是要注意避免将幼儿行为动机化。为此，教师不宜经常采用物质奖励等外部强化的方式（如奖励小红花、小红旗，让孩子有玩某种新玩具的特殊权利等），因为这容易造成幼儿为了得到某种外部的、物质的奖励而去做出某种特定行为，而非为了某种行为本身或行为所带来的积极愉快情感，不利于强化其内在的行为动机。教师应注意更多地动用自己的言语、表情、动作等来表示对儿童行为的赞许、肯定、鼓励、欣赏，或者批评、否定、遗憾、难过，从而强化、塑造幼儿的行为。在这其中，教师尤其要注意多采用适宜的身体语言动作的强化方式，如微笑、点头、拥抱、抚摸，或摇头、叹息、威严的目光、难过的表情等等，其效果往往比直接的言语或物质的强化更为持久、深刻，更能打动幼儿的情感。

第三，强化应着重在行为而非幼儿本身。教师一定要注意针对幼儿的行为而不是幼儿本人来进行强化。例如，当幼儿A在幼儿B难过时去安慰她，假如教师说："你们看，A真会关心、帮助人，他知道B难过，把自己的手绢给她擦眼泪，还陪她说话！"这样的强化较仅仅表扬A这个人"你真是个好孩子！"更能使幼儿明白教师所肯定、鼓励的是什么，更有助于幼儿学到正确的行为方式，明确自己应该怎么做；同时，这样做既激励了做出该行为的幼儿本人，也激励了其他幼儿更愿意去发出该行为，因为是该行为使A得到老师的赞赏，老师赞赏的是该行为。与此相关的是，教师要注意不要在表扬某个幼儿的同时，暗含或明指其他幼儿如何不好，令别的幼儿难堪、自责。这样做，往往是强化了一个，却挫伤了更多幼儿的积极性。特别是在对不适宜行为进行强化时，教师更应注意指向行为，而非幼儿本身。这样做，一来有助于幼儿明确什么行为是不受欢迎的，不为社会所许可、接纳，自己今后不该做；二来也利于保护而非伤害做出这种行为的幼儿的自尊心，因为不受欢迎的是这种行为而非做出这种行为的幼儿。这样，才有利于全体幼儿获得正确、适宜的行为方式，社会性才可能得到积极、健康的发展。

第四，要注意强化的及时性，即善于抓住强化的时机。当幼儿做出某种适宜的社会行为之后，教师应及时注意到，并适时给予赞许、褒扬等反应；而当幼儿表现出不良行为时，教师也应马上表达出自己不允许或不高兴的态度。如不吭声，表情由喜悦转为严肃，不悦的目光等。已有研究表明，如果幼儿行为与教师反应间的过程太长，则其强化的效果就会降低，甚至对幼儿无太大影响；幼儿也会对久隔后的强化不明所以。研究也发现，强化并非越多越好，关键在于抓住恰当的时机，予以恰当的强化，强化才能起到最大、最有效的效果；反之，如果时机抓得不恰当，又使用不恰当的方式，那么，强化再多，幼儿也很难从教师的态度中巩固、增强正确的行为方式，甚至会使一些消极行为方式变得更加顽固。

三、代币法

（一）代币法的概念

代币法又称标记奖励法，是在儿童出现目标行为（期望行为）时，立刻给予一种"标记"或代币加以强化，然后再将累积起来一定数量的"标记"或代币换取各种奖赏的方法。所谓代币就是指可以积累起来交换别的强化物的东西，如五角星、小红旗等有明确单位的东西。例如，教师对儿童在幼儿园的良好行为以贴五角星来记录，当五角星积累到10个时，就给一支笔作为奖励。这里，五角星就是代币，而笔是强化物。代币可以用来换取儿童感兴趣的强化物（如糖果、玩具、去游乐园等）。

（二）代币法的操作程序

1. 确定目标行为

确定幼儿要达到的目标行为状态，把总目标分为由易到难的一个个的小目标。由于幼儿的思维是具体形象的，因此对目标的描述尽量具体、可操作。如：

> 恬恬，6岁，聪明活泼、性格外向，喜欢动手操作，如画画、手工，尤其喜欢阅读，家里玩具很多，图书更多。她的房间经常凌乱不堪，家长虽经常提醒，但收效甚微。

通过和恬恬协商讨论，制定以下目标：
（1）分类摆放（按文具、玩具、书籍、衣物、食品分类）；
（2）物归原处（物品和整理箱都有固定的位置）；
（3）摆放整齐（按照大小层次整齐摆放）；
（4）垃圾入筐（按可回收、不可回收分类放垃圾）；
（5）每天打扫（每天倒垃圾、擦桌椅、扫地）；
（6）主动做到（开始时经提醒做到）。

2. 确定代币

代币是具有象征意义的实物，儿童明白代币所代表的价值，而且确实对其有吸引力。代币要用起来方便、及时，并且是儿童不容易复制的。表7-1中就是采用小花片作为"代币"，并且师幼共同商量分值。

表7-1　代币分值列举

指　　标	分　　值	指　　标	分　　值
分类摆放	1	垃圾入筐	1
物归原处	1	每天打扫	1
摆放整齐	1	主动做到	2（经提醒做到给1分）

3. 确定支持强化物

个体在某一情境下做某种事情（即行为），如果获得满意结果，下次遇到相同情况时，再做这件事的概率就会提高，这种令个体满意的东西，不管是物质的，还是精神的，都称之为强化物。

通过谈话、调查问卷，得出恬恬的有效强化物有以下四种。

消费性强化物：超市购物、吃肯德基；

活动性强化物：拍大头贴、玩装扮游戏、去儿童乐园、外出旅游；

拥有性强化物：小贴纸、橡皮、笔、书、小玩具；

社会性强化物：微笑、拥抱。

按照强化刺激的强弱，依次为：微笑、拥抱——→小贴纸——→橡皮——→笔——→书——→小玩具——→超市购物——→玩装扮游戏——→拍大头贴——→吃肯德基——→去儿童乐园——→外出旅游。

4. 拟定代币交换系统

代币交换系统应指出某种行为可以获得几个代币，多少代币才能换得相应的支持强化物，并且规定交换时间、地点（见表7-2）。

表7-2　代币交换系统列举

时　　间	分　　值	累　　计	奖　　励
第1天	7片小花片	1朵花	微笑
第2天	7片小花片	2朵花	微笑＋拥抱
第3天	7片小花片	3朵花	小贴纸
第4天	7片小花片	4朵花	橡皮
第5天	7片小花片	5朵花	笔
第6天	7片小花片	6朵花	书
第7天	7片小花片	7朵花	小玩具
第8～9天	14片小花片	9朵花	超市购物
第10～11天	14片小花片	11朵花	玩装扮游戏
第12～14天	21片小花片	14朵花	拍大头贴
第三周	49片小花片	21朵花	吃肯德基
第四周	49片小花片	28朵花	去儿童乐园
第五周	49片小花片	35朵花	外出旅游

5. 严格执行

当儿童出现目标行为时，立即以代币强化，适时兑换其需要的奖赏，否则代币奖酬价值将很快失效。

6. 逐步消除代币

当幼儿目标行为的反应达到满意程度后，教师应适时把代币制泛化到自然环境中去。对幼儿而言，可采用继续逐步延长获得代币和兑换支持强化物之间的时间来实现。例如，从每周兑换一次，延长到每两周兑换一次，每月兑换一次……，逐步降低代币价值，淡化代币作用，使之逐步进入自然状态。

四、模仿法

模仿法又称示范法，它是儿童通过对模仿对象行为的观察学习，达到增强正常行为，消除问题行为的方法。模仿法的心理学原理是社会学习理论。班杜拉指出，模仿学习可以在没有模型也没有奖励的情况下发生，个体仅仅通过观察其他人的行为反应，就可以达到模仿学习的目的。人的大量行为都是通过模仿而习得的。

模仿的发展趋势是：从无意识模仿到有意识模仿；由自发模仿到自觉模仿；从游戏模仿到生活实践的模仿；从作为学习目的的模仿到作为学习手段的模仿；从模仿近距离的人到模仿远距离的人；从模仿榜样的行为到模仿榜样的内心世界。模仿好的榜样会起积极作用，模仿坏的榜样则起消极作用，成人应当引导幼儿去模仿那些好的榜样。例如：

> 为预防传染病，教师要给每位幼儿一粒苦中药丸。一位有经验的教师自己先吃了一粒，又让一位平时吃中药不怕苦的幼儿站在小朋友面前吃。全班幼儿看着他俩"有滋有味"地咀嚼，似乎很香甜，便纷纷喊着："我也要吃！我也要吃！"不大会工夫，全班幼儿都吃完了苦药丸。

模仿法在运用时需注意：

1. 选好榜样

幼儿模仿能力强但分辨是非的能力差，因此，为孩子们选好榜样十分重要。教师宜选择幼儿身边的人做榜样，也可选择文学作品中的人物作为榜样，他们的行为必须是幼儿有能力模仿的，以避免由于过难而造成挫折感。

2. 综合运用多种模仿方法

起始阶段可用媒介模仿，即通过电影、电视、网络、广播、报纸、杂志等大众传媒手段，指导幼儿注意观察，学习其中榜样的行为；经过一段时间的学习观察后，可以将幼儿引入现场模仿，即让学习者不是观察录像中人物的行为，而是在现实环境中观察榜样的表现，以增强真实性和直观性，对幼儿产生更大的吸引力和感染力。

拓展阅读 1

采用间歇强化法矫正幼儿攻击性行为的个案研究 [1]

上海市徐汇区教师进修学院教科室　兰玉荣

一、被矫正幼儿的情况分析

1. 幼儿的一般情况

聪聪（化名），男，出生于深圳，先后在深圳、上海、曼谷住过，独生子女，现于上海某

---

[1]　兰玉荣.采用间歇强化法矫正幼儿攻击性行为的个案研究［EB/OL］.http://www.xhedu.sh.cn/cms/data/html/doc/2003-05/25/30114/.

幼儿园大班就读。他个子在班里最高（1.28米），身材最壮，力量最大。他喜欢看书，识字量大，认识一般图书上的字甚至《新民晚报》上的字，见识较多，但言语不多。计算能力强，喜欢"算账"，会下国际象棋，反应很快，喜建构，爱画画，设计、布局总是与众不同。

2. 幼儿的家长情况

他的爸爸是泰国人，仍在泰国工作，探亲时间短且少。他跟妈妈住在一起。妈妈是室内设计工程师，兴趣爱好广泛，工作繁忙，但尽可能陪他，常带他外出旅游，并将所到之处的风土人情讲给他听，还特别注意提供给他足够的营养。妈妈对他要求很严，对其过分行为有体罚举动。

3. 幼儿问题行为的表现

霸气十足，常动手打人、抓人、踢人，骂人更为常见。在建构角，他拿着自己随便拼搭的一个东西或者一块大积木就去撞别人搭好或正在搭的建构物，嘴里还发出"嗵——"的声音，看着倒塌的建构物，他笑得眼睛眯成一条缝。他甚至明目张胆地将别人的作品拆掉。别人与他理论，他看着人家生气的样子，脸上挂着笑，不做声响。小朋友气得推开他，他身子一挺，把对方顶个趔趄，话音"推我干什么？"还未落，拳、脚已经落到对方身上。在图书角，他总是一个人自得其乐地看书。其他小朋友讨论所看的书有趣，他就一把抢过来，说："给我看看。"别人不给，他就扭住别人的胳膊，硬抢过来。在美工角，他常常独自占一大块桌面，还不让别人过来。他还时不时地故意用画笔在别人的纸上涂一下，说是"在帮他画画"。别的小朋友抗议，他便出言不逊。吃饭时，他有时趁旁边的小朋友不注意，偷偷地把对方的矮凳挪走，看着那位小朋友坐空，他哈哈大笑。他还把吃剩的饭菜放在别人正在用的碗里。上课时，他还时常向同伴扔东西，抓小朋友的脸。

发生上述行为的次数如表7-3所示：

表7-3　幼儿问题行为的表现

问题行为：攻击同伴的发生次数
被矫正者：聪聪
观察场所：大二班教室
观察时间：自9月1日至9月2日

编号	观察开始时间	观察持续时间（分钟）	小计（次数）	情　境
1	7：45（9月1日）	20	10	游戏时故意撞坏同伴的建构物，打同伴
2	8：45	20	6	游戏时抓同伴的脸，骂人
3	10：00	20	5	上课时向同伴扔东西
4	10：45	10	3	游戏时抢东西，踢人
5	11：15	10	4	挪走同伴的椅子，将吃剩的饭菜扔进同伴碗里，将饭吐在同伴脸上
6	14：30	30	6	挪走同伴的椅子，拉同伴的头发
7	7：45（9月2日）	20	10	看书时抢别人看的书，破坏别人的建构作品，打同伴
8	8：45	10	3	游戏时故意踩同伴的脚，踢人
9	10：00	10	5	骂人，向同伴扔东西
10	11：15	15	8	故意将别人的碗打翻，把剩饭捡进同伴碗里
11	14：45	15	4	游戏时打同伴
12	15：45	10	3	将同伴的绘画作品涂坏

4. 可能的原因

家庭方面，他的妈妈兴趣广泛，非常能干，对他的教育方式属于民主型，常常和他平等地讨论事情，只要他讲得有理，妈妈就按他的意愿做。他钦佩妈妈，比较听妈妈的话。妈妈对他要求甚严，完不成任务，又说不出充分的理由，就批评他，甚至不理他。他不信服家里的其他人，常常捉弄他们。有时候不开心，还敢打他们（外公、外婆）。

个性方面，他对于那些知识丰富、"本领大"、具备他不会的本领的人很服气，也肯动脑筋，能完成一些多数幼儿不能做的事情，如计算、认字等，而对于那些他认为知识、技能不如他的小朋友甚至老师，则不放在眼里，很会给别人出难题。

智能方面，也许是混血儿的缘故，他非常聪明，加之母亲良好的早期教育，他属于异常聪慧、对事物比一般幼儿"先知先觉"的个体。有时老师刚提出问题或布置完活动任务，他已经知道老师的意图了，失去了新鲜感，他就不那么投入了，从而有时间去扰乱别人。

体能方面，他依仗自己长得高大、有力，不会吃亏，就有恃无恐，甚至欺负别人。

社会性方面，由于他比较霸道，常故意"找茬儿"欺负小朋友，况且人高力大，出手很凶，小朋友不喜欢他，就不邀他做玩伴，不和他玩。他心里不舒服，又妒忌别人，产生了一种"你们不跟我玩，我也不让你们玩好"的心态。

针对幼儿的情况，笔者确认聪聪具有攻击性行为，需要矫正。笔者采用间歇强化法中的不相容行为区别强化法来矫正其问题行为。不相容行为区别强化法是间歇强化法中的一种类型，含义是：如果我们选择的一对不相容行为，一个是要减少的不良行为，另一个是要增加的良好行为，那么在减少一个不良行为的同时，必然增加另一个积极行为；或者在增强一积极行为的同时，必然使一个不良行为减少，这种强化方法即为不相容行为的区别强化法。

二、矫正前的准备

1. 选择合适的间歇强化法

由于攻击性行为属于需减少的行为，笔者便在旨在减少行为的三种类型的间歇强化中作了比较，选择了不相容行为的区别强化法运用于本研究之中。因为它能保证减少儿童的不良行为的同时，又能增加并维持他们的积极行为，更符合幼儿园的教育本质。

2. 正确选择不相容行为

运用不相容行为的区别强化法，最重要的是正确选择不相容行为。根据聪聪攻击性行为的特点，考虑到他已有的兴趣、爱好，笔者选定了与同伴友好地在一起绘画、识字、计算、建构、做游戏作为不相容行为。

3. 做好物质准备

制定了问题观察表，随时佩戴好手表，以记录对行为进行强化的时间、效果等。准备绘画纸、图书、数块、多米诺等用于强化积极行为。根据正强化物的原则，在了解幼儿期望的基础上，准备有效的强化物（宝葫芦）。

4. 把训练计划告诉幼儿

幼儿是本次矫正活动的主体，必须使之知晓，取得他的配合。矫正前，笔者找聪聪谈了一次话，告诉他他有一些不好的表现，老师要帮助他更受老师和小朋友的喜欢。笔者把矫正计划的有关内容用浅显的语言告诉他，使他明确要矫正打人、踢人、破坏别人东西的行为，培养绘画、计算等良好行为，知道在什么情况下做出良好行为可以得到他想要的东西（宝葫芦）。

三、矫正过程

通过了解和分析可知：该幼儿聪明、早慧、自主性强，只是非常顽皮、霸道，或者说顽劣，但他还是比较懂得道理的。于是，笔者分阶段采取了如下对策。

矫正过程：

1. 第一阶段（矫正的第1～2周）

加强认识教育，创设集体教育氛围。该幼儿比较懂得道理，笔者就在集体教育活动中有针对性地选择了一些教育内容进行教育，指出打人、骂人、欺负小朋友等行为都是非常不好的行为，不但老师不喜欢，小朋友也不欢迎有这种行为的伙伴，大家都要做讲文明、懂礼貌、团结友爱的好孩子；如果有某个小朋友以前有一些不好的行为，改正了，大家就会原谅他的。并且教师在组织活动时，一方面多关注聪聪，并暗示他："能和小朋友好好玩，对吧？"真的好好玩了，及时奖励，一旦有了矛盾，弄清原委，如果怪聪聪，就让他离开那个区角。两天下来，他几乎无处可去了（因为他到别的区角仍故意捣蛋）。这时，让他个人待会儿，"反思"自己到底想怎么办？他会找到老师，保证自己"不再故意打人了"。老师给他机会，让他回归到集体，并请小朋友监督，1小时不打人就奖励，有时候，聪聪也会被"以牙还牙"，很委屈。老师就趁机教育他"你欺负了别人，别人也会像你一样很生气的"，所以大家要和气地在一起。

2. 第二阶段（矫正的第3～6周）

强化不相容行为，发挥幼儿的长项。该幼儿的好胜心比较强，利用聪聪计算能力强的优点，老师还安排他做计算区的"售货员"，让他从正面表现自己的能力。

3. 第三阶段（矫正的第7～8周）

巩固教育成果，消除不良行为习惯。

四、矫正结果

经过近一个学期的教育、矫正，聪聪消除了无故打人、骂人、破坏他人物品的不良行为习惯，在他喜欢的区角活动中，他都能和同伴友好地进行游戏，基本没有发生故意破坏他人作品的事件，即使发生了矛盾，他也总是先动口声明，指出对方的不对之处，或者听听别人的想法、感受。理亏的话，他能作出让步。他还经常提出双方都有利的办法，一般来说，其他小朋友会采纳他的建议。如若对方仍不理睬，他会请求老师来主持公道，而不会像以前那样拳脚相加，让拳头代言。学习活动时，教师给他布置难度较大的任务，他能够认真思考并努力完成，不会影响其他人。家长反映，他在家里也比较懂事，不再打外公、外婆了。不高兴的时候，他会大叫几声，以此发泄，再也没有发生动辄打人的事情。

五、研究反思

（1）幼儿均存在一些行为问题，只是程度不一而已。随着年龄的增长会逐渐消除，因而不能给幼儿乱戴帽子。但是如果确定某幼儿确实存在问题行为，一定要高度重视，因为个体的攻击具有较高的稳定性，即学前阶段就表现出攻击性的儿童到青春期攻击性和反社会行为的概率在一定程度上也较高。因此，为了促进学生健康成长，也为维护社会秩序和稳定而尽教师的职责，我们幼教工作者必须充分重视研究儿童攻击及其控制，"及早矫正，因材施教"，防止该行为影响他的正常发展。

（2）研究发现，儿童之间的攻击多以物品抢夺和占有为主，较少发生直接以伤害同伴为目的的攻击，通过说服教育、因势利导，几乎都可见效。但上述矫正个案表明，这一过程较漫长，需要我们耐心细致地开展工作，不可步子太快，性子太急。

拓展阅读2

采用模仿法矫正幼儿退缩行为的方案 ①

退缩行为是指幼儿不能主动与同伴交往，沉默寡言，宁愿一个人玩；不愿去较陌生的环境，表现出害怕、孤独、胆怯等。

矫正方案：

---

① 郑静，曹家正，邵慧玲. 幼儿问题行为及其矫正［M］. 上海：华东师范大学出版社，1996：98.

1. 确定目标行为，即选择好要改变的行为

幼儿的退缩行为大致可分为"与人交往"和"同环境接触"两大类，且表现的形式和反应的程度也不尽相同。因此教师应通过自身观察、向家长调查，充分了解幼儿的情况，并在此基础上，选择好要分步改变的行为。例如，有一幼儿性格畏缩，几乎不与其他孩子接触，教师便可把"与教师接触""与一个小朋友接触""与小朋友群体接触"定为分步要实现的目标行为。

2. 从实际出发，选定学习楷模

幼儿的学习、观察楷模一般应在同班幼儿中选择，年龄相仿，易于学习。为了提高模仿的效果，具体选择时，还应着重考虑幼儿的可接受性。例如，选择幼儿内心比较喜欢的对象，或者幼儿平时比较注意的对象，或者班级内大家一致公认最佳的幼儿为楷模，易引起幼儿的兴趣和注意，使模仿活动能顺利进行。

3. 根据幼儿兴趣，设计辅助软件

一般幼儿都喜欢听故事，看图片、录像，但对小动物的喜欢情况可能有异，有的特别喜欢小白兔，有的特别喜欢小松鼠等。教师可以从幼儿特别喜欢的小动物入手来编制小故事、绘制图片、编辑录像带，侧重反映它们合作共事、友好交往的情形，以备矫正时使用。

4. 把矫正计划告诉幼儿

幼儿本身的注意力及学习动机等对于获得模仿效果都起着重要作用，因此教师要把计划告诉被矫正幼儿，说清道理，激发其内在积极性，争取其配合。同时，也要讲清如何模仿楷模的行为能得到强化，即获愉快的结果。强化物应按有关法则选定，确保有效性。

5. 建立良好的师生关系

对具有退缩行为的幼儿，教师更应持积极主动的态度，主动地给予更多的注意、更多的关心、更多的爱抚，使幼儿感到安全，感到温暖，感到可信可亲。例如，教师多与他接触，同他闲聊，给他讲喜欢听的故事等。由于教师在幼儿心目中的地位较高，一般而言，在教师主动的情况下，易与幼儿发生正常交往，并建立起良好的师生关系。这样就使幼儿乐意听从教师的教导和指示，为顺利开展矫正工作奠定良好的基础。

6. 图片、录像、影视模仿

矫正起始阶段可从图片、录像、影视模仿着手，让幼儿反复观看预先制作好的，有关动物之间或儿童之间友好相处、互相友爱的图片或短片。教师特别要指导幼儿注意观察他们友好交往、集体玩耍的欢乐情景，让他亲身感受一次又一次积极的情绪体验，以诱发他跃跃欲试。为增强模仿的效果，教师还可以将图片展示在教室内，让幼儿随时可见，以延长示范行为的呈现时间；也可用生动的语言、绘声绘色的描述或赞叹，来烘托气氛，引发幼儿产生更强的情感共鸣。

7. 适时转入现场模仿

经过一段时间的学习观察后，教师要选择合适时机将幼儿引入现场模仿，让他实际观看儿童与儿童之间相处的现实情景，尤其是选定学习楷模在交往或集体活动中的举止行为和情感反应，以增强真实性和直观性，对幼儿产生更大的吸引力和感染力。在这个阶段，教师要有意识地创设一些这样的情景，更多组织开展一些较能引起幼儿注意的活动，更多让选定楷模处于活动的中心地位，让幼儿能更多、更清晰地观察示范行为，深切地感受到楷模在交往、活动过程中的愉悦。

8. 逐步参与社交实践活动

随着情感体验增强，教师要让幼儿自己逐步由简单到复杂分阶段地参与社交实践活动，即进行参与模仿。开始时，示范者参与其他儿童的活动，仅让被矫正幼儿陪同，并要求他观察示范者的行为；然后，要求被矫正幼儿一起参加一些带有比赛性质的游戏，让他与其他幼儿一起共享游戏的欢乐；最后，示范者逐步退出，鼓励被矫正幼儿一个人与其他儿童一起游戏。至于

被矫正幼儿参与活动的程度和进展速度，要视其实际行为反应而定，当模仿行为正确，情绪反应良好时可进入下一阶段。切忌强迫指令、发火训斥，以防幼儿产生焦虑不安，影响模仿效果。教师一定要按照"积极诱导，顺其自然"的原则，掌握参与活动的速率。

9. 适时适度给予强化

幼儿在学习、观察过程中，不论在哪个模仿阶段，不论是有意还是无意的，只要他做出教师所期望的模仿行为时，都要及时给予有效强化物，并明确告诉他强化的原因，即为何奖赏他那个行为。当幼儿已学会模仿行为后，教师要改用间歇强化的方式，不规则地给予强化，以增强模仿行为的持续性。然后，再换成社会强化物，过渡到自然状态，让幼儿能情绪愉快地独自参加游戏活动，与同伴交往，并参与社交。

10. 注意事项

（1）模仿是幼儿在观看示范之后进行的行为，因此教师要掌握有效地使用示范的一般原则，即示范行为的复杂程度应适合幼儿的行为水平；要把指导语和示范结合在一起使用；示范难度应有次序地从易到难排列；示范情景应尽可能真实。

（2）幼儿本身的注意力、记忆力、动作技能以及学习动机等对于获得模仿效果都起着重要的作用。换言之，提供一个楷模并不能保证幼儿会受楷模的影响，教师还应想方设法使幼儿注意到楷模的存在，理解、记忆楷模传递的信息，亲身练习、体验并有强烈的仿效动机，方能使模仿疗法达到理想的效果。

（3）矫正幼儿的退缩行为，可以从游戏入手；也可以从诱导幼儿同一个他比较喜欢的同伴进行交往入手，再拓展到同其他伙伴交往。总之，一切要从实际出发，要因人而异，要以能取得最佳模仿效果，最快实现目标行为为依据来设计和制定矫正方案和措施。

阅读资料

在陈会昌对全国7省市的5 600名3～9岁儿童的社会性发展进行调查时，调查表上有这样一个问题："您是否发现孩子在家里说谎？"回答分四等：没发现，发现较少，发现较多，发现很多。结果发现，从3岁到9岁，父母认为在家里从不说谎的孩子的比例越来越少。

这个来自全国5 600个家庭的调查结果有点令人吃惊。首先，在人们心目中完全属于"天真烂漫"时期的3岁儿童，就已经有52%开始在家里说谎了。而且这种趋势是随着年龄增长而增长，从3岁到9岁，在家里不说谎的儿童比例，从48%下降到34%。其次，较多说谎和经常说谎的儿童比例，在各年龄都在5.5%以上，其中7岁最高，达8.7%。照理说，孩子慢慢长大，他们的社会性应该越来越成熟、不良行为应该越来越少才对。但是实际情况却完全相反，孩子越大，谎言越多。

思考与练习

一、填空题

1. 皮亚杰对幼儿实践规则的研究表明：处于学前期的儿童还没有形成对规则的_____，多数时候他们会认为规则怎么样都行。那么，帮助他们建立规则意识则需要通过_____来慢慢实现。

2. 工具性攻击指幼儿为了获得某个物品而做出的抢夺、推搡等动作。这类攻击本身不是为了给受攻击者造成_____，攻击在这里被当作一种手段或工具，用以达到伤害以外的目的，如获得某一物品等。

3. 强化物一般可分为五类：_____、活动性强化物、操作性强化物、拥有性强化物、_____。

4. 代币疗法中的代币是具有_____意义的东西；必须是可以计数，具有吸引力，并且简单、轻便，幼儿不容易复制的。

5. 模仿分为媒介模仿和_____模仿。

二、简述题

1. 简述学前儿童社会性正常行为的标准。
2. 简述幼儿说谎的原因。
3. 简述学前儿童产生焦虑情绪的原因。
4. 试述学前儿童攻击性行为产生的原因。
5. 实施强化法应注意哪些问题？
6. 简述代币法的程序。
7. 试述焦虑情绪的主要矫正策略。

三、材料分析题

1. 一天早上，小谦特别霸道地对待他的邻座同伴，命令她不能坐在他的旁边并抢她的玩具玩。到了室外活动时间，很多幼儿都躲开他，不让他参加他们的游戏。他开始抱怨："为什么不要我玩？"小沙直率地回答："因为你总是想当头！"

试分析小谦在这一情景中会体验到什么？教育者如何引导小谦从中有所学习？

2. 小杰在午睡后想和小瑞一起玩。不巧的是，小瑞刚刚醒，只想单独待着。出于沮丧，小杰变得具有攻击性，最终诉诸身体接触来引起小瑞的注意。行为从轻轻碰升级成用力推，然后就是打。小瑞号啕大哭起来。

如果你是老师，你会如何帮助他们？请说明你的理由。

3. 超超在拿小抹布擦自己的桌子的时候，把抹布弄得很湿，然后把抹布里的水挤在教室的桌子上，后来干脆边跑边挤水，把教室的地板弄湿了好大一片。

如果你是老师，你会如何处理这一事件？并请说明你的理由。

4. 中班的蒙蒙聪明活泼，人见人爱，可最近总有小朋友告状，说蒙蒙把班里的玩具拿回家。这天，当蒙蒙准备离园时，凯凯对老师说，蒙蒙又拿了班里的玩具。老师果然在他怀里发现了一把小手枪。蒙蒙妈妈见状，厉声责问蒙蒙："你怎么可以偷班里的玩具？"

如果你是老师，你将怎样处理这件事呢？

5. 孩子上幼儿园两周了，第一周，去了两天就感冒、发烧、咳嗽，接着在家休息，第二周坚持送到周五，尽管入园的表现一天比一天好，送的时候能和姥爷说拜拜，接的时候眼睛不红了（哭得少了）。但我发现孩子还是有点变化。变化一：回家不允许提"幼儿园"，一提幼儿园，孩子就显露出不安的表情，不愿回答，要么撒娇，"妈妈，妈妈"不停地叫；要么放下正在做的事情，不理你了。变化二：晚上睡觉不安稳，从周一到周日，晚上从来没睡个囫囵觉。基本上是从晚上12点之后，两个小时一醒，嘴里不停地喃喃自语，要么找姥爷，要么去吃肯德基，要么去海边，要么去妈妈单位，总之一天一个说辞，不肯睡在床上，让你抱着他在地上走。如果不按照他的意愿做，又哭又闹。睡熟了，放在床上，不到一分钟，马上醒来，继续哭、闹。变化三：出去玩很警觉，一说咱们出去玩吧，他马上表现得很警觉，问去哪；一说换衣服，马上问去哪；一看到那小书包，马上就表现出要哭的样子。

孩子是不是得病了？作为老师，你会怎么办？

四、实践拓展训练

请分析下面案例中孩子行为产生的主要原因，并制订一个指导计划。

案例：今天，下雨了，小朋友陆续离开幼儿园了，活动室里还有五六个孩子坐在一起玩雪花片。小雨刚用雪花片插了一把"宝剑"，他的妈妈来了。我摸摸小雨的头说："看，妈妈来接你了。"小雨抬起头，看着妈妈说："我还要玩一会儿。"妈妈站在门口说："不行，赶快走！"小雨大喊："我要玩。"妈妈生气地说："你再不走，我走了。""不，我还要玩一会儿。"我见状立即对小雨说："妈妈回去还要做饭，我们就玩一小会儿，好吗？"小雨高兴地答应了。于是，我示意让小雨的妈妈到活动室里等他一会儿，小雨的妈妈一脸不高兴地坐在顾雨薷的边上。小雨拿着他插的宝剑在赵孜纯身边走来走去，说："我是奥特曼，打死你这个怪兽。"说完，他用"宝剑"刺向赵孜纯的胸口。"宝剑"断了，于是小雨用手当宝剑，在赵孜纯身上乱打，赵孜纯哭着喊："老师，他打我。"小雨的妈妈看见赵孜纯哭了，站起身来，"啪啪"给了小雨两个耳光，气愤地说："打呀，你再打打看。"小雨嘴巴一咧，大哭起来……小雨的妈妈生气地拉起小雨的手，一边朝活动室门口走去，一边说："看我回家怎么治你！"

》 岗课赛证

一、单项选择题

1. 琪琪看到自己的同伴丢了心爱的玩具而伤心哭泣时，也会感到难过，并走过去帮同伴擦眼泪。这表明琪琪（　　）。
   A. 自制力的发展　　　　B. 自尊心的发展　　　　C. 自信心的发展　　　　D. 移情的发展

2. 田田因为想妈妈哭了起来，冰冰见状也哭了。过了一会儿，冰冰边擦眼泪边对田田说："不哭不哭，妈妈会来接我们的。"冰冰的表现属于什么行为？（　　）
   A. 依恋　　　　　　　　B. 移情　　　　　　　　C. 自律　　　　　　　　D. 他律

3. 小明搭房子时缺一块长条积木，他发现苗苗手里有一块，就直接过去抢。小明的这种行为属于（　　）。
   A. 工具性攻击　　　　　B. 言语性攻击　　　　　C. 生理性攻击　　　　　D. 敌意性攻击

4. 有些幼儿经常看电视上的暴力镜头，其攻击性行为会明显增加，这是因为电视的暴力内容对幼儿攻击性行为的习惯起到（　　）。
   A. 定势作用　　　　　　B. 惩罚作用　　　　　　C. 依赖作用　　　　　　D. 榜样作用

二、论述题

简述幼儿工具性攻击和敌意性攻击的异同。

三、材料分析题

4岁的石头在班上朋友不多，一次，他看见林琳一个人在玩，就冲上去紧紧地抱住林琳。林琳感到不舒服，一把推开了石头。石头跺脚大喊："我是想和你做朋友的啊！"
（1）请根据上述材料，分析石头在班里朋友不多的原因。
（2）教师应如何帮助石头改善朋友不多的状况？

主要参考文献

［1］李生兰.学前教育学［M］.上海：华东师范大学出版社，2006.

［2］徐明.幼儿社会教育［M］.北京：中国劳动社会保障出版社，1999.

［3］甘剑梅.学前儿童社会教育［M］.北京：中央广播电视大学出版社，2007.

［4］张明红.学前儿童社会教育［M］.上海：华东师范大学出版社，2008.

［5］李叶兰.幼儿社会教育活动设计与指导［M］.北京：中国劳动社会保障出版社，2006.

［6］池俊，张岩莉.学前儿童社会教育［M］.海口：南方出版社，2004.

［7］刘晓东，卢乐珍，等.学前教育学［M］.南京：江苏教育出版社，2010.

［8］虞永平.社会［M］.南京：南京师范大学出版社，1999.

［9］施晶晖.学前儿童社会性教育——兼论儿童职业意识培养［M］.合肥：中国科学技术大学出版社，2010.

［10］李幼穗.儿童社会性发展及其培养［M］.上海：华东师范大学出版社，2004.

［11］周梅林.学前儿童社会教育活动指导［M］.上海：复旦大学出版社，2009.

［12］李红.幼儿心理学［M］.北京：人民教育出版社，2007.

［13］朱家雄.幼儿园课程的理论与实践［M］.上海：华东师范大学出版社，2010.

［14］教育部基础教育司.《幼儿园教育指导纲要（试行）》解读［M］.南京：江苏教育出版社，2002.

［15］张文新.儿童社会性发展［M］.北京：北京师范大学出版社，1999.

［16］黄瑾.幼儿园教育活动设计与指导［M］.上海：华东师范大学出版社，2007.

［17］白爱宝.幼儿发展评价手册［M］.北京：教育科学出版社，1999.

［18］潘洁.幼儿社会性发展指导［M］.上海：少年儿童出版社，1996.

［19］但菲.幼儿社会性发展与教育活动设计［M］.北京：高等教育出版社，2008.

［20］郑健成.学前教育学［M］.上海：复旦大学出版社，2005.

［21］周宗奎.儿童社会化［M］.武汉：湖北少年儿童出版社，1995.

［22］陈帼眉，冯晓霞，庞丽娟.学前儿童发展心理学［M］.北京：北京师范大学出版社，1999.

［23］杨丽珠，吴文菊.幼儿社会性发展与教育［M］.大连：辽宁师范大学出版社，2000.

［24］郑静，曹家正，邵慧玲.幼儿问题行为及其矫正［M］.上海：华东师范大学出版社，1996.

［25］甘剑梅.学前儿童社会教育的内涵、性质与课程地位［J］.学前教育研究，2011（1）：53-59.

［26］袁爱玲，王成刚.三十年学前课程嬗变面面观之三——幼儿园社会教育课程变革［J］.教育导刊，2009（7）：8-12.

［27］刘雅琴.我国幼儿园社会教育的进展、问题及改进策略［J］.教育研究，2008（2）：100-105.

［28］廖莉.20世纪80年代以来我国幼儿园社会领域课程沿革［J］.早期教育，2006（6）：10-11.

［29］李莉.新中国幼儿园社会领域课程的发展历程［J］.学前教育研究，2006（2）：11-13.

［30］戴雨花.我是西瓜，请别推我［J］.幼儿教育，2010（28）：44.

［31］王冬兰.当前幼儿园社会领域教育活动存在的问题——以两个社会活动为例［J］.学前课程研究，2007（2）：17-20.

［32］彭俊英.1＋1在什么情况下不等于2［J］.幼儿教育，2010（1）：1.

［33］叶平枝，陈立秋.幼儿教师日常评价行为及其类型特征［J］.教育导刊，2011（8）：11-15.

［34］郑贞铭.传播发展的省思［C］.台北市新闻记者公会，1993.

图书在版编目(CIP)数据

学前儿童社会教育/张岩莉主编. —3版. —上海:复旦大学出版社,2024.9(2025.6重印)
ISBN 978-7-309-17468-7

Ⅰ.①学… Ⅱ.①张… Ⅲ.①学前儿童-社会教育-教材 Ⅳ.①G611

中国国家版本馆 CIP 数据核字(2024)第 101337 号

学前儿童社会教育(第三版)
张岩莉 主编
责任编辑/赵连光

复旦大学出版社有限公司出版发行
上海市国权路 579 号 邮编:200433
网址:fupnet@ fudanpress.com http://www.fudanpress.com
门市零售:86-21-65102580 团体订购:86-21-65104505
出版部电话:86-21-65642845
上海新艺印刷有限公司

开本 890 毫米×1240 毫米 1/16 印张 10.5 字数 333 千字
2025 年 6 月第 3 版第 2 次印刷

ISBN 978-7-309-17468-7/G·2596
定价:45.00 元